WESTEND

© privat   © Alex Kraus

Daniel Baumann ist Ressortleiter Wirtschaft der *Frankfurter Rundschau*, zuvor schrieb er für *Berliner Zeitung*, *Kölner Stadt-Anzeiger* und *FR*. Er ist Schöpfer des Arbeitsmarktindex FRAX und wurde 2014 vom Fachmagazin *Wirtschaftsjournalist* zu den besten jungen Wirtschaftsjournalisten des Landes gewählt.

Stephan Hebel ist seit zwei Jahrzehnten Leitartikler, Kommentator und politischer Autor für die *Frankfurter Rundschau* sowie u.a. für Deutschlandradio und *Freitag*. Er ist regelmäßiger Gast im ARD-Presseclub, festes Mitglied der unabhängigen Jury »Unwort des Jahres« und Autor der Bücher »Mutter Blamage« (2013) und »Deutschland im Tiefschlaf« (2014).

Daniel Baumann, Stephan Hebel

GUTE-MACHT-GESCHICHTEN

Politische Propaganda und wie wir sie durchschauen können

WESTEND

Mehr über unsere Autoren und Bücher:
www.westendverlag.de

Die Deutsche Nationalbibliothek verzeichnet diese Publikation in
der Deutschen Nationalbibliografie; detaillierte bibliografische Daten
sind im Internet über http://dnb.d-nb.de abrufbar.

Das Werk einschließlich aller seiner Teile ist urheberrechtlich geschützt.
Jede Verwertung ist ohne Zustimmung des Verlags unzulässig. Das gilt
insbesondere für Vervielfältigungen, Übersetzungen, Mikroverfilmungen
und die Einspeicherung und Verarbeitung in elektronischen Systemen.

2. Auflage 2016
ISBN 978-3-86489-126-7
© Westend Verlag GmbH, Frankfurt/Main 2016
Umschlaggestaltung: Buchgut, Berlin
Umschlagabbildung: Fotolia/sveta
Satz: Publikations Atelier, Dreieich
Druck und Bindung: CPI – Clausen & Bosse, Leck
Printed in Germany

Inhalt

Vorwort 9

alternativlos 15
Anspruchsdenken 17
Arbeitskosten 19
Arbeitsplatzbesitzer 22
Armut 25
Aufstiegsmöglichkeit 28
Ausbildungsreife 30
Ausgabenüberschuss 33
ausgeben (nicht mehr, als man einnimmt) 34
Autoindustrie 40
Beitragssatzstabilität 42
Bevormundung 45
boomender Arbeitsmarkt 56
Bürokratieabbau →*Steuerstaat*
Chancen 58
Demografie 59
Deregulierung →*Freihandel*
Eigeninitiative 66
Eigenverantwortung 69
Fachkräftemangel 74
Finanzprodukt 78

Fleiß	80
Flexibilisierung	84
freier Markt	87
Freihandel	90
freisetzen	94
Geld arbeitet	94
generationengerechte Vorsorge	96
gerechter Lohn	99
geringfügige Beschäftigung	103
Gutmensch	104
Hausaufgaben	108
Hausfrau, schwäbische	110
Hilfe	116
Industrie	118
Kavaliersdelikt →*Steuersünder*	
konsumtiv	120
Kostenexplosion	123
Leistungsgerechtigkeit	125
Leistungsträger	129
Lohnnebenkosten	130
Lohnzurückhaltung	134
Märkte	137
Neid	138
politisches Risiko	141
Reform	144
Rekordeinnahmen	150
Rentenlast →*Kostenexplosion*	
Rettungsschirm →*Hilfe*	
scheues Reh	153
schlanker Staat	154
Schuldenstaat →*Verhältnisse*	

schwarze Null 156
sozial Schwache 159
sozialverträglich 161
sparen 163
Standortsicherung →*Wettbewerbsfähigkeit*
starker Staat 164
Steuererhöhung 167
Steuerstaat 170
Steuersünder 176
Tarifeinheit 177
Umbau →*Reform*
Umverteilung 183
unternehmerische Freiheit 187
unterprivilegiert 189
Verhältnisse 190
Vermögende 195
Vollkaskomentalität →*Anspruchsdenken*
Wachstum 197
Wettbewerbsfähigkeit 204
Wirtschaft 208
Wohltaten →*Anspruchsdenken*
Zinsenteignung 210

Anmerkungen 214

Vorwort

Kommt Ihnen das bekannt vor? Deutschland braucht »Reformen«, und für die europäischen Nachbarn gilt das erst recht, denn die haben ihre »Hausaufgaben« nicht gemacht. Dem »Steuerstaat« müssen wir endlich mit »Bürokratieabbau« zu Leibe rücken, um die »Eigeninitiative« zu stärken, was wiederum ganz sicher der »Wettbewerbsfähigkeit« dient – genauso wie die Senkung der »Lohnnebenkosten«. Und so weiter und so fort. So klingt es, wenn die regierenden Politiker, die Lobbyisten und manche Journalisten zu uns sprechen. Sie reden in einer Art Ikea-Sprache: jede Floskel ein vorgefertigter Bausatz.

Sie gaukeln uns auf diese Art etwas vor: Wenn Politiker »Reformen« sagen, geht es meistens um Lohnverzicht und Rentenkürzung. Den »Steuerstaat« prangern sie an, wenn sie Spitzenverdiener und Vermögende vor einer angemessenen Beteiligung an der Finanzierung des Gemeinwohls schützen wollen. »Bürokratieabbau« heißt übersetzt Abbau des Kündigungsschutzes oder Verzicht auf Kontrolle, zum Beispiel bei Arbeitszeiten und -bedingungen. Die »Eigeninitiative« kommt ins Spiel, wenn die Kosten der Daseinsvorsorge, etwa für Gesundheit und künftige Renten, immer stärker auf uns Bürgerinnen und Bürger abgewälzt werden sollen. »Wettbewerbsfähigkeit« bedeutet, in klares Deutsch übersetzt, einen internationalen Wettlauf um Kostensenkungen für Unternehmen – zum Beispiel bei den »Lohnnebenkosten«, deren Senkung zwangsläufig mit dem Abbau sozialer Leistungen verbunden ist.

Sollten Sie den ganzen Politsprech nicht mehr hören wollen, dann ist das verständlich, aber nicht zu empfehlen. Denn hinter der Formelsprache der Regierenden verbergen sich, sorgfältig verklausuliert, sehr konkrete Inhalte, Ideologien und Ziele. Das gilt ganz besonders in den Bereichen Wirtschaft sowie Finanz- und Sozialpolitik, auf die dieses Buch sich konzentriert – von Börse bis Rente, von Arbeit bis Zins. Wir wollen offenlegen, was die Mächtigen meinen, ohne es zu sagen, wenn sie uns ihre »Gute-Macht-Geschichten« erzählen. Denn wer die Codes der Macht nicht durchschaut, wird sich auch nicht wehren können, wenn es notwendig ist.

Es ist nicht immer einfach, die wirkliche Bedeutung zu erkennen, die hinter dem Wörternebel von Politikern, Interessenvertretern und ihren Gefolgsleuten in der Wissenschaft zu verschwinden droht. Und deshalb schalten viele Menschen – verständlicherweise, wie gesagt – auf Durchzug. Sie halten sich an den Soziologen Niklas Luhmann, der für diese Sprache den Begriff »Lingua Blablativa«[1] geprägt hat, und hören einfach nicht mehr zu.

Aber wir, die Autoren dieses kleinen Mythen-Lexikons, sind der Meinung, dass wir es der herrschenden Politik so leicht nicht machen sollten. Denn was Politiker und ihre ideologischen Stichwortgeber wirklich meinen, das kann jeden und jede von uns direkt und im Zweifel existenziell betreffen. Das tut es zum Teil bereits – siehe nur den stetigen Abbau bei der gesetzlichen Rente, die ungerechte Verteilung des Reichtums oder die einseitige Sparpolitik des Staates. Wenn wir wissen wollen, was die herrschende Politik mit uns vorhat, werden wir nicht daran vorbeikommen, ihre Formeln zu entziffern.

Was uns da täglich erzählt wird, ist nicht einfach nur Blabla. Es ist die Fassade, hinter der sich ein sehr konkretes Programm verbirgt. Dieses Programm wollen wir auch für politische Laien versteh- und durchschaubar machen. Denn die Macht handelt auch deshalb so ungestört, weil wir ihre Geschichten allzu leicht glauben: »Was ist schließlich ein Papst, ein Präsident oder ein Generalsekretär anderes als jemand, der sich für einen Papst oder einen Generalsekretär oder genauer: für die Kirche, den Staat, die Partei oder die Nation hält?«, fragte einst der große Soziologe Pierre Bourdieu. Und er fuhr fort: »Das einzige, was ihn von der Figur in der Komödie oder vom Größenwahnsinnigen unterscheidet, ist, daß man ihn im allgemeinen ernst nimmt und ihm damit das Recht auf diese Art von ›legitimem Schwindel‹ (...) zuerkennt.«[2] Der Politologe Martin Greiffenhagen drückt es noch prägnanter aus: »Wer die Dinge benennt, beherrscht sie. Definitionen schaffen ›Realitäten‹.«[3] Und von dem SPD-Politiker Erhard Eppler stammt der Satz, dass in der Politik »das Reden sehr wohl Handeln bedeutet«[4].

Das heißt: Die Sprache der Politik beschreibt nicht nur unsere Wirklichkeit aus einer bestimmten Perspektive, sondern verändert und formt sie zugleich. Das Klima einer Gesellschaft, das Denken und Handeln ihrer Bürgerinnen und Bürger, die politische Kultur eines Landes – all das bleibt niemals unberührt von den Begriffen, in denen es wahrgenommen wird. Ob die Mehrheit der Deutschen die Lage in Griechenland mit dem Wort »Reformbedarf« verbindet oder mit dem Wort »Armut«, das verändert die politische Realität auch hier: »Begriffe, in denen wir denken, prägen das Bild von der politisch-sozialen Wirklichkeit und beeinflussen Verhalten. Bei dieser ›konzeptuellen‹ Funktion der Sprache handelt es sich um strukturelle Macht.«[5] Oder, mit den Worten von Friedrich Nietzsche: »Es genügt, neue Namen und Schätzungen und Wahrscheinlichkeiten zu schaffen, um auf die Länge hin neue ›Dinge‹ zu schaffen.«[6]

Die Verwendung bestimmter Begriffe wie »Demografie« oder »Arbeitskosten«, die mit bestimmten Bedeutungen aufgeladen werden, dient mehr der Angstmacherei als der treffenden Beschreibung der Realität. Wer das erst einmal erkannt hat, kann befreit und völlig neu über die Zukunft unserer Gesellschaft nachdenken und der Sprache der Macht etwas entgegenhalten. Auch wenn das manchen Interessengruppen nicht gefallen wird. In diesem Sinne, so unsere Hoffnung, könnte dieses Buch sogar ein kleiner Beitrag dazu sein, das erschreckend eindimensionale Denken und Handeln in unserer politischen Öffentlichkeit aufzubrechen.

Die in verschleiernde Worte gekleideten Ansprüche der Mächtigen nicht »ernst zu nehmen« (Bourdieu), bedeutet keineswegs, achselzuckend über sie zu lächeln. Aber dass wir aufhören sollten, ihre Legenden mit der Wahrheit zu verwechseln – das bedeutet es sehr wohl. Der herrschenden Politik die Hegemonie über die Begriffe streitig zu machen, das kann den ersten Schritt zum Besseren bedeuten. Denn einer Gesellschaft, die sich nicht (mehr) belügen lässt, die aber auch nicht abwinkt oder gar resigniert; einer Gesellschaft, die Begriffe wie »Reform« zurückerobert und wieder als Verbesserung des allgemeinen Wohlstands definiert – einer solchen Gesellschaft wird man auch eine Politik nicht länger »verkaufen« können, die vor allem im Interesse mächtiger Minderheiten liegt.

Das ist, zugegeben, ziemlich ehrgeizig gedacht. Wir wissen, dass ein Buch wie dieses die Welt nicht sofort verändert. Aber vielleicht regt es den einen oder die andere an, auf die Worthülsen, mit denen wir Tag für Tag abgespeist werden, mit neuem und kritischem Interesse zu hören. Wenn wir dazu beitragen könnten, hätten wir schon viel erreicht.

Die Idee zu diesem Buch ist aus sehr ähnlichen Erfahrungen entstanden, die wir – trotz unserer Herkunft aus unterschiedlichen Generationen und Lebenszusammenhängen – in unserem journalistischen Alltag gesammelt haben. Uns beiden ist immer deutlicher aufgefallen, wie sehr die Wortprägungen und -erfindungen mächtiger Interessengruppen die Sprache der Politik beherrschen – bis weit in die Medien hinein.

Immer wieder mussten wir uns zum Beispiel in der Griechenland-Krise fragen: Was tun, wenn der »Vorschlag«, die griechischen Rentnerinnen und Rentner auch weiter für die sündhaft teure »Rettung« ihres Landes bezahlen zu lassen, landauf, landab als »Hilfe« beschrieben wird? Was, wenn selbst kritische Kolleginnen und Kollegen sich nicht mehr anders zu helfen wissen, als die Sprachregelung von Angela Merkel und Co. zu übernehmen?

Im Redaktionsalltag mag man sich damit behelfen, so oft wie möglich Anführungszeichen zu setzen oder erklärende Anmerkungen einzufügen, wann immer es geht. Aber die Erfahrung weckte in uns den Wunsch, allen Interessierten eine Dechiffrierhilfe an die Hand zu geben, die die Bedeutung der wichtigsten politischen Schlagwörter zu entschlüsseln und die täglich wiedergekäuten »Gute-Macht-Geschichten« zu entlarven hilft.

Dass es nun vorliegt, verdanken wir unseren aufmerksamen und klugen Kolleginnen und Kollegen, die immer wieder auf Sprach- und Denkfallen aufmerksam machen. Inspiriert wurden wir auch von hellen Köpfen aus unserem privaten Umfeld und aus der Gesellschaft, die uns und unsere Arbeit kritisch, aber wohlwollend begleiten und uns geistig immer wieder herausfordern. Ihnen allen, unserem Lektor Rüdiger Grünhagen, der das Buch an vielen Stellen besser gemacht hat, sowie Verleger Markus J. Karsten, der das Projekt von Anfang an unterstützt hat, gilt unser herzlicher Dank.

Um Ihnen, den Leserinnen und Lesern, das Nachschlagen und Entschlüsseln zu erleichtern, haben wir das Buch nach Art eines Lexikons aufgebaut. Sie sollen die Möglichkeit haben, schnell einmal nachzuschauen und sich der eigentlichen Bedeutung zu versichern, wenn Ihnen – in der Tagesschau, in der Zeitung, im Internet – mal wieder ein Begriff aus dem Reich der Ikea-Sprache begegnet.

Daniel Baumann und Stephan Hebel
Frankfurt, im Februar 2016

al|ter|na|tiv|los: »keine Alternativlösung zulassend, keine andere Möglichkeit bietend, ohne Alternative«, schreibt der Duden neutral.[7] Aber in der Politik ist »alternativlos« zu einem gefährlichen Kampfbegriff geworden, mit dem suggeriert wird, das Volk und seine Vertreter im Parlament hätten keine Möglichkeit, anders zu entscheiden als von der Regierung gewünscht.

Damit steht die Rede von der »Alternativlosigkeit« im direkten Gegensatz zu einem Grundelement der Demokratie, nämlich der öffentlichen Debatte über alternative Politikmodelle. Denn, so die Jury, die den Begriff zum »Unwort des Jahres 2010« erklärte: »Das Wort suggeriert sachlich unangemessen, dass es bei einem Entscheidungsprozess von vornherein keine Alternativen und damit auch keine Notwendigkeit der Diskussion und Argumentation gebe.«[8]

Dieser geradezu antidemokratische Charakter der Formel von der »Alternativlosigkeit« hindert viele Politikerinnen und Politiker nicht daran, sie im Munde zu führen. Das galt zunächst vor allem für die ehemalige britische Premierministerin Margaret Thatcher. Sie begleitete ihre Politik der Marktliberalisierung und des Sozialabbaus mit der Parole »There is no alternative«, die als »TINA« abgekürzt traurigen Kultstatus erreichte.[9]

Als würdige Nachfolgerin Thatchers erweist sich in Deutschland vor allem Bundeskanzlerin Angela Merkel. Und das sogar an jenem Ort, der wie kein anderer der Auseinandersetzung über politische Alternativen dienen sollte: im Deutschen Bundestag.

Dort sagte die Kanzlerin am 5. Mai 2010: »Die zu beschließenden Hilfen für Griechenland sind alternativlos, um die Finanzstabilität des Euro-Gebietes zu sichern.«[10] Was sie unter diesen angeblich alternativlosen →»*Hilfen*« versteht, war damals so klar wie heute: Das Land erhält Kredite und muss im Gegenzug brutalstmöglich sparen, was sich im Merkel-Deutsch auch damals schon so anhörte: »Wir haben darauf bestanden, dass Griechenland sich zu einer umfassenden Eigenanstrengung verpflichtet. (...) Die Vereinbarung sieht einschneidende Maßnahmen vor.«[11] Unter anderem ging es, wie später auch, um Kürzungen bei Beamtengehältern und Renten sowie eine Erhöhung der Mehrwertsteuer.[12]

Diese Politik, die sich inzwischen mehrmals als untauglich zur Überwindung der griechischen Krise erwiesen hat, ist selbstverständlich so wenig »alternativlos« wie jede andere politische Entscheidung auch. Sowohl die Verfechter der nachfrageorientierten Wirtschaftswissenschaft als auch Teile der leider ziemlich schwachen Opposition im Bundestag betonten im Rahmen der Euro-Debatte unermüdlich, dass Griechenland die Abwärtsspirale aus Sparauflagen und immer neuen Krediten (also Schulden) nur durch ein »Zukunfts- und Investitionsprogramm« überwinden könne, das etwa mit Hilfe der jahrelang versprochenen, aber nicht realisierten Finanztransaktionssteuer oder durch »die Einführung einer europaweiten Vermögensabgabe für Millionäre«[13] zu finanzieren sei. Und selbst bei den rechten Parolen national denkender Euro-Ausstiegsbefürworter handelt es sich, so fragwürdig sie auch sind, um Alternativen.

Wenn Merkels Politik hier und da tatsächlich »alternativlos« erscheint, dann nur deshalb, weil selbst die realistischsten Alternativen im politischen Diskurs einer breiten Öffentlichkeit kaum noch Raum greifen können. Zumal in einer Zeit, da die zweite größere Partei, eigentlich geborene Trägerin politischer Alternativen, sich als Partnerin in der großen Koalition Merkels Maximen weitgehend unterworfen hat – gerade auch in der Europapolitik.

Und doch bleibt richtig, was Kritiker den Propheten der Alternativlosigkeit entgegenhalten: zum Beispiel »TATA« (»There are thousands of alternatives«[14]) oder »TAPAS« (»There are plenty alternative systems«[15]). Oder auf Deutsch und mit den Worten eines Rundfunkkommentators: »Es gibt zu allem eine Alternative, nur zum Sterben nicht.«[16] Für die Demokratie sieht es sogar noch besser aus: Sie muss nicht sterben, wenn man sie nur am Leben hält. Am besten, indem man über Alternativen redet statt über die angebliche »Alternativlosigkeit« der eigenen Politik.

An|spruchs|den|ken, das: »Wenn Ihnen jemand charakterlich ein (überzogenes) Anspruchsdenken unterstellt, ist das selten ein Kompliment, sondern meistens der Vorwurf des Zu-viel-Haben-Wollens«, schreibt der Jurist Claus Loos.[17] Damit trifft er auch die Bedeutung des Wortes im politischen Sprachgebrauch genau: Es dient häufig dazu, Ansprüche an →*Umverteilung* und Sozialstaat als Ausdruck des »Zu-viel-Haben-Wollens« zu diskreditieren. So schreibt die von den Arbeitgebern finanzierte Initiative Neue Soziale Marktwirtschaft (INSM): »So gut Deutschland heute noch dasteht: Unsere Wirtschaft kann nur stark und wohlstandsfördernd sein, wenn die Rahmenbedingungen stimmen. Die aktuelle Politik ist jedoch oft bestimmt von Regulierung, Bürokratie, Anspruchsdenken und immer neuen Umverteilungsplänen.«[18]

Das ist der bekannte Sound derjenigen, die staatliche Regulierung und Umverteilung als »Verteilung von Wohltaten auf Pump«[19] (FDP-Chef Christian Lindner) verdammen, als ginge es bei Sozialleistungen um wohltätig-willkürliche Geschenke. Es ist die Rhetorik derjenigen, die den Sozialstaat nur noch als Auswuchs einer riskanten »Vollkaskomentalität« begreifen können, wie es besonders pointiert der ehemalige österreichische Finanzminister und Sozialdemokrat (!) Hannes Androsch tut: »Die Politik ist ja schon ein Spiegelbild von uns selbst. Wir spüren zwar, dass etwas geschehen müsste, weil sich die Welt um uns ändert. Aber gleichzeitig wollen wir, dass sich nichts ändert. (...) Da wäre Leadership gefragt, sich damit auseinanderzusetzen und den Leuten zu erklären, dass man etwas tun muss. Da ist für Bequemlichkeit, Wehleidigkeit, Vollkaskomentalität und Nulltariffantasien kein Platz.«[20]

Aber ist »Anspruchsdenken« im politischen Zusammenhang immer so negativ, wie in solchen Zitaten unterstellt wird? Oder werden hier nicht auch ganz reale, legitime und teilweise rechtlich fixierte Ansprüche gezielt diskreditiert? Am Beispiel des Rechts beschreibt Claus Loos, was vor allem die juristischen Ansprüche vom negativen Anspruchsdenken unterscheidet: »Wer auf dem Gebiet des Rechts weiterkommen will, muss ein Anspruchsdenken an den Tag legen, oder besser: Er muss in Ansprüchen denken.«[21] Und das lässt sich ohne weiteres auf die Politik übertragen.

Insofern gilt: Wenn ein Unternehmen einen Rechtsanspruch auf Steuerminderung geltend macht, ist das jedenfalls nicht legitimer, als wenn ein Arbeitsloser auf der Basis der existierenden Gesetze Unterstützung beansprucht. Und auch politische Ansprüche über die bestehenden Gesetze hinaus sind natürlich kein verwerfliches »Anspruchsdenken«, sondern schlicht legitim. Allerdings kommt das Wort Anspruchsdenken für den steuersparenden Unternehmer eher selten vor, in Zusammenhang mit den Sozialsystemen dagegen sehr wohl.

Es findet sich hierbei häufig das gleiche Muster: Aus Verhaltensweisen einer Minderheit von Leistungsempfängern – etwa der Verletzung der sehr strengen Regeln für den Bezug von Arbeitslosengeld II – wird ein Generalverdacht gegen staatliche Leistungen und deren Empfänger konstruiert.

Wer nach Belegen sucht, wird nicht nur im Arbeitgeberlager fündig (siehe die Stellungnahme der INSM weiter oben), sondern vor allem in den Leserforen von Zeitungen und anderen Medien. Als ein Beispiel von vielen sei hier nur »moosmupfel« genannt, der sich auf der Homepage der *Augsburger Allgemeinen* wie folgt ausließ: »ich hab für das Jobcenter im Telefonservice gearbeitet, danke ... ich kenn die Fälle zur Genüge ... da gewöhnen sie sich schnell jedes Verständnis ab. (...) ich hab schon tausende Ausreden gehört, warum Termine beim Jobcenter nicht wahrgenommen werden können. (...) Das sind dann erfahrungsgemäß auch die Leute, die sich Erstausstattungen bewilligen Lassen fürs Baby runde 600 EUR, und anrufen dass das Geld nicht reicht, oder für die Erstausstattung der Wohnung 1 500 EUR, aber des reicht ja grad für die Küche. Anspruchsdenken herrscht vor, Pflichten sind lästig und fallen unter den Tisch.«[22]

Man sieht: Die gezielte Propaganda von Lobbygruppen wie der Initiative Neue Soziale Marktwirtschaft trägt längst dazu bei, das gesellschaftliche Klima zu vergiften.

Ar|beits|kos|ten, die: alle Aufwendungen (Bruttolöhne, Sozialleistungen, Lohnzuschüsse, etc.), die einem Unternehmen durch den Einsatz menschlicher Arbeitskraft entstehen. Aus Arbeitnehmersicht sind es Einnahmen, die die Existenz sichern, aus Unternehmersicht Ausgaben, die stets zu hoch sind und daher den Wirtschaftsstandort Deutschland bedrohen. Kostprobe gefällig? »Hohe Arbeitskosten nach wie vor gravierender Standortnachteil für Deutschland«, analysierte zum Beispiel die Bundesvereinigung der deutschen Arbeitgeberverbände 2007.[23] Auch die Mitteilungen des Statistischen Bundesamtes zum Thema haben bisweilen eine alarmistische Note: »Arbeitskosten in Deutschland 2012 um 32 Prozent höher als im EU-Durchschnitt«, teilten die Statistiker aus Wiesbaden mit.[24]

Weil Kosten niemand mag, keine Unternehmerin, kein Hausmann, kein Politiker, diskreditiert der Begriff Arbeitskosten etwas ausgesprochen Positives. Denn die meisten Bürger leben von diesen Kosten, es sind ihre Einnahmen, die sie zu einem eigenständigen Leben ermächtigen. Das ist vom Staat so auch gewünscht. Denn zurücklehnen soll sich niemand. Und es sind darüber hinaus längst nicht nur die Arbeitnehmer, die von den Bruttolöhnen und den sogenannten →*Lohnnebenkosten* profitieren, sondern indirekt auch die Rentner (über das Umlagesystem der gesetzlichen Rentenversicherung), Kranke (über die Beiträge der Arbeitnehmer zur gesetzlichen Krankenversicherung) oder Arbeitslose (über die Arbeitslosenversicherung) – und letztlich auch der Staat selbst über Lohn- oder Mehrwertsteuer, die den größten Teil der Steuereinnahmen ausmachen. Auch den Unternehmen kommen die Arbeitskosten wieder zugute: Nämlich dann, wenn sich der Wirtschaftskreislauf schließt und die Arbeitnehmer einkaufen gehen. Denn die Ausgaben (Kosten!) der Konsumenten sind die Einnahmen der Unternehmen.

Das mag ja stimmen, mögen Sie nun einwenden – allerdings nur für die Binnenwirtschaft. Die Exportfähigkeit, eine der großen Stärken der deutschen Wirtschaft, leide aber unter hohen Arbeitskosten. Könnte sein. Ist aber nicht so. Obwohl die deutschen Arbeitskosten in den zurückliegenden Jahren im EU-Vergleich sogar überdurchschnittlich gestiegen sind, ist es bislang nicht zur Katastrophe gekommen. Im Gegenteil: Exportüberschuss wurde an Exportüberschuss gereiht. Woran liegt das? Warum ist die Wirtschaft angesichts der hohen Lohnkosten nicht längst ein Trümmerhaufen? Warum sind die Arbeitsplätze nicht ins Ausland verschwunden? Warum lassen die Unternehmen nicht viel häufiger in Bulgarien fertigen, wo die Arbeitsstunde nur läppische 3,80 Euro kostet – und verschleudern stattdessen ihr Geld in Deutschland, wo sie für jede Arbeitsstunde Ausgaben von im Schnitt 31,80 Euro haben?[25] Vielleicht, weil die Arbeitskosten gar nicht die herausragende Bedeutung haben, die ihnen von interessierter Seite zugeschrieben wird.

In der Tat ist es viel zu einfach und darüber hinaus (gewollt) irreführend, nur die Arbeitskosten zu betrachten. Denn damit eine Firma erfolgreich wirtschaften kann, kommt es auf viel mehr an: auf moderne Technologien, eine leistungsfähige Infrastruktur, qualifizierte und motivierte Mitarbeiter, Rechtssicherheit, Kontakt zu guten Universitäten und Forschungseinrichtungen oder die Größe des Absatzmarktes. Insofern sind die Arbeitskosten nur ein Teil der Gesamtrechnung. Darüber hinaus stellt sich für Unternehmen die Frage nach dem direkten Ertrag der Arbeit: Was stellt ein deutscher Arbeiter für 31,80 Euro pro Stunde her? Und was produziert ein italienischer Arbeiter für 27,40 Euro oder ein polnischer für 8,20 Euro?

Auskunft darüber geben die Lohnstückkosten. Sie messen, wie hoch die Lohnkosten für die Erbringung einer Dienstleistungs- oder Produkteinheit sind. Diese Lohnstückkosten haben sich in Deutschland seit der Jahrtausendwende laut der Industrieländerorganisation OECD im Vergleich zum Durchschnitt aller EU-Mitgliedsstaaten und zu wichtigen Wettbewerbern wie Frankreich, Großbritannien, Italien oder Spanien unterdurchschnittlich entwickelt.[26] Die innereuropäische →*Wettbewerbsfähigkeit* der hiesigen Wirtschaft hat sich also nicht nur nicht verschlechtert – sie hat sich sogar verbessert. Wenn die vergleichsweise hohen Arbeitskosten eines sind, dann ein Qualitätssiegel für den Standort. Die deutschen Arbeitnehmer sind teurer als viele ihrer ausländischen Konkurrenten, aber ihre Arbeit bringt den Unternehmen auch mehr in die Kasse.

Provokativ ließe sich deshalb sogar formulieren: Hohe Arbeitskosten sind gut für Deutschland. Denn sie zwingen die Unternehmen dazu, effiziente Produktionsmethoden und innovative Produkte zu entwickeln, die einen höheren Preis rechtfertigen. Damit sichern sie langfristig ihre internationale Wettbewerbsfähigkeit. Und sie erhöhen ihre Produktivität, was Mehr-Einkommen für alle möglich macht.

Ar|beits|platz|be|sit|zer, der: jemand, der einen Job in Festanstellung hat. Es handelt sich um eine besonders perfide Wortschöpfung in der wirtschafts- und sozialpolitischen Debatte. Sie verfolgt offensichtlich den Zweck, den Grundkonflikt zwischen Kapital und Arbeit in der öffentlichen Wahrnehmung auszublenden und stattdessen die abhängig Beschäftigten gegen die Arbeitslosen auszuspielen. Diejenigen, die das »Privileg« besitzen, ihre Arbeitskraft wenigstens verkaufen zu »dürfen«, treten – der Wortbestandteil »-besitzer« legt es nahe – an die Stelle der Kapitaleigentümer. Sie geraten damit sozusagen in die Rolle der ausbeutenden Klasse. Wie beabsichtigt, denn so hat das Kapital erst mal seine Ruhe.

Die Propagandisten dieses verdrehten Weltbilds, die es leider auch in vielen Medien gibt, erfinden Schlagzeilen wie »Der große Graben – Arbeitslose gegen Arbeitsplatzbesitzer« und machen gleich klar, wer da gegen wen in Stellung gebracht werden soll: »Arbeitnehmer sind gemütlich geworden – Pendlerpauschale und Arbeitsrechte haben ihnen jahrelang das Leben leichter gemacht. Doch die fetten Jahre sind vorbei. Die Arbeitssuchenden sitzen den Arbeitenden im Nacken.«[27]

Wer die alte linke These, dass der Kapitalismus die Arbeitslosen als Drohpotenzial gegen die abhängig Beschäftigten geradezu benötige, für überholt gehalten hat, wird bei der Lektüre der einschlägigen Artikel schnell eines Schlechteren belehrt. Mal in etwas differenzierterem Ton, mal mit dem Holzhammer der neoliberalen Ideologie.

Der oben zitierte Autor der *Süddeutschen Zeitung* hatte zwar, schlimm genug, die »Privilegien« der »Arbeitsplatzbesitzer« in den Mittelpunkt gestellt. Aber wenigstens hatte er auch noch kurz auf das Interesse der Kapitalseite am Drohpotenzial der Arbeitslosigkeit hingewiesen: »Die alte Kapitalistendrohung, hierzulande überwunden geglaubt, zieht wieder: Da draußen stehen Tausende auf der Straße, die würden deinen Job für die Hälfte machen. Sei froh, dass du Arbeit hast.«[28]

Einer ideologisch gefestigten Autorin wie Ursula Weidenfeld kommen hingegen selbst derartige Differenzierungen nicht in den Sinn. Im Herbst 2002, die von Gerhard Schröder eingesetzte »Hartz-Kommission« hatte gerade ihre Ideen für →»*Reformen*« am Arbeitsmarkt verkündet, schrieb Weidenfeld im Berliner *Tagesspiegel* einen Text unter dem Titel »Kartell der Arbeitsplatzbesitzer«. Und machte unmissverständlich klar, wer für sie die Schuldigen am Los der Arbeitslosen sind: »Die Arbeitsplatzbesitzer zum Beispiel haben nach wie vor kein Interesse daran, den Anderen wieder Zugang zum Arbeitsmarkt zu verschaffen. Und bisher haben sie ziemlich erfolgreich verhindert, dass ihr Kartell geknackt wird. Im Gegenteil: Mit vergleichsweise hohen Arbeitslosengeldern und ausgefeilten Kündigungsschutzvorschriften haben sie sich von den Arbeitslosen das Fernbleiben vom Arbeitsmarkt erkauft.«[29]

Damit war, in absoluter Harmonie mit der jahrelangen Propaganda der Wirtschaftsverbände, die angeblich wahre Ursache der Arbeitslosigkeit benannt: alles, was die abhängig Beschäftigten schützt und die Arbeitsverhältnisse reguliert.

Und natürlich die schrecklich hohen Löhne. Weidenfeld: »Wenn nämlich die Arbeitslosen tatsächlich – wie das der Arbeitsmarktreformer Peter Hartz vorschlägt – als Leiharbeiter aus Personalservice-Agenturen wieder auf den ersten Arbeitsmarkt stürmen, dann werden sie das Lohngefälle und die bisher selbstverständlichen Standards auf diesem Arbeitsmarkt ordentlich ins Rutschen bringen. Ins Rutschen bringen müssen – denn sonst bekommen sie keinen Dauerarbeitsplatz, sonst können keine neuen Jobs entstehen. Das aber heißt: Wenn die Bundesregierung jetzt mit IG Metall und der Dienstleistungsgewerkschaft Verdi Tarifverhandlungen für diese Agenturen aufnimmt, dann muss sie Löhne verhandeln, die im Niveau weit unter denen liegen, die heute bezahlt werden. Sie muss den Kündigungsschutz für ältere Arbeitnehmer ›neutralisieren‹, wie Peter Hartz sagt, damit ältere Arbeitnehmer wieder eine Chance haben auf dem Arbeitsmarkt. Und sie muss Arbeitnehmerrechte antasten. Auch wenn sie das nicht will.«[30]

Damit ist nicht nur die ideologische Zielrichtung des Kampfbegriffs »Arbeitsplatzbesitzer« beispielhaft beschrieben, sondern auch der Zweck der rot-grünen Agenda 2010: Die »Arbeitsplatzbesitzer« haben den Preis für die Schaffung neuer, billiger Jobs zu bezahlen. Die Kapitalbesitzer aber sind und bleiben fein raus. Das ist genau die Richtlinie, die die Politik bis heute bestimmt. Und die von Ursula Weidenfeld damals so unverhohlen propagierte Idee, die »Arbeitsplatzbesitzer« durch Lohnverzicht für neue Jobs bezahlen zu lassen, ist längst Wirklichkeit geworden. An dieser Grundkonstellation wird auch ein Mindestlohn, der mit 8,50 Euro pro Stunde noch deutlich unter der offiziellen Niedriglohngrenze liegt[31], nichts ändern. Es handelt sich um einen der größten »Erfolge« neoliberaler Politik – erzielt ausgerechnet von einem Bundeskanzler mit dem Parteibuch der SPD.

Vielleicht ist dieser »Erfolg« der Grund dafür, dass Politik, Interessenverbände und einschlägige Medien das Märchen vom Konflikt zwischen Arbeitslosen und »Arbeitsplatzbesitzern« eine Zeitlang nicht ganz so laut verkündet haben. Aber die nächste Gelegenheit, den Gegensatz von Kapital und Arbeit auf diese Weise zu verschleiern, kommt bestimmt.

Ar|mut, die: Als »Notlage«, die »nicht mehr zeitlich begrenzt, sondern für die Lebenslage bestimmend« zu sein scheint, definiert *Gablers Wirtschaftslexikon* die Armut.[32] Allerdings fügt der Autor gleich hinzu: »(...) wobei herkömmlicherweise zwischen absoluter und relativer Armut unterschieden wird«[33]. Und spätestens hier fangen die Probleme an.

Im Alltagsverständnis einer reichen Gesellschaft wie der deutschen war Armut lange Zeit etwas, das es nur in »armen Ländern« gab. Man dachte an Menschen, denen es an der Befriedigung der wichtigsten Grundbedürfnisse mangelte: genug zu essen und zu trinken, medizinische Hilfe zumindest bei lebensbedrohlichen Krankheiten, Kleidung und Unterkunft. »Jahrzehntelang«, schreibt der Politikwissenschaftler Christoph Butterwegge, »war Armut in beiden deutschen Staaten (...) ein Tabuthema, das von den Massenmedien höchstens während der Vorweihnachtszeit aufgegriffen, überwiegend mit einer karitativen Zielsetzung (Spendeneinwerbung) behandelt und dann für die nächsten zwölf Monate weitgehend verdrängt, vernachlässigt oder zumindest verharmlost wurde.«[34]

Der Hauptgeschäftsführer des Paritätischen Wohlfahrtsverbandes, Ulrich Schneider, stellt sogar fest, dass die Tabuisierung der Armut im Lauf der Zeit zugenommen hat: »Je reicher Deutschland im Lauf der Jahre wurde, je weiter allerdings auch die Einkommens- und Vermögensschere sich öffnete, desto aggressiver wurden jene attackiert, die die schlechte Botschaft von der Armut in Deutschland überbrachten, und desto apodiktischer wurde ihnen praktisch das Recht abgesprochen, jenseits von Obdachlosigkeit oder anderen extremen Erscheinungsformen der Not überhaupt von Armut zu sprechen.«[35] Und so ist es bis heute: Wer arm ist, kommt im öffentlichen Diskurs höchstens als →*sozial Schwacher* vor – so wie man beschwichtigend von →*Vermögenden* spricht, wenn von den Reichen die Rede sein müsste.

Um die zunehmende Armut in einem sehr reichen Land wie Deutschland nicht auf den Begriff bringen zu müssen, machten sich die Leugner das jahrzehntelang eingeübte Alltagsverständnis des Wortes zunutze: Von Armut, so ihre Argumentation, könne man ja wohl nicht sprechen, wenn jemand weder Hunger noch Durst leiden noch im Winter frieren müsse und zudem über eine Krankenversicherung verfüge. So stellte die *Zeit* im Jahre 2015 dem Armutsbericht des Paritätischen Wohlfahrtsverbandes[36] gezielt das gängige Klischee von »echter Armut« entgegen: »Die meisten Menschen denken bei Armut an Pfandflaschensammler, Bettler und Obdachlose. Doch die statistische, relative Armut beginnt bei knapp 900 Euro netto für einen Single.«[37] Was nichts anderes heißen sollte als: Die »statistische, relative Armut« ist gar keine Armut.

Auch das wichtigste Argument der Armutsleugner durfte in diesem Artikel (wie in so vielen anderen) nicht fehlen: »Es ist ja richtig, auf Benachteiligte hinzuweisen, darauf, dass ein Single in einer Großstadt auch mit 900 Euro netto nur schwer über die Runden kommt, und dass viel zu viele Menschen nicht so vom Wohlstandszuwachs profitieren, wie die Mitte der Gesellschaft – aber zu suggerieren, Not und Elend würden immer größer, ist einfach falsch.« Denn »die Armut, so, wie sie hier gemessen wird«, habe »wenig mit dem gemein (...), was die meisten Menschen darunter verstehen. Es ist eine Armut, die auch nicht verschwände, wenn der Wohlstand in Deutschland explodieren würde und alle Menschen plötzlich zehnmal so viel Geld hätten.«

Dieses »Argument« zielt auf die Tatsache, dass nach den Regeln der Europäischen Union diejenigen als »armutsgefährdet« gelten, die weniger als 60 Prozent des mittleren Nettoeinkommens zur Verfügung haben. Und als »arm« gilt der Organisation für wirtschaftliche Zusammenarbeit und Entwicklung (OECD) zufolge, wer über weniger als die Hälfte des mittleren Einkommens verfügt. Insofern ist es natürlich zutreffend, dass auch die Armen immer mehr haben, wenn die Einkommen allgemein steigen.

Aber sind sie deshalb nicht arm? Doch, das sind sie, denn im Verhältnis zum Reichtum der Gesellschaft insgesamt ändert sich ja nichts. Es sei denn, man wollte den Armutsbegriff auf das reduzieren, was man »absolute Armut« nennt. Dann wären diejenigen, die gerade so viel haben, dass sie noch irgendwie Miete bezahlen können und keine Pfandflaschen sammeln müssen, auf einen Schlag nicht arm, sondern kommen halt »schwer über die Runden«. Der Armutsbegriff ist auf die absolute Armut reduziert, die es in unserem Land ja tatsächlich selten gibt – und die Armut ist so gut wie wegdefiniert.

Wegdefiniert ist damit genau das, was seriöse Sozialwissenschaftler unter »relativer Armut« verstehen: der Skandal, dass eine Vielzahl von Menschen zu arm sind, um jenseits des physischen Existenzminimums am gesellschaftlichen Leben teilzunehmen. Selbst kleine Freuden sind nicht drin: ein Besuch im Kino, im Zoo oder ein Getränk in einem Restaurant. Und das in einem Land, in dem es mehr als genug Reichtum gäbe, um das zu ändern.

Was also ist Armut in einem reichen Land? Nach der Definition von Christoph Butterwegge bringt sie – über »Mittellosigkeit« oder »Überschuldung« hinaus – unter anderem folgende Nachteile mit sich: »einen dauerhaften Mangel an unentbehrlichen und allgemein für notwendig erachteten Gütern, die es Menschen ermöglichen, ein halbwegs ›normales‹ Leben zu führen (...); Benachteiligungen in unterschiedlichen Lebensbereichen wie Arbeit, Wohnen, Freizeit und Sport; den Ausschluss von (guter) Bildung, (Hoch-)Kultur und sozialen Netzwerken, welche für die gesellschaftliche Inklusion nötig sind; (...) Beeinträchtigungen der Gesundheit und eine Verkürzung der Lebenserwartung (›Arme sterben früher‹); einen Verlust an gesellschaftlicher Wertschätzung, öffentlichem Ansehen und damit meistens auch individuellem Selbstbewusstsein; Macht- bzw. Einflusslosigkeit in allen gesellschaftlichen Schlüsselbereichen (Wirtschaft, Politik, staatlicher Verwaltung, Wissenschaft und Massenmedien)«.[38]

Um mal einen sperrigen Fachbegriff zu nutzen: Ob jemand arm ist in einem Land wie Deutschland, das bemisst sich nicht allein am physischen, sondern eben auch am »soziokulturellen Existenzminimum«. Wem dieser Anspruch zu hoch ist, der stellt sich, wie der Volksmund sagt, selbst ein Armutszeugnis aus.

Auf|stiegs|mög|lich|keit, die: die Chance, seine Position innerhalb der Gesellschaft zu verbessern. In der Regel soll dies durch Bildung ermöglicht werden. »Deutschland zur Bildungsrepublik zu machen, darf kein leeres Wort bleiben«, sagte zum Beispiel 2009 Kanzlerin Angela Merkel (CDU) in ihrer Regierungserklärung.[39] Und setzte dem hinzu: »Deshalb wollen wir faire Startchancen und Aufstiegsmöglichkeiten für alle.«

Aufstiegsmöglichkeiten für alle? Das Versprechen scheint geradezu kühn, zumal aus dem Mund Merkels. Jeder und jede soll sich verbessern können, sagt die Kanzlerin, ganz egal aus welchen Verhältnissen er oder sie kommt. Wer heute Klempner ist, leitet morgen einen Sanitärbetrieb. Wer aus einem Lehrerhaushalt kommt, wird einmal Universitäts-Professorin. Wessen Eltern arbeitslos sind, hat künftig einen eigenen Beruf und ein eigenes Einkommen. Aufstiegsmöglichkeiten: Der Begriff weckt positive Assoziationen und Emotionen. Die Welt verändert sich zum Besseren!

Doch, Sie ahnen es, so ist die Realität leider nicht. Es sind eben nur Möglichkeiten – im besten Fall. Und wie gut diese Möglichkeiten sind, das bleibt im politischen Diskurs im Ungefähren. Da ist der Spruch von den Aufstiegsmöglichkeiten häufig eine leere Floskel. Politisch ist in den vergangenen Jahren jedenfalls nicht genug getan worden, um die Aufstiegsmöglichkeiten zu verbessern. Das deutsche Bildungssystem ist längst nicht gut genug, um soziale Ungleichheiten einebnen und tatsächlich allen die gleichen Start- und damit Aufstiegschancen bieten zu können. So lassen sich laut einer Studie des Deutschen Instituts für Wirtschaftsforschung aus dem Jahr 2013 rund 40 Prozent unseres späteren Einkommens mit der Herkunft erklären. Bei der Bildung ist der Zusammenhang zwischen Elternhaus und Lernerfolg noch stärker.[40]

»Das bedeutet, dass in Deutschland kaum Chancengleichheit besteht«[41], so Studien-Autor Daniel Schnitzlein. Im internationalen Vergleich stehe Deutschland auf einer Stufe mit den USA, die sich am unteren Ende der Skala für Chancengleichheit befinden. »Der Traum, vom Tellerwäscher zum Millionär zu werden, ist nicht nur in den USA eine Legende, sondern auch in Deutschland.« Der Studie zufolge hängt der Bildungserfolg in Deutschland sogar stärker mit dem Familienhintergrund zusammen als die größtenteils genetisch bedingte Körpergröße.

Solange es so bleibt, dass das Elternhaus der wesentliche Faktor für den späteren beruflichen Erfolg ist, wird der Begriff Aufstiegsmöglichkeit politisch missbraucht. Er überlässt die Bürger faktisch sich selbst. Und das Versprechen von →*Chancen* wird zur Ausrede, politisch nichts an den bestehenden Verhältnissen ändern zu müssen. Denn – so der Subtext – wer es nicht packt, hat seine Chancen einfach nicht genutzt und ist folglich selber schuld an seiner Situation. Dass es die Aufstiegsmöglichkeit in Wahrheit gar nicht gab, wird geflissentlich unter den Tisch gekehrt.

Aus|bil|dungs|rei|fe, die: Als ausbildungsreif werden junge Menschen eingestuft, die die nötigen Fähigkeiten besitzen, um eine Lehre beginnen und erfolgreich abschließen zu können; dazu gehören nach der Definition des Bundesinstituts für berufliche Bildung neben schulischen Basiskenntnissen auch psychologische und physische Merkmale sowie die Berufswahlreife.[42] Die Arbeitgeber legen viel Wert auf die vorhandene Ausbildungsreife, nutzen diese aber auch als Argument dafür, dass viele Jugendliche keine Lehrstelle bekommen. »Ausbildungsreife ist weiterhin Ausbildungshemmnis Nr. 1«, heißt es zum Beispiel in einem Bericht des Deutschen Industrie- und Handelskammertags von 2014, in dem zugleich auch geschrieben wird, dass im Vorjahr rund »80 000 Ausbildungschancen ungenutzt« blieben.[43] Dabei seien die Chancen auf Ausbildung für Jugendliche »weiterhin hervorragend«. Aus Sicht der Arbeitgeber ist also klar, wo der Fehler liegt: bei den Bewerbern und beim Schulsystem.

Zyniker überrascht diese einseitige Sichtweise vermutlich nicht, wir aber staunen schon über das Schwarz-Weiß-Schema der Arbeitgeber. Sie sind es ja letztlich, die auf die Ausbildung von Fachkräften angewiesen sind, und man müsste meinen, dass sie daher auch genauer hinschauen, wie sich das Ausbildungsgeschehen entwickelt hat. Dann würden sie womöglich zu der Erkenntnis kommen, dass sie nicht ganz unschuldig daran sind, dass Lehrstellen frei bleiben. Schließlich haben die Betriebe die Anforderungen an junge Menschen in den vergangenen Jahren immer weiter hochgeschraubt, bis manche Jugendliche die Wünsche der Unternehmen einfach nicht mehr erfüllen konnten.[44] Die Betriebe müssten also bereit sein, wieder junge Menschen anzustellen, die in ihrer Entwicklung noch nicht ganz so weit sind – und mehr in ihre Ausbildung investieren, statt Lehrstellen zu streichen.

Im Jahr 2014 ist die Zahl der neu abgeschlossenen Ausbildungsverträge auf dem tiefsten Stand seit der deutschen Einheit angekommen. Nur noch jedes fünfte Unternehmen bildete aus. Trotzdem erklärt die Ausbildungsexpertin des Deutschen Industrie- und Handelskammertags, Esther Hartwich: »Von einem Mangel an Ausbildungsplätzen kann keine Rede mehr sein.« Es stünden mehr Ausbildungsplätze zur Verfügung, als Bewerber nachfragten. 2014 seien auf 21 000 offiziell unversorgte Jugendliche 37 000 bei der Bundesagentur für Arbeit (BA) gemeldete offene Lehrstellen gekommen.[45]

Die Interpretation der Statistiken entzweit Arbeitgeber und Gewerkschaften schon seit Jahren. Während Erstere davon sprechen, dass es mehr offene Ausbildungsplätze gebe als Bewerber, beklagen Letztere, dass hunderttausende Jugendliche keine Lehrstelle fänden. Aufklärung verschaffen Zahlen des Bundesinstituts für Berufsbildung. Demnach gab es 2014 rund 810 000 ausbildungsreife Jugendliche, die an einer Lehrstelle interessiert waren. Davon haben 522 000 einen Lehrvertrag unterschrieben, womit 288 000 ohne Vertrag blieben. Von Letzteren galten, wie es der DIHK erklärt, 21 000 offiziell als unversorgt. Weitere 169 000 befanden sich in Warteschleifen, das heißt, sie absolvierten berufsvorbereitende Maßnahmen oder Praktika. Immerhin 60 000 von ihnen hatten der BA aber angezeigt, dass sie weiterhin einen Ausbildungsplatz suchen. Der Verbleib der restlichen 98 000 Bewerber ist schlicht unbekannt.[46] Nimmt man alleine die offiziell unversorgten Bewerber und diejenigen, die der BA angezeigt haben, dass sie noch eine Lehrstelle suchen, so übersteigt diese Zahl die 37 000 offenen Lehrstellen um mehr als das Doppelte.

Mit der fehlenden Ausbildungsreife ist ein Nebenkriegsschauplatz entstanden, der von der Tatsache ablenkt, dass einfach nicht genügend Ausbildungsplätze zur Verfügung stehen. Dieses Vorgehen ist deswegen besonders perfide, weil all den Jugendlichen, die noch nach einem Ausbildungsplatz suchen, suggeriert wird, sie wären einfach nicht gut genug. Das wiederum ist falsch. Schüler sind heute besser ausgebildet als noch vor einigen Jahren. Das zeigen die Pisa-Tests. Tatsächlich dürfte die höhere Qualifikation sogar ein Teil des Problems sein, weil diese jungen Menschen häufig nicht Koch oder Klempner werden wollen, nur weil in diesen Berufen noch Ausbildungsplätze frei sind.

Damit sind wir bei unserem letzten Punkt: Sie haben sich jetzt vielleicht gefragt, wie es sein kann, dass einerseits Ausbildungsplätze unbesetzt bleiben, während andererseits ausbildungsreife Jugendliche keine Lehrstelle finden. Das liegt am sogenannten Mismatch: Angebot und Nachfrage passen nicht zusammen. Der soeben erwähnte Fall von Koch und Klempner ist ein Beispiel dafür. Ähnliches gilt, weil es in manchen Regionen ein Überangebot und in anderen einen Mangel an Ausbildungsplätzen gibt.

Um diesen Mismatch zu kompensieren, müssten die Unternehmen mehr Ausbildungsplätze anbieten, als es Bewerber gibt. Das müsste sogar in ihrem Interesse liegen und wäre nur logisch, schließlich fürchten sich die Unternehmer ja vor einem heraufziehenden →*Fachkräftemangel*. Dagegen könnten sie selbst mehr tun, statt nur nach der Politik zu rufen.

Aus|ga|ben|über|schuss, der: ein Verlust. Eine der unsinnigsten Wortkombinationen überhaupt. Sie kommt aus dem Rechnungswesen und hat dort eine gewisse Berechtigung. Außerhalb des Rechnungswesens stiftet der Begriff vor allem Verwirrung. Er suggeriert all jenen, die nicht genau hinhören oder mitdenken, dass eine Kommune, ein Unternehmen oder ein Verein einen Gewinn gemacht haben könnte. Schließlich ist von einem Überschuss die Rede. Tatsächlich meint der Begriff, dass mehr ausgegeben wurde, als in die Kasse gekommen ist – im folgenden Beispiel in die Krankenkasse: »Trotz der Erhebung des Zusatzbeitrages weist die Jahresrechnung 2010 einen Ausgabenüberschuss in Höhe von 86,3 Millionen Euro aus«, steht zum Beispiel in einer Broschüre der Krankenversicherung DAK.[47] Einen Satz später nennt die Kasse das Kind dann beim Namen und spricht von einem »negativen Ergebnis«. So ehrlich geht es nicht immer zu.

In Deutschland ist bislang selten von einem »Ausgabenüberschuss« die Rede. In der Schweiz findet man den Begriff häufiger, auch in den Medien. So titelte zum Beispiel die *Neue Zürcher Zeitung*: »Erstmals Ausgabenüberschuss in Bergdietikon.«[48] Da möchte man fast applaudieren, bevor man sich nach kurzem Überlegen doch noch eines Besseren besinnt.

Wir sind gespannt, ob der Begriff auch hierzulande noch eine große Karriere macht. Für jeden Kämmerer oder Finanzminister, der die →*schwarze Null* nicht halten kann, wäre er eigentlich ein gefundenes Fressen.

aus|ge|ben (nicht mehr, als man einnimmt): Fragt man einen deutschen Finanzminister nach seiner Jobbeschreibung, dann hat er eine in der Regel klare Antwort: »dafür zu sorgen, dass man nicht mehr ausgibt als man einnimmt«, so zum Beispiel Wolfgang Schäuble Ende 2014 im Deutschlandfunk.[49]

Das ist die Logik der schwäbischen →*Hausfrau*, die auch Bundeskanzlerin Angela Merkel so gern bemüht: Auf der einen Seite stehen die Einnahmen, die eben so fließen, wie sie fließen, je nach Unternehmergeist, Konjunktur und dem →*Fleiß* der Bürger. Und auf der anderen Seite stehen die Ausgaben, die sich diesen Einnahmen anzupassen haben.

Das klingt auf den ersten Blick überzeugend und trifft in der deutschen Öffentlichkeit auch selten auf Widerspruch. Dennoch ist es eine Banalisierung und damit eine grobe Verfälschung der Wahrheit. Unterschlagen wird nämlich die schlichte Tatsache, dass staatliche Einnahmen sich vor allem aus Steuern speisen. Und was der Staat an Steuern einnimmt, das hängt keineswegs allein vom Schicksal ab, sondern von politischen Entscheidungen: Der Staat kann seine Einkünfte, anders als die meisten seiner Bürgerinnen und Bürger, »steuern« – und damit auch das, was er auszugeben in der Lage ist.

In all den Steuerdebatten wird häufig vergessen, dass der deutsche Staat (und nicht nur er) in den vergangenen Jahrzehnten genau das intensiv getan hat: Er hat seine Einnahmen »gesteuert«. Allerdings mit gewaltigem Drall in eine bestimmte

Richtung: Er hat Steuern gesenkt – nicht nur, aber besonders für Spitzenverdiener und Unternehmen. Er hat also verhindert, dass diese Gruppen entsprechend ihrem wachsenden Reichtum zur Staatsfinanzierung beitragen, und damit selbst für die Begrenzung seiner finanziellen Ressourcen gesorgt.

Als Beispiele sollen hier die Entwicklung des Spitzensteuersatzes und die vorerst letzte →»*Reform*« der Unternehmensteuer (2008) angeführt werden.

Den Spitzensteuersatz von derzeit 42 Prozent muss bezahlen, wer beim zu versteuernden Einkommen über einem bestimmten Betrag liegt (für 2015 waren das 52 882 Euro im Jahr[50]) – allerdings nur für den Teil des Einkommens, der diese Grenze überschreitet (ein Steuersatz, der ab einer bestimmten Einkommensgrenze gilt, wird deshalb im Fachjargon auch »Grenzbelastung« genannt). Für die ersten 52 882 Euro gelten niedrigere Sätze. Wer also 100 000 Euro versteuert, zahlt die 42 Prozent keineswegs auf die ganzen 100 000 Euro, sondern nur für den Teil, der über 52 882 Euro liegt, in diesem Fall also gut 47 000 Euro. Auf diese Unterscheidung kann nicht oft genug hingewiesen werden, denn oft klingt es in der öffentlichen Debatte so, als müssten Spitzenverdiener den Spitzensteuersatz auf ihr ganzes Einkommen zahlen.

Im Jahre 1958 lag der Spitzensteuersatz, also die »Grenzbelastung« für die höchste Einkommensstufe (damals ab umgerechnet 60 000 Euro), bei 53 Prozent. Er stieg Ende der siebziger Jahre des 20. Jahrhunderts auf bis zu 56 Prozent, ehe die Regierung von Bundeskanzler Helmut Kohl (CDU, 1982 bis 1998) den Spitzensatz wieder bis auf 53 Prozent senkte. Es war dann die rot-grüne Regierung unter Kanzler Gerhard Schröder, die die »Grenzbelastung« auf die seit 2005 gültigen 42 Prozent reduzierte.[51] Zum 1. Januar 2007 trat dann eine minimale Korrektur dieser Politik der Geschenke an die Spitzenverdiener hinzu, die von der großen Koalition eingeführte »Reichensteuer«: Für Einkommensbestandteile über 250 731 Euro im Jahr[52] galt nun ein Steuersatz von 45 Prozent. Aber von jenem Maß an Steuergerechtigkeit, das selbst unter Helmut Kohl noch galt, ist auch das Lichtjahre entfernt. Schon unter Kohl und dann auch unter Schröder wurde, um wenigstens in Ansätzen Ausgewogenheit zu erreichen, auch die Belastung der niedrigsten Einkommen reduziert – was allerdings nichts daran ändert, dass der Staat einem Spitzenverdiener jeweils wesentlich mehr Geld »schenkte« als einem Beschäftigten am unteren Ende der Skala.[53]

Nur am Rande sei bemerkt, dass die Politik den bei der Einkommensteuer entlasteten Geringverdienern das Geld gleich wieder aus der anderen Tasche zog: Anfang 2007 erhöhte die große Koalition die Mehrwertsteuer von 16 auf 19 Prozent. Von dieser Steuer sind niedrigere Einkommen, die zwangsläufig zum größten Teil für den Konsum ausgegeben werden, immer am stärksten betroffen (siehe auch →*Steuererhöhungen*).

Zweites Beispiel: die »Unternehmensteuerreform«, ebenfalls beschlossen von der ersten großen Koalition unter Angela Merkel im Jahr 2007 und in Kraft getreten 2008. Sie diente dem erklärten Ziel, die Firmen um fünf Milliarden Euro pro Jahr zu entlasten, und zwar durch die Senkung ihrer Steuerlast von knapp 39 auf knapp 30 Prozent. Die Begründung des Bundesfinanzministeriums entsprach der gängigen Ideologie, wonach die Steuerzahler in der Summe mehr bezahlen, wenn man weniger von ihnen verlangt. Was nichts anderes bedeutet, als das weit verbreitete, systematische Umgehen der Steuerpflicht durch eine Verringerung dieser Pflicht zu belohnen.

In den Erläuterungen des Bundesfinanzministeriums aus dem Jahre 2007 liest sich das so: »Folge der hohen deutschen nominalen Steuerbelastung ist, dass international operierende Unternehmen durch Gestaltungen dafür sorgen, dass ein erheblicher Teil der in Deutschland erwirtschafteten Gewinne nicht hier, sondern in anderen Ländern mit niedrigeren Steuersätzen versteuert werden. (…) Ziel der Unternehmensteuerreform ist es deshalb auch, Anreize für international tätige Unternehmen zu setzen, einen angemessenen Anteil der in Deutschland erwirtschafteten Gewinne hier zu versteuern.«[54] (Siehe auch →*scheues Reh*) »Gestaltungen« – das ist der feine Ausdruck für mehr oder weniger legale Tricks zur Umgehung der Steuerpflicht, die man dann auch noch durch Steuersenkungen belohnt.

Die Idee (treffender: die Ideologie) hinter solchen Steuersenkungen besteht also in dem Glauben, es werde mehr Geld fließen, wenn die Belastungen sinken. Jedenfalls ist das die Geschichte, mit der die Bevorzugung der ohnehin Privilegierten in der Öffentlichkeit verkauft wird.

Im Falle von Unternehmen geschieht das Wunder der Geldvermehrung diesem ideologischen Modell zufolge durch mehr Steuerehrlichkeit (siehe das obige Zitat des Finanzministeriums) und natürlich durch mehr Luft zum Investieren für diejenigen, die auch bisher schon ehrlich waren und künftig geringer belastet werden. Das ist die Argumentation der neoklassischen Volkswirtschaftslehre, die vor allem »angebotsorientiert« denkt, das heißt: Zu entlasten sind die »Anbieter« von Waren und Dienstleistungen, um Investitionen zu erleichtern und Konsumgüter günstig herstellen und verkaufen zu können. Die Nachfrage nach diesen Gütern entsteht nach dieser Logik dann wie von selbst, etwa durch mehr Beschäftigung in den von Steuern entlasteten Betrieben.

»Nachfrageorientierte« Wirtschaftswissenschaftler haben an dieser These gut begründete Zweifel. Sie fordern Entlastungen und Sozialleistungen vor allem für diejenigen am unteren Ende der Einkommensskala, von denen zu erwarten ist, dass sie ihr zusätzliches Geld fast vollständig für Waren und Dienstleistungen ausgeben würden, was wiederum wegen gestiegener Nachfrage auch den Unternehmen hilft.

Bei der Senkung der Einkommensteuer bediente sich die rot-grüne Bundesregierung interessanterweise genau dieses nachfrageorientierten Arguments: »Wir brauchen eine Nettoentlastung der Haushalte zur Belebung der Binnenkonjunktur, damit die Menschen auch kaufen können, was die Wirtschaft herstellt«[55], sagte Gerhard Schröder gleich nach seiner Wahl zum Bundeskanzler am 10. November 1998 im Bundestag.

Für die Senkung des Eingangssteuersatzes ist das sicher ein treffendes Argument. Es auch für die Entlastung der Einkommen über 50 000 Euro zu verwenden, stellt allerdings einen ziemlich skrupellosen Missbrauch der nachfrageorientierten Wirtschaftstheorie dar. Kurz vor Inkrafttreten der letzten Senkungsstufe zum Jahresbeginn 2005 wies ein SPD-interner Kritiker auf diesen Missbrauch mit klaren Worten hin: Wer wie er selbst »ordentlich verdiene«, brauche keine Entlastung, sagte dieser Politiker im August 2004. Und weiter: »Wenn wir Veränderungen von Arbeitslosen und Kleinverdienern verlangen, können die Reichen nicht abseits stehen.« Er finde es »geradezu obszön«, den Spitzensteuersatz zu senken und zeitgleich die Menschen mit Hartz IV zu belasten.[56]

Wie der mutige Schröder-Kritiker hieß? Sigmar Gabriel, damals SPD-Fraktionsvorsitzender im niedersächsischen Landtag. Das war derselbe Gabriel, der sich als Vorsitzender seiner Partei nach der Bundestagswahl 2013 von jeder Forderung verabschiedete, den Spitzensteuersatz wieder zu erhöhen, um die Aufgaben des Staates auskömmlicher und gerechter zu finanzieren.

Was »wir« ausgeben können, ist also Ergebnis einer ganz bestimmten Denkweise und der dazugehörigen Politik, die sich einer Stärkung und zugleich gerechteren Verteilung der Finanzierungsbasis verweigert.

Aber gibt die Entwicklung der Steuereinnahmen dieser Politik nicht Recht? Hören wir nicht Jahr für Jahr vom nächsten »Rekord« bei den Steuereinnahmen? Ja, es gibt sie, diese Rekorde. Und sie werden immer wieder benutzt als angeblicher Beleg für die Behauptung, es sei genug Geld zum Ausgeben da. Das ist allerdings ein unsinniges Argument, wie unter dem Stichwort →*Rekordeinnahmen* zu zeigen sein wird: Im Verhältnis zur Wirtschaftsleistung ist nämlich der Anteil der Steuereinnahmen über Jahrzehnte praktisch gleich geblieben, sie sind schlicht und einfach mit der Wirtschaft gewachsen. Und das bedeutet: Eine strukturelle Stärkung der Einnahmeseite, mit der dringend notwendige Ausgaben finanziert werden könnten, findet nicht statt.

Fazit: Wir können nur ausgeben, was wir einnehmen? Stimmt! Aber wir – gemeint ist der Staat – nehmen nur ein, was »wir« und unsere Politiker einnehmen wollen. Wir geben aus, was wir einnehmen (plus das, was wir künftigen Generationen als Schulden aufbürden), statt einzunehmen, was wir ausgeben sollten. Sachlich betrachtet spräche nichts dagegen, zugunsten der Reparatur von Straßen, des Ausbaus von Bildungseinrichtungen oder einer menschenwürdigen Förderung von Langzeitarbeitslosen die Steuern auf hohe Einkommen wieder zu erhöhen und die Besteuerung großer Vermögen wieder einzuführen. Gar nichts spräche dagegen – wären da nicht die ideologischen Vorbehalte der Regierenden gegen eine stärkere Verpflichtung der immer reicher werdenden Reichen auf die Interessen des Gemeinwohls.

Au|to|in|dus|trie, die: wichtiger deutscher Wirtschaftszweig, der sich allerdings gerne noch wichtiger nimmt, als er tatsächlich ist – und damit die politischen Entscheidungen zu seinen Gunsten zu beeinflussen versucht. Zitieren wir hierzu mal wieder Kanzlerin Angela Merkel, deren Redenschreiber die Argumentation der Autoindustrie übernommen haben. »Jeder siebte Arbeitsplatz in Deutschland steht direkt oder indirekt mit dem Automobil in Verbindung«, sagte Merkel 2008 auf der Internationalen Automobilausstellung in Frankfurt.[57] Das ist erst einmal nicht falsch. Zugleich suggeriert die Formulierung aber, dass jeder siebte Arbeitsplatz verschwinden würde, wenn es die Autoindustrie nicht gäbe. Und das wiederum ist falsch. Grundfalsch.

Tatsächlich arbeiteten 2014 in absoluten Zahlen 774 900 Menschen in der deutschen Autoindustrie – und zwar bei den Herstellern *und* ihren Zulieferern.[58] Bei insgesamt 38,2 Millionen Arbeitnehmern im Jahresdurchschnitt[59] (wir lassen die 4,4 Millionen Selbständigen mal weg) nicht gerade viel – und schon gar nicht jeder siebte Arbeitsplatz. Wer einmal nachrechnet, kommt schnell darauf: Tatsächlich geht nur rund jeder fünfzigste Arbeitsplatz auf das Konto der Autohersteller und ihrer Zulieferer.

Warum aber dann die Rede von »jedem siebten Arbeitsplatz«? Die Kanzlerin deutete es in ihrem Statement an, das in seiner präzisen Wortwahl eben nicht falsch war. Denn *indirekt* steht – zumindest wenn man den Rechenkünsten der Autolobby glauben mag – durchaus jeder siebte Arbeitsplatz mit der Autoindustrie in Verbindung. Doch *indirekt* ist ein weiter Begriff. Dass die Textilindustrie, die Chemieindustrie, die Stahlindustrie oder die Forstwirtschaft davon profitieren, wenn sie BMW, Audi, VW oder Daimler mit ihren Produkten beliefern können, ist noch nachvollziehbar. Doch selbst wenn man diesen sogenannten Vorleistungsverbund miteinbezieht, sind es weniger als drei Millionen Arbeitsplätze, die der Autoindustrie zugerechnet werden können.[60] Folglich rechnet die Autolobby auch noch Autowerkstätten, Straßenbauer, Taxifahrer, Fernfahrer und vieles mehr hinzu. Würden das die deutschen Theater genauso machen (schließlich benötigen sie respektive ihre Gäste ebenfalls Straßen, Autos und Taxifahrer), sie wären umgehend eine Branche von ungeheurer Bedeutung – und könnten sich der Aufmerksamkeit der Politiker sicher sein.

Der stellvertretende Leiter der Kompetenzgruppe Unternehmen und Innovation beim Rheinisch-Westfälischen Institut für Wirtschaftsforschung, Michael Rothgang, sagt deshalb: »Der Mythos von jedem siebten Arbeitsplatz gründet in ein paar absurden Annahmen.«[61] Wir können ihm da nur Recht geben, denn es ist nicht anzunehmen, dass die Deutschen keine Autos mehr fahren würden, wenn es die heimischen Autobauer nicht mehr gäbe. Schließlich fahren auch die Schweizer und Österreicher Autos – und zwar ausschließlich importierte. Folglich hätten Taxifahrer, Fernfahrer und Mitarbeiter von Autoversicherungen auch ohne BMW, Daimler und Volkswagen Arbeit.

Es scheint deshalb ganz so, als ob die deutsche Autoindustrie nicht nur den Pkw, den Lkw und den Omnibus erfunden hat, wie man sich stolz rühmt, sondern auch die Additionsrechnung. Man könnte über solcherlei Zahlenspielereien schmunzeln. Man könnte sich denken: Sollen sie halt, wenn sie das Gefühl haben, noch nicht wichtig genug zu sein. Aber so harmlos ist dieses Rechenspiel dann eben doch nicht. Erinnern wir uns doch mal an die einsetzende Konjunkturflaute in Deutschland nach dem Ausbruch der Finanzkrise 2008. Was ließ sich die Bundesregierung einfallen, um die Wirtschaft zu stützen? Genau: die Abwrackprämie. Der Staat subventionierte die Verschrottung von alten Autos mit 2 500

Euro je Fahrzeug, wenn sich die Besitzer dafür ein neues zulegten. Die Autoindustrie wurde gepampert – im Gegensatz zu vielen anderen Branchen.

Bei|trags|satz|sta|bi|li|tät, die: technokratischer Begriff aus der Finanzierung der Sozialsysteme. Er beschreibt das Ziel, dass der Anteil, den Arbeitgeber und Arbeitnehmer zur gesetzlichen Renten-, Kranken- oder Arbeitsversicherung beitragen, unverändert bleiben soll – im Zweifel auch um den Preis, dass Leistungen der Sozialversicherungen gekürzt werden müssen. Ein großer Verfechter stabiler Beitragssätze war der langjährige Arbeitgeberpräsident Dieter Hundt. Zuverlässig pochte er auf stabile Beiträge und forderte, wenn es die Situation erlaubte, auch Beitragssenkungen. So warnte er während der Finanzkrise 2008 vor möglicherweise höheren Beitragssätzen der Krankenkassen: »Ein Beitragssatz über das aktuelle Rekordniveau von 14,9 Prozent verstärkt den zu erwartenden Konjunkturabschwung zusätzlich.«[62]

Damit sind wir mitten im Thema. Es handelt sich um eine verbreitete Annahme, dass höhere Sozialversicherungsbeiträge schlecht für die Unternehmen und den Wirtschaftsstandort Deutschland sind, weil sie die sogenannten →*Lohnnebenkosten* und damit die →*Arbeitskosten* in die Höhe treiben, womit sie letztlich die →*Wettbewerbsfähigkeit* der deutschen Wirtschaft und Arbeitsplätze in Deutschland gefährden.

Kanzler Gerhard Schröder (SPD) baute auf dieser Annahme die Agenda für eine ganze Legislaturperiode auf. Da spielte es auch keine Rolle, dass selbst Regierungsberater zu anderen Ergebnissen kamen. So stellte zum Beispiel der Sachverständigenrat für die Begutachtung der Entwicklung im Gesundheitswesen 2003 fest, dass die Behauptung, die Sozialbeiträge hätten einen negativen Beschäftigungseffekt, nicht belegt sei.[63]

Nehmen wir das Handwerk, eine personalintensive und wichtige Branche in Deutschland, die Brot herstellt, Häuser baut, Haare schneidet und Fahrräder repariert. Im Jahr 2006 hat die Arbeitsgemeinschaft der bayerischen Handwerkskammern die Kosten einer Handwerkerstunde mit 43,47 Euro beziffert. Die Abgaben der Unternehmen für Renten-, Arbeitslosen-, Pflege- und Krankenversicherung machten von diesen Gesamtkosten gerade mal 2,55 Euro aus. Nach damaligen Zahlen hätte ein um einen Prozentpunkt verringerter Krankenkassenbeitrag die Arbeitsstunde eines Handwerkers nur um 12 Cent auf 43,35 Euro verbilligt. Das entscheidet kaum darüber, ob jemand einen Dachdecker engagiert oder zum Friseur geht.

Nun stehen Dienstleistungen allerdings auch nur eingeschränkt im internationalen Wettbewerb. Wie sieht es also in der Exportindustrie aus? Überraschenderweise ganz ähnlich. Denn bei der Industrie handelt es sich um eine hochautomatisierte Branche. Das heißt, es kann mit wenig menschlicher Arbeitskraft viel Wert erzeugt werden. Das ist die berühmte hohe Produktivität. Nach Berechnungen zahlreicher Autoren machen die Sozialversicherungsbeiträge folglich lediglich ein Prozent der gesamten Herstellungskosten eines Exportproduktes aus. Jede Wechselkursschwankung ist in der Konsequenz deutlich beunruhigender für einen Unternehmer. Selbst ein »Drohszenario einer zehnprozentigen Erhöhung der Beitragssätze zur Gesetzlichen Krankenkasse (...) entpuppt sich letztlich als Papiertiger«, folgert der Gesundheitswissenschaftler Jens Holst, der unter anderem an der Hochschule Magdeburg-Stendal lehrt.[64]

Natürlich ist das kein Freifahrtschein, um die Ausgaben der Sozialversicherungen bedenkenlos zu erhöhen. Aber es ist ein schlagendes Argument dafür, die Sozialpolitik nicht alleine an einem Dogma auszurichten, sondern zwischen Beitragssatzstabilität und sachlichen Erfordernissen abzuwägen. Und auch das sei bedacht: Geld, das für Soziales ausgegeben wird, verschwindet nicht in einem Schwarzen Loch. Der Kreis der Profiteure ist groß: die Versicherten, der Staat und auch die Wirtschaft. Millionen Arbeitnehmer werden alleine im Gesundheitswesen beschäftigt, abertausende Firmen – Handwerker, IT-Betriebe, Arzneimittelhersteller, Pflegedienste oder Steuerberater – verdienen damit ihre Brötchen. Wer die Sozialversicherungsbeiträge senken, stabilisieren, jedenfalls nicht steigen lassen will, entlastet also nicht nur Firmen, er stranguliert auch die Entwicklung anderer. Lange hatten allerdings noch nicht einmal die hochbezahlten Vertreter der Pharmaindustrie begriffen, dass einer ihrer obersten Lobbyisten – besagter Arbeitgeberpräsident Hundt – mit seiner ausdauernden Forderung nach Beitragssatzstabilität ihren Absatzmarkt und damit ihre Geschäftsgrundlage kaputt macht: So hat der Spardruck im Gesundheitswesen zum Beispiel zu etlichen Preissenkungsrunden für Arzneimittel geführt.

Viele Arbeitsplätze im Gesundheitswesen haben zudem zwei schöne Vorzüge: Sie können schlecht ins Ausland verlagert werden (es sei denn, man verlagert die Kranken gleich mit) und sie sind relativ unabhängig von konjunkturellen Schwankungen.

Schließlich sollte nicht vergessen werden, dass die deutsche Wirtschaft auf gesunde, leistungsstarke Mitarbeiter angewiesen ist – auch dafür ist das Sozialversicherungssystem da. Nichtsdestotrotz ist es der Arbeitgeberlobby gelungen, sich ein Stück weit aus der sozialen Verantwortung zu stehlen. Beitragssatzsteigerungen in der gesetzlichen Krankenversicherung gehen derzeit ausschließlich zulasten der Arbeitnehmer. Der Beitrag der Arbeitgeber zur Gesundheitsversorgung ist 2011 festgeschrieben worden. Das ist nicht nur deshalb moralisch bedenklich, weil sie selbst von den Leistungen der Sozialsysteme profitieren. Es gibt auch noch einen zweiten Grund: Viele Unternehmer haben in den vergangenen Jahren auf →*Lohnzurückhaltung* gepocht. Damit haben die Bruttolöhne insgesamt nicht mit der gesamtwirtschaftlichen Entwicklung Schritt halten können, womit auch die Einnahmebasis der Sozialversicherungen erodiert ist. In der Folge muss von den verbliebenen Einkommen ein höherer Anteil zur Finanzierung der Sozialversicherungen herangezogen werden.

Be|vor|mun|dung, die: Sowohl in der Debatte über Freiheitsrechte als auch in Diskussionen um den Sozialstaat wird dieser Begriff kritisch bis polemisch verwendet. Gemeint ist, dass der Staat »mit Verboten beziehungsweise Pflichten, Sanktionen oder sonstigen Erschwernissen das Verhalten seiner Bürger beeinflusst und dabei das Recht mündiger Bürger auf freie Willensentscheidung in unangemessener Weise einschränkt«[65].

Für diese Definition lassen sich im Bereich der Freiheitsrechte durchaus zahlreiche Beispiele finden. Etwa dann, wenn im Namen der »inneren Sicherheit« immer wieder Strafen verschärft und Bürgerrechte (zum Beispiel beim Datenschutz) eingeschränkt werden. Im Zusammenhang mit dem Sozialstaat dient der Vorwurf der Bevormundung dagegen dem Zweck, sozialstaatliches Handeln insgesamt zu diskreditieren. Das Ziel sozialer Sicherungssysteme – dem Einzelnen den Gebrauch seiner Freiheit durch Absicherung gegen bestimmte Lebensrisiken überhaupt erst zu garantieren – wird in sein Gegenteil umdefiniert: in eine angebliche Einschränkung der Freiheit.

»Obrigkeitsstaatliche Bevormundung und Engstirnigkeit sind mir fremd«, sagt zum Beispiel Katja Suding, die erfolgreiche Spitzenkandidatin der FDP bei der Hamburger Bürgerschaftswahl 2015. »Die meisten Menschen wollen und können ein selbstbestimmtes Leben in eigener Verantwortung führen. Leider entsteht zu oft der Eindruck, unser Sozialstaat biete dazu eine bequeme Alternative – indem er den, der dies vorzieht, wie ein unmündiges Kind an die Hand nimmt und durchs Leben führt. Ich lehne dies ab.«[66]

Es lohnt sich, dieses Zitat ein bisschen genauer zu betrachten, denn in ihm – und im Motiv der angeblichen »Bevormundung« durch den Sozialstaat – stecken mehrere Elemente, die den neoliberalen Diskurs entscheidend prägen.

Erstens: »Die meisten Menschen wollen und können ein selbstbestimmtes Leben in eigener Verantwortung führen« – das ist so selbstverständlich, dass es sich praktisch jeder Diskussion entzieht. Die Sprecherin, hier Katja Suding, verkauft sich damit als Repräsentantin eines allgemeinen gesellschaftlichen Konsenses. Sie tut das in der Hoffnung, die entsprechende Zustimmung dann auch auf ihre folgenden Aussagen übertragen zu können.

Zweitens: Nun aber baut sie einen Gegensatz zwischen einem »selbstbestimmten« und einem »bequemen« Leben auf. Diese (Schein-)Alternative knüpft nicht nur an die unausrottbare preußisch-protestantische Vorstellung an, dass Selbstbestimmung und Eigenverantwortung mit steter Mühe und Arbeit verbunden sind. Die naheliegende Idee, dass ein selbstbestimmtes *und* bequemes Leben am erstrebenswertesten sei, mag von einem Teil der FDP-Zielgruppe gelebt und genossen werden, aber ideologisch ist sie tabu. Wer darauf angewiesen ist, sich den Lebensunterhalt »selbstbestimmt« und »eigenverantwortlich« durch Arbeit zu erstrampeln, soll auf die Idee eines bequemen Lebens besser erst gar nicht kommen.

Drittens: Damit ist klar, dass die »bequeme Alternative« für die Mehrheit der Nicht-Begüterten in einem geradezu unmoralischen Angebot besteht, nämlich dem Sozialstaat. Mit ihm schließen seine Profiteure, so Suding und Co., einen geradezu teuflischen Pakt: Ihre »Selbstbestimmung und Eigenverantwortung« geben sie an der Pforte des Sozialstaats ab – und lassen sich dafür, »bequem« wie ein »unmündiges Kind«, »an die Hand nehmen und durchs Leben führen«. Natürlich auf Kosten derjenigen, die brav ihre Steuern bezahlen, weil sie eben bessere Menschen sind als die »Bequemen«.

Schließlich viertens: In diesem Zerrbild steckt eine geradezu zynische Unterstellung, die Katja Suding in selten gesehener Offenheit formuliert: Wer sich der »Bevormundung« durch den Sozialstaat unterwirft, tut dies aus freien Stücken; die »Entmündigung« trifft nicht etwa denjenigen, dem womöglich die Bildung, die Kraft oder die Gesundheit für ein »selbstbestimmtes« und »eigenverantwortliches« Leben fehlt. Nein, der Sozialstaat begünstigt »den, der dies vorzieht«. Wahrscheinlich, so darf aus dem Textzusammenhang geschlossen werden, aus »Bequemlichkeit«.

So weit die sozialstaatsfeindliche Argumentationsfigur, auf die nur Leute kommen können, die nicht wissen (wollen), wie wenig »bequem« ein Leben als Hartz-IV-Empfänger oder Frührentner sein kann. Der ideologiegetriebene Zynismus dieser Rhetorik gegenüber den Verlierern eines Wirtschaftssystems, das unter →*»Eigenverantwortung«* vor allem den Überlebenskampf auf den Märkten einer individualisierten Konkurrenzgesellschaft versteht, liegt auf der Hand. Aber ganz so einfach, das sollten sich gerade die Verteidiger des

Sozialstaats eingestehen, ist es mit dem Widerlegen dann auch wieder nicht.

Wer sich den Sozialstaatsverächtern erfolgreich entgegenstellen will, wird sich mit ihnen vor allem an denjenigen Stellen auseinandersetzen müssen, wo ihre Ideologie an einige unangenehme, nicht zu leugnende Tatsachen anknüpft. Mit anderen Worten: Dass es so etwas wie Bevormundung in den entwickelten Sozialsystemen gibt, wird gerade derjenige zur Kenntnis nehmen müssen, der daraus anders als die Sudings dieser Welt nicht den Schluss zieht, diese Systeme möglichst zu zerstören. Gerade wer den Sozialstaat verteidigen will, wird die Probleme benennen müssen, die sich in den wohlfahrtsstaatlichen Strukturen aufgebaut haben. Denn Bevormundung gibt es nicht nur dort, wo linke Kritiker sie etwa beim Hartz-IV-System schon lange angeprangert haben. Sondern auch in den lange gewachsenen sozialstaatlichen Strukturen selbst. Es wäre fatal, den Neoliberalen die Frage nach dem Reformbedarf des Sozialstaats zu überlassen. Ihren Abbauszenarien müssten vielmehr eigene, sozialstaatsfreundliche Reformkonzepte entgegengesetzt werden.

Zunächst also richtet sich die Kritik gegen die offensichtliche Gängelungspraxis der Behörden: strikte Kontrolle und Einbehaltung ersparten Vermögens oberhalb bestimmter Freigrenzen; strenge Überwachung der Lebensverhältnisse von der Wohnungsgröße bis zur Partnerbeziehung (»Bedarfsgemeinschaft«); Verhängung von Sanktionen bei mangelnder Bereitschaft zur Unterwerfung unter diese Regeln oder zur Aufnahme minderwertiger Jobs. »Waren die Bezieher/innen der Arbeitslosenhilfe noch Sozialstaatsbürger/innen gewesen, denen man überwiegend mit Respekt begegnete, so ist es an Zynismus kaum zu überbieten, dass Hartz-IV-Betroffene im Jobcenter zwar als ›Kunden‹ bezeichnet, von ihren Fallmanager(inne)n aber nicht selten wie

Bettler/innen oder lästige Bittsteller/innen behandelt werden«[67], resümiert der Kölner Politikwissenschaftler Christoph Butterwegge in seiner Hartz-IV-Bilanz. Das wirke, so eine von Butterwegge zitierte Studie, auf die Betroffenen »deautonomisierend«[68], auf Deutsch: bevormundend und entmündigend.

Hier zeigt sich, was Katja Suding und ihre Gesinnungsgenossen verschweigen: Der Sozialstaat ist nicht etwa deshalb bevormundend, weil er existiert oder zu viel hilft. Er nimmt im Gegenteil dort bevormundende Züge an, wo er unzureichend ausgestattet ist und unter politisch erzeugtem Sparzwang ein komplexes bürokratisches Kontrollsystem errichtet hat. Gerade die Degradierung von Langzeitarbeitslosen zu minimal alimentierten Objekten eines rigiden Kontrollregimes, also Hartz IV, war ja tatsächlich explizit durch einen solchen »Sparzwang« motiviert. Daran ließ Bundeskanzler Gerhard Schröder keinen Zweifel: »Wir werden Leistungen des Staates kürzen ... müssen.«[69] Den Zusammenhang mit der massiven Senkung des Spitzensteuersatzes, die seine Regierung ebenfalls verantwortete, ließ der damalige Kanzler natürlich unerwähnt.

Den Verfechtern dieser zynischen Logik das Monopol auf einen Begriff wie »Bevormundung« wieder streitig zu machen und ihnen die tatsächlich entmündigenden Elemente eines in weiten Teilen entkernten Sozialstaats entgegenzuhalten, ist also notwendig und angebracht. Aber das allein wird, wie gesagt, nicht genügen. Wer den Sozialstaatsverächtern Paroli bieten will, muss nicht nur sagen, was sie verschweigen. Er muss sich auch mit dem Körnchen Wahrheit beschäftigen, das in ihrer Propaganda enthalten ist.

Das nämlich ist der zweite Aspekt der real existierenden Bevormundung: Unsere Sozialsysteme können in ihrer hergebrachten Form auch dort entmündigende Elemente enthalten, wo es nicht um Sanktions- und Kontrollmechanismen geht. Hier sollten die Verteidiger des Sozialstaats den Neoliberalen nicht das Feld überlassen, sondern sich offensiv fragen: Lassen sich nicht auch aus sozialstaatsfreundlicher Perspektive Mechanismen finden, mit denen die Balance zwischen Umverteilung und individueller Selbstbestimmung besser zu bewerkstelligen wäre als mit den hergebrachten Instrumenten staatlicher Fürsorge? Sind zentralstaatliche Großbürokratien womöglich zu ergänzen oder gar zu ersetzen durch solidarisches Handeln in der Gesellschaft selbst? Es geht um die Frage nach dem Verhältnis von staatlicher »Fürsorge« und individueller Autonomie. Zu suchen wäre nach Mustern für einen Umbau des Sozialstaats, der dessen »deautonomisierende« Elemente reduziert, zugleich aber den Aspekten von Umverteilung und Gerechtigkeit Rechnung trägt und also gerade nicht in einen Abbau von Leistungen mündet.

Es gäbe Anknüpfungspunkte für eine solche Debatte. Sie war nämlich im rot-grünen Spektrum in vollem Gange, bevor die Regierung Schröder ihre Agenda in Angriff nahm. Ja, es finden sich in dieser Agenda sogar Spurenelemente der Reformüberlegungen, die diesen Namen noch verdienten – allerdings in bis zur Unkenntlichkeit entstellter Form. Und seitdem scheint die Debatte weitgehend verstummt zu sein.

Seit den neunziger Jahren des vergangenen Jahrhunderts gingen die Überlegungen vor allem bei den Grünen in eine sehr bedenkenswerte Richtung: Durch Zusammenlegung der Arbeitslosen- und Sozialhilfe sollten, so die Idee, auch die Sozialhilfeempfänger in den Genuss von Förderinstrumenten kommen, die ihre Chancen zur Rückkehr auf den Arbeitsmarkt erhöhen. Das sollte zumindest ein erster Schritt sein, auch sie von Fürsorgeempfängern zu aktiven »Sozialstaatsbürgern« zu machen.

Die Grünen-Bundestagsfraktion bilanzierte zehn Jahre nach der »Agenda-Rede« von Gerhard Schröder die vorangegangenen Überlegungen so: »Bündnis 90/Die Grünen hatten noch vor der Agenda 2010 in Partei und Fraktion das Modell einer bedarfsorientierten Grundsicherung entwickelt. In der Reform von Arbeitslosen- und Sozialhilfe sahen Bündnis 90/ Die Grünen die Chance, schrittweise ihrem Ziel einer bedarfsorientierten Grundsicherung näher zu kommen. Ziel der Zusammenführung von Arbeitslosen- und Sozialhilfe sollte die Vermeidung von Doppelstrukturen (Arbeitsamt – Sozialamt), einheitliche Maßstäbe für Leistungen, der Abbau von Verschiebebahnhöfen und die Schaffung einer armutsfesten Leistung für die Betroffenen sein. Die unterschiedliche Behandlung von Langzeitarbeitslosen in der Arbeitslosenhilfe und der Sozialhilfe sollte ein Ende haben, alle Erwerbslosen sollten die gleichen Zugangschancen zu aktivierenden Maßnahmen[70] haben. Verdeckte Armut von Menschen, die zwar bisher keine staatlichen Hilfen zur Existenzsicherung in Anspruch nahmen, aber aufgrund ihrer Einkommenssituation einen Anspruch darauf hätten, sollte aufgedeckt und reduziert werden.«[71]

Grundsätzlich fassten die Grünen im Bundestag ihren Ansatz so zusammen: »Der Kerngedanke der bedarfsorientierten Grundsicherung war die Stärkung der Autonomie der Betroffenen.«[72] Man kann auch sagen: Der Anfang vom Ende der Bevormundung war das wichtigste Ziel.

Allerdings: So wie die Schröder-Agenda am Ende aussah, ist von diesem aktivierenden Aspekt so gut wie nichts geblieben. Zumindest die Bundestags-Grünen waren zehn Jahre später ehrlich genug, ihren ursprünglichen Zielen das Ergebnis einigermaßen realitätsnah gegenüberzustellen: »Richtig bleibt die Zusammenlegung von Arbeitslosenhilfe und Sozialhilfe, richtig bleibt auch die Einbeziehung der ehemaligen

SozialhilfeempfängerInnen in die Arbeitsmarktförderung und der Ansatz der fachübergreifenden Hilfe. (...) Doch dies war verbunden mit Weichenstellungen, die sich als grundlegend falsch erwiesen haben, insbesondere die Verschärfung der Zumutbarkeitsbedingungen, die vollständige Anrechnung von Partnereinkommen und die ungenügende Festsetzung der Höhe und Neufestsetzung der Leistungshöhe. Die notwendige Balance zwischen Fordern und Fördern ist nie zustande gekommen, soziale Bürgerrechte wurden fortwährend verletzt. Die Zielbestimmung des Gesetzes gab der Verantwortung der Betroffenen mehr Gewicht als der makroökonomischen Verantwortung des Staates. Mit der Verschärfung der Sanktionsregeln durch die CDU-geführten Bundesregierungen und dem Wegfall öffentlich geförderter Beschäftigung und anderer Instrumente durch die Instrumentenreform 2012 sind neue wesentliche Kritikpunkte hinzugekommen.«[73]

Eindeutiger formuliert: Von dem richtigen und bis heute aktuellen Gedanken, ein gängelndes, bevormundendes und die Passivität der Betroffenen begünstigendes System durch ein Förderinstrument zu ersetzen, das Arbeitslose zu Freiheit und Selbstbestimmung ermächtigt, ist so gut wie nichts geblieben. Nicht nach dem Aushandeln der Agenda 2010 zwischen SPD und Grünen, und erst recht nicht, als die Zustimmung der unionsregierten Länder im Bundesrat durch weitere Zugeständnisse erkauft worden war. Schon dieses Ergebnis hätten die Grünen, hätten sie sich ehrlich an ihren Zielen gemessen, nicht mittragen dürfen. Die von späteren Bundesregierungen hinzugefügten Verschärfungen bei den Sanktionen, die die Fraktion erwähnt, waren nur ein weiterer Schritt in die falsche Richtung.

Heute läge es im Sinne der damals debattierten Grundsicherungsidee nahe, an die Stelle von Hartz IV eine vollkommen neue Arbeitsmarktreform zu setzen. Die Frage, wie sie unter dem Aspekt der Aktivierung statt Bevormundung aussehen könnte, hätte längst eine leidenschaftliche Debatte verdient. Aber davon ist weder von den Grünen, die lieber mal mit der Union koalieren würden, noch von der SPD, die das schon tut, etwas zu hören. Die Frage, wie soziale Absicherung gegen ein Lebensrisiko wie Arbeitslosigkeit sich jenseits hergebrachter Bevormundungssysteme gestalten lassen könnte, haben sie denjenigen überlassen, die diese Absicherung an sich als »Bevormundung« diffamieren.

Nur relativ vereinzelt und oft unter der Wahrnehmungsschwelle einer breiten Öffentlichkeit findet die Debatte noch statt. So schrieb Harry Nutt Ende 2015 in der *Frankfurter Rundschau*: »In Deutschland, so der Ökonom und Philosoph Birger Priddat, herrsche noch immer ein allgemeiner Anspruch auf staatliche Versorgung. Wir konsumieren das Gemeinwohl, statt es zu produzieren. Dabei haben wir verlernt, das Soziale als unsere Angelegenheit zu betrachten, und so auch gestalterische Freiheiten aufgegeben. Stattdessen komme es nun aber darauf an, die Konzepte einer private-public-partnership zu tragfähigen Modellen auszubauen, aus denen Investitionen ins Gemeinwohl überhaupt erst hervorgehen können.«[74]

Hier zeigt sich, auf welch schmalem Grat sich bewegt, wer über eine gesellschaftlich und nicht allein staatlich organisierte, aktive Sozialpolitik nachdenkt. Einerseits steckt in dem zitierten Passus die berechtigte Frage, was die Gesellschaft selbst an Solidarität organisieren könnte, statt es staatlichen Instanzen allein zu überlassen. Eine Frage, die nicht allein den Neoliberalen gehört, sondern durchaus in links-grüne Vorstellungen vom autonomen Handeln der Bürgerschaft passt. Andererseits belegen Formulierungen wie »allgemeiner Anspruch auf staatliche Versorgung«, dass man leicht ungewollt in die Nähe polemischer Ausfälle gegen angeblich bequemes »Anspruchsdenken« geraten kann, wenn die Unterschiede nicht eindeutig markiert werden.

Vor allem die Frage, welche Instanz bei einer Entstaatlichung sozialer Aufgaben über die Beschaffung der notwendigen Finanzmittel – also die →*Umverteilung* gesellschaftlichen Reichtums – entscheidet, bleibt in den zitierten Formulierungen leider offen. Geht es etwa darum, demokratisch ausgehandelte Verteilungspolitik einfach durch private Wohltätigkeit zu ersetzen, der ja immer der Makel der Willkür anhaften wird?[75] Oder muss es nicht doch am Ende wieder ein – wenn auch hoffentlich zusätzlich demokratisierter und nicht mehr bevormundender – (Sozial-)Staat sein, dem die Entscheidungsgewalt obliegt? Und sollte man ausgerechnet von »public-private-partnership« reden, obwohl das sehr danach klingt, als sei eigentlich die Privatwirtschaft gemeint, wenn von der Gesellschaft die Rede ist?

Birger Priddat, auf den sich der *FR*-Leitartikler bezieht, hält zwar am Prinzip der Umverteilung eindeutig und ausdrücklich fest und unterscheidet sich damit zunächst vom neoliberalen Diskurs. Allerdings geht er in der Frage der Entstaatlichung ziemlich weit und lässt die Frage unbeantwortet, inwieweit Gemeinwohlgüter der Kapitallogik unterworfen werden sollen. Gerade diese Unentschiedenheit macht ihn zu einem guten Beispiel für die Gratwanderung zwischen populistischer Sozialstaatsverachtung und notwendigen Veränderungen, auf die sich eine wirklich sinnvolle Reformdebatte zu begeben hätte.

Priddat definiert die »public-private-partnerships« (PPP), die ihm im Sozialbereich vorschweben, als »neue Kooperationen zwischen Wirtschaft, Gesellschaft und Staat« bei der Produktion öffentlicher Güter, zu denen auch Sozialleistungen zählen. Der Staat würde diese Leistungen nicht mehr unbedingt allein anbieten, sondern in Zusammenarbeit mit Privaten – wobei leider offen bleibt, wie die Rollenverteilung zwischen »Wirtschaft« und »Gesellschaft« aussehen soll. Für diese Leistungen müssten die Empfänger, so Priddat, ein »Entgelt« bezahlen, das »neben politischen Gesichtspunkten nach Ertragsgesichtspunkten ausgelegt wird«. Das heißt: »Die Politik kann nicht mehr soziale Staffelungen einführen, jedenfalls nicht direkt.« Allerdings: »Sie kann (…) sozial Bedürftigen oder politisch benannten Anspruchsberechtigten Zuzahlungen leisten.«[76]

Priddat hält also einerseits am wohlfahrtsstaatlichen Verteilungsanspruch fest, wenn er darüber nachdenkt, diesen Anspruch an die Gesellschaft zurückzuverweisen: »Der Staat umfasst die größte Zahl der Bürger, nämlich alle Staatsbürger, während der Markt nur die Menge an Bürgern umfasst, die sich in der Lage sehen, sich an ihm zu beteiligen. Die Differenz ist der Bereich der staatlichen Fürsorge bzw. Wohlfahrt. (…) Man kann sich vorstellen, dass die Gesellschaft die Wohlfahrt in eigene Hände nimmt.« Das bedeutet für Priddat nicht, die Bürgerinnen und Bürger – auch diejenigen, die keinen Marktzugang haben – zynisch auf den Markt zu verweisen. Es bedeutet vielmehr ausdrücklich, dass die Gesellschaft »die Differenz wohl anerkennt, sie aber nicht über den Staat versorgen lässt«[77]. Aber andererseits öffnet er der Marktlogik die Tür, wenn er das »Entgelt« für soziale Leistungen »Ertragsgesichtspunkten« unterwirft.

Es darf – angesichts vorhandener Erfahrungen etwa mit der Krankenhaus-Privatisierung – stark bezweifelt werden, dass die unterstellten Effizienzvorteile der privatwirtschaftlichen Produktion von öffentlichen Gütern wirklich existieren. Aber zumindest in einem Punkt unterscheidet sich ein Autor wie Priddat von Katja Suding und anderen Verächtern wohlfahrtsstaatlicher Umverteilung: Er wirft wenigstens die Frage auf, ob sich soziale Leistungen auf eine breitere gesellschaftliche und damit auf eine demokratische, ihre Wirkung und ihre Akzeptanz dauerhaft sichernde Grundlage stellen lassen. Und zwar ohne dies mit einer Politik des Sozialabbaus zu verbinden.

Der hier beispielhaft zitierte Autor Priddat ist also – wie die Gesellschaft insgesamt – weit davon entfernt, bereits überzeugende Antworten auf die Frage nach Reformkonzepten jenseits des neoliberalen Angriffs auf den Sozialstaat zu geben. Aber er gehört zu den relativ wenigen, die diese Frage überhaupt stellen. Gerade wer der interessengebundenen Bevormundungsrhetorik der Marktradikalen etwas entgegensetzen will, wird sich der Diskussion über neue Formen einer nicht bevormundenden Sozialpolitik nicht entziehen dürfen.

boo|men|der Ar|beits|markt, der: Auf dem Arbeitsmarkt treffen potenzielle Arbeitnehmer auf potenzielle Arbeitgeber. Erstere haben ihre Arbeitskraft anzubieten, Letztere brauchen Menschen, die für sie gegen Bezahlung Arbeit erledigen. Ist die Arbeitslosigkeit niedrig und die Beschäftigung hoch, wird die Lage am Arbeitsmarkt in der Regel positiv bewertet. »Unser Arbeitsmarkt ist weiter stabil in sehr guter Verfassung«, kommentierte zum Beispiel Bundesarbeitsministerin Andrea Nahles die Zahlen vom Oktober 2015.[78] Sie begründete dies mit der Zunahme der Beschäftigung auf ohnehin schon hohem Niveau. Die Ministerin ist bei weitem nicht die Einzige, die so argumentiert. Verbessert sich die Arbeitskräftenachfrage, ist insbesondere in den Medien vom »boomenden Arbeitsmarkt« die Rede.[79]

Doch diese Argumentation ist löchrig geworden, weil sich die Struktur des Arbeitsmarktes verändert hat. Zu Zeiten, in denen die sozialversicherungspflichtige Vollzeitbeschäftigung noch der Normalfall war, genügte es durchaus, sich auf eine rein quantitative Analyse zu stützen. Doch spätestens seit den Arbeitsmarktreformen (→*Reformen*) der Regierung von Kanzler Gerhard Schröder geht das nicht mehr. Der deutsche Arbeitsmarkt ist heute sehr zersplittert. Mehr denn je gibt es Minijobs, Teilzeit- und Vollzeitbeschäftigung, dazu befristete, dauerhafte und Zeitarbeitsverhältnisse, und weiter Mindestlöhne, Niedriglöhne und Tariflöhne. Menschen arbeiten von 9 bis 17 Uhr und von 21 bis 5 Uhr, an Werktagen und am Wochenende.

Eine hohe Beschäftigungsquote bedeutet deshalb nicht mehr automatisch, dass die Verfassung des Arbeitsmarktes gut ist. Denn was nützt zum Beispiel ein Arbeitsverhältnis, das so schlecht entlohnt ist, dass das Geld zum Leben kaum oder gar nicht reicht? Solche Arbeitsverhältnisse gibt es in Deutschland inzwischen millionenfach.[80] Auch hat sich die vorhandene Arbeit seit den 1990er Jahren schlichtweg auf mehr Schultern verteilt, was man an der Zunahme der Teilzeitbeschäftigung ablesen kann, während das Arbeitsvolumen nicht gestiegen ist. Dabei wollten 2014 rund sechs Millionen Menschen mehr arbeiten.[81]

Die Lage am Arbeitsmarkt kann deshalb erst dann »gut« oder sogar »sehr gut« genannt werden, wenn die Beschäftigten ausreichend Arbeit finden, wenn ihre Tätigkeit gut entlohnt ist, wenn sie vom Arbeitgeber sozialversichert werden und wenn sie die Arbeit nicht krank macht – um nur einige Faktoren aufzuzählen. Diese Themen schaffen es zwar immer wieder in die öffentliche Diskussion, doch wenn es darum geht, ein Gesamturteil über den Arbeitsmarkt zu fällen, werden sie häufig vergessen oder fallen unter den Tisch. Der Diskurs über den Arbeitsmarkt hinkt den veränderten Realitäten hinterher und es sieht nicht so aus, als ob sich das in absehbarer Zeit ändern würde.[82]

Bürokratieabbau →*Steuerstaat*

Chan|cen, die: Möglichkeit, etwas Bestimmtes zu erreichen. Mehr Chancen, verbesserte Chancen werden von Politikern am laufenden Band versprochen. Schauen wir uns nur einmal die Parteiwerbung zur Europawahl 2014 an. »Damit Europa Chancen für alle bringt«, textete die CDU. »Ein Europa der Chancen. Nicht der Arbeitslosigkeit«, plakatierte die SPD. Und die FDP warb mit »Chancen statt Schulden« sowie »Chancen für jeden statt Regeln für alles«. Abgesehen davon, dass manche dieser Aussagen inhaltlich schlichtweg hanebüchen sind: Was veranlasst Politiker, so offensiv mit dem Versprechen von Chancen um die Gunst der Wähler zu werben? Und was steckt letztlich dahinter?

Ohne Zweifel hat der Begriff »Chance« eine sehr positive Ausstrahlung. Sie haben die Chance, ein Auto zu gewinnen? Oder eine Reise in den Urlaub? Das klingt doch verheißungsvoll. Da kommt man ins Träumen. Da sind Sie doch gerne dabei, nicht wahr?

Im politischen Kontext funktioniert der Begriff »Chancen« ganz ähnlich. In der Regel ist damit die Aussicht auf ein besseres Leben gemeint. Der Arbeitslose darf davon träumen, wieder einen Job zu finden, und das Kind aus einem weniger begüterten Haushalt, dass es vielleicht eines Tages zur Mittelschicht oder sogar zur Elite des Landes gehören wird.

Ein besseres Versprechen als das auf »Chancen« können Politiker den Wählern kaum machen. Auch deshalb, weil es taktisch sehr klug ist: Sie müssen nämlich nicht konkret werden. Der Begriff »Chancen« alleine sagt nichts darüber aus, wie häufig ein Ereignis eintreten wird. Ganz egal, ob die Wahrscheinlichkeit 1:8, 1:80 oder 1:800 ist, dass Sie einen Job finden, Sie haben auf jeden Fall eine Chance, der Glückliche zu sein. Damit liegt die Verantwortung für den Erfolg letztlich wieder bei jedem Einzelnen. Streng Dich an, dann schaffst Du das!

Das ist in einer freien Gesellschaft so lange in Ordnung, wie entlang jedes Lebensweges genügend Chancen bereitgehalten werden, damit ein erfülltes Leben möglich wird. Denn eine exzellente Ausbildung, ein freundliches Auftreten und viel Fleiß nützen nichts, wenn es einfach keinen Job gibt. Auch die Gelegenheitsstruktur muss stimmen.

Haben denn wenigstens alle die gleichen Chancen, zum Erfolg zu kommen? In Deutschland leider nicht, wie der Forscher Daniel Schnitzlein vom Deutschen Institut für Wirtschaftsforschung ermittelt hat.[83] Seiner Untersuchung zufolge hängt der Erfolg der Kinder hierzulande immer noch sehr stark vom Elternhaus ab. Das Versprechen von →*Aufstiegsmöglichkeit* verkommt so für einen großen Teil der Bevölkerung zur Farce.

Dass es Einzelne dennoch ab und zu schaffen, beweist gar nichts – außer, dass es immer wieder Menschen gibt, denen es mit Glück und Kraft gelingt, auch widrige Voraussetzungen zu überwinden. Wer sich allerdings nur an den Erfolgsgeschichten orientiert, vergisst leicht die Millionen, in deren Leben sich nichts verbessert hat.

Oder negativer: Wer anstelle konkreter Verbesserungen lediglich Chancen auf ein besseres Leben verspricht, räumt ein, dass manche Menschen genau dieses nie haben werden. Das aber druckt keiner auf Wahlplakate.

De|mo|gra|fie, die: Eigentlich meint dieser durch und durch trockene Begriff lediglich die Wissenschaft von der Bevölkerung. Doch außerhalb der Elfenbeintürme der Universitäten ist er geeignet, die Zukunft Deutschlands in düsterstes Licht zu tauchen. Kommt die Rede auf die Demografie oder die demografische Entwicklung, sehen wir das Ende unserer Sozialsysteme und die Zukunftsfähigkeit der deutschen Wirtschaft gefährdet. Hilflosigkeit macht sich breit, bis hinauf in die politische Spitze des Landes. Selbst Kanzlerin Angela Merkel bläst Trübsal: »Wer weiß, wie dem demografischen Wandel erfolgreich zu begegnen ist, den beglückwünsche ich«, sagte sie zu Beginn ihrer Kanzlerschaft 2006.[84]

So sehr hat sich das Horrorszenario vom demografischen Wandel Raum gefressen, dass nahezu jeder Umbau (siehe →*Reform*) des Sozialstaates mit der Demografie begründet werden kann. Und häufig hat man den Eindruck, dass es immer auf ein und dasselbe hinausläuft: Selbstmord aus Angst vor dem Tod. Lieber den Sozialstaat heute abschaffen, als ihn in zwanzig, dreißig oder vierzig Jahren unter dem Druck des demografischen Wandels zusammenbrechen sehen. Doch gemach, gemach ...

Zunächst: Hurra, wir werden älter! Und ja, das bringt ein paar Herausforderungen mit sich. Aber dem Untergang geweiht sind wir deshalb nicht. Vieles, was über den demografischen Wandel gesagt, geschrieben und gesendet wird, ist überspitzt und von Unwissen geprägt. Das fängt damit an, dass die einschlägigen Zahlen des Statistischen Bundesamtes zur Bevölkerungsentwicklung für Prognosen gehalten werden, dabei handelt es sich lediglich um Vorausberechnungen. Die Statistiker rechnen also auf der Basis bestimmter Annahmen in drei verschiedenen Szenarien durch, wie die Bevölkerung Deutschlands zum Beispiel im Jahr 2060 aussehen könnte.

Die Statistiker selbst sind klug genug, sich nicht auf ein Szenario festzulegen. Denn jeder ernsthafte Demograf weiß: Prognosen über dreißig oder mehr Jahre sind unseriös. Zu viel kann in solchen Zeiträumen passieren. Die Erfindung der

Anti-Baby-Pille ist so ein Beispiel. Sie hatte starken Einfluss auf die Geburtenentwicklung. Oder, ganz aktuell: die unerwartet hohe Zuwanderung, die über sämtlichen Annahmen der Wiesbadener Statistiker liegt.

Das hält die Schwarzmaler trotzdem nicht davon ab, häufig auf der Grundlage des negativsten Szenarios nach jeder Aktualisierung der Vorausberechnungen den Untergang des Abendlandes auszurufen und stante pede die nächste »Reform« des Sozialstaates einzufordern.

Natürlich wissen auch wir nicht, wie die Zukunft aussehen wird. Aber erstens räumen wir das hier offen ein – und zweitens holen wir nun tief Luft und widmen uns den häufig vergessenen Faktoren in dieser Debatte, um zu zeigen, dass die demografische Entwicklung nicht ins Verderben führen muss.

Die übliche Argumentation im Zusammenhang mit dem demografischen Wandel funktioniert so: Je älter die Bevölkerung wird, desto mehr Menschen gehen in den Ruhestand und beziehen Leistungen der Sozialversicherungen. Gleichzeitig nimmt die Zahl der Erwerbstätigen ab – und damit die Zahl der Menschen, die in die Sozialversicherungen einzahlen. Die immer größer werdende Differenz zwischen Einnahmen und Ausgaben führt schließlich zum unausweichlichen Kollaps der Renten-, Kranken- und Pflegekassen. Das klingt soweit logisch. Und genau das ist das Problem. Denn die Argumentation setzt an der falschen Stelle an: Schließlich ist für die Finanzierbarkeit unserer Sozialsysteme nicht die Zahl der Arbeitnehmer entscheidend, sondern die Leistungsstärke der deutschen Wirtschaft. Sie bildet die Basis unseres Wohlstandes. Und je mehr es davon gibt, desto mehr Mittel haben wir, um die ältere Bevölkerung zu versorgen. Wichtig ist in diesem Zusammenhang allerdings, dass der zusätzliche Wohlstand auch der gesamten Bevölkerung zugutekommt und nicht durch →*Lohnzurückhaltung* nur einem Teil der Bundesbürger.

Sie wenden ein, dass ohne Arbeitnehmer auch nichts erwirtschaftet werden kann? Dann lassen Sie sich überraschen. Der Zusammenhang zwischen Beschäftigung und Wirtschaftsleistung ist weniger eng, als bisweilen gedacht wird. So ist das deutsche Bruttosozialprodukt zwischen 1995 und 2014 preisbereinigt um gut ein Viertel gewachsen.[85] Wurde dafür mehr menschliche Arbeitskraft benötigt? Fast nicht. Die Erwerbstätigen haben in Stunden gemessen 2014 nur 0,6 Prozent mehr gearbeitet als 1995.[86] Wir haben also mit fast gleich viel Arbeitsaufwand deutlich mehr hergestellt als vor zwanzig Jahren. Das ist die häufig vergessene Produktivitätssteigerung. Sie könnte in den kommenden Jahren noch einmal deutlich zunehmen, da im Zuge der Digitalisierung der Wirtschaft viele Aufgaben voraussichtlich Maschinen übernehmen werden, was weiteres Wachstum verspricht.[87]

Schaut man in die Vergangenheit, erklärt genau diese Entwicklung, warum uns die Sozialsysteme nicht längst um die Ohren geflogen sind. Denn im Jahr 1900 haben 12,4 Erwerbsfähige für eine alte Person gearbeitet, fünfzig Jahre später waren es noch 6,9 und zur Jahrtausendwende lediglich 4,1 Personen.[88] Das Verhältnis zwischen Jung und Alt hat sich massiv verschlechtert, trotzdem ist der Wohlstand aber gestiegen und die Sozialversicherungssysteme wurden ausgebaut. Für die Zukunft muss uns deshalb nicht bange werden. Denn wir haben sogar noch Reserven, und zwar an den unterschiedlichsten Stellen, wie der nachfolgende Überblick in aller Kürze zeigen soll:

Arbeitszeit: Sechs Millionen Menschen hätten 2014 gerne länger gearbeitet, etwa Vollzeit statt Teilzeit.[89] Doch ihre Arbeitsleistung war offenbar gar nicht gefragt.

Arbeitslosigkeit: Wenn es uns gelingt, die Arbeitslosigkeit in Millionenhöhe weiter abzubauen, hat das einen doppelten Effekt: Mit jedem Arbeitslosen, der einen Job findet, wird aus einem Leistungsbezieher ein Einzahler in die Sozialversicherungssysteme.

Migration: Infolge der Krisen in Südeuropa und im Mittleren Osten kommen immer mehr Menschen nach Deutschland – weit mehr als auswandern. Über ihre Qualifikation ist derzeit noch nicht viel bekannt. Gerade die Südeuropäer sind aber durchaus gut ausgebildet. Die Zuwanderung verjüngt Deutschland. Gelingt es, die Menschen in Lohn und Brot zu bringen, wirkt sich das positiv auf die sozialen Sicherungssysteme aus. Aber auch das sei hier erwähnt: Bleiben sie arbeitslos, wird die Zuwanderung zu einer finanziellen Belastung.

Ausbildung: Die betriebliche Ausbildung ist von großer Bedeutung. Doch alleine 2015 haben nach Angaben des Bundesinstituts für Berufsbildung mindestens 81 200 ausbildungsreife Jugendliche keinen Ausbildungsplatz gefunden[90] (eher sind es noch mehr, siehe →*Ausbildungsreife*). Das könnten die Fachkräfte der Zukunft sein, nach denen die Wirtschaft ruft.

Ältere: Beschäftigte über 55 Jahren haben es auf dem Arbeitsmarkt noch immer schwer. Es gibt immer mehr Arbeitslose in dieser Altersgruppe. Das hängt natürlich mit der Alterung der Bevölkerung zusammen, zeigt aber eben auch, dass wir uns noch immer den Luxus leisten, auf die Arbeitskraft und die Erfahrung dieser Menschen zu verzichten.

Überqualifizierte: Mehr als jeder siebte sozialversicherungspflichtig beschäftigte Arbeitnehmer übt eine Arbeit aus, für die er überqualifiziert ist.[91] Könnten diese Menschen eine ihrer Qualifikation angemessene, höherwertige Tätigkeit ausüben, würden sie auch mehr Wert schöpfen.

Auch hier schlummern verborgene Potenziale für die Wirtschaft.

Lebensarbeitszeit: Es wird auch in Zukunft nicht für alle Menschen möglich sein, bis zum Alter von 67 oder 70 Jahren zu arbeiten. Dafür sind ihre Jobs zu belastend. Für andere geht das aber schon. Warum also nicht die Lebensarbeitszeit erhöhen für diejenigen, die noch fit sind? Heute beziehen unsere Ruheständler im Schnitt fast 23 Jahre Rente. Wären 15 nicht auch ausreichend – und sogar noch lebenswerter? Man kann ja zumindest mal über Formen längerer Erwerbstätigkeit nachdenken, ob freiwillig oder verpflichtend, ob Teilzeit- oder Vollzeit, etc.

Damit haben wir uns alleine die Potenziale angesehen, die noch im Arbeitsmarkt schlummern. Doch das sind nicht die einzigen Stellschrauben, an denen gedreht werden kann, um die demografische Entwicklung abzumildern. In die Steigerung der Geburtenzahlen sollten wir vorerst allerdings nicht zu viel Hoffnung setzen, auch wenn die Geburten 2014 wieder zunahmen.[92] Denn der erste Jahrgang der Babyboomer (der besonders geburtenstarken Jahrgänge) geht schon 2031 in Rente. Die heutigen Neugeborenen werden erst später ihren Beitrag zu den Sozialversicherungen leisten können – und sind auch rein zahlenmäßig zu wenige, um die künftigen Neu-Rentner 1:1 ersetzen zu können.

Vielversprechender ist da die Medizin. Bessere Behandlungskonzepte, neue Therapien und mehr Gesundheitsprävention können dazu beitragen, dass Menschen länger gesund leben. Das verhindert teure Krankenhausaufenthalte und langwierige Pflege. Doch sei an dieser Stelle auch erwähnt, dass der Effekt des demografischen Wandels auf die Gesundheitsausgaben dramatisch überschätzt wird. Während die Alterung der Bevölkerung oft als Hauptursache für steigende Gesundheitsausgaben dargestellt wird, entspricht das überhaupt nicht der empirischen Evidenz. Vielmehr ist davon auszugehen, dass die kostensteigernde Wirkung des demografischen Wandels bei weniger als einem Prozent pro Jahr liegen wird.[93] Damit ist dieser Kostentreiber im Vergleich zu vielen anderen für die gesetzlichen Krankenkassen relativ unbedeutend.

Wir könnten an dieser Stelle noch viel zum demografischen Wandel schreiben. Doch wir wollen es bei diesen Fakten belassen. Unsere Botschaft wird auch so klar: Die Alterung der Bevölkerung ist eine Herausforderung, aber keine, vor der man wie Kanzlerin Angela Merkel ratlos erstarren muss. Sie darf nicht weiter als schicksalhafte Entwicklung aufgefasst werden, die dann lediglich als Vorwand dient, nichts zu tun. Und sie ist erst recht kein Grund zu glauben, dass wir uns eine vernünftige soziale Absicherung nicht mehr leisten könnten. Vielmehr gilt es, den Wandel klug zu gestalten. Denn er beinhaltet auch Chancen.

Zum Schluss zitieren wir den Ökonomen Thomas Straubhaar, ehemaliger Leiter des Hamburger Instituts für Weltwirtschaft, der die Demografie-Hysterie in Deutschland vor Jahren einmal genüsslich auseinandergenommen hat: »Was ist das für ein Gejammer von wegen Schrumpfung und Alterung der Gesellschaft? (…) Die deutsche Bevölkerung schrumpft und altert. Na und? Das bedeutet doch zunächst einmal, dass die Zeiten der Plattenbauten und des Wohnungsmangels, der Staus und Wartezeiten, der zu kleinen Klassenzimmer und überfüllten Hörsäle vorbei sind. Bald schon wird man nicht mehr von Lehrstellenmisere sprechen, sondern Jugendlichen rote Teppiche auslegen. (…) Vor allem aber bedeutet die Alterung der Gesellschaft, dass die Menschheit ihrem Urtraum ein kleines bisschen näher gekommen ist: dem Traum vom ewigen Leben. Wie kann man nur so anmaßend sein, Älterwerden als Problem zu bezeichnen? Wie (erb)ärmlich, wie phantasielos ist ein solches Urteil. (...) Deutschland steht an der Schwelle zu einem neuen demographischen Zeitalter voller neuer Möglichkeiten. (...) Erstmalig muss nicht immer mehr produziert werden, um immer mehr Menschen satt und zufrieden zu machen. Nicht mehr Quantität bestimmt das Denken. Qualität dominiert das Tun und Lassen. (...) Das Problem ist nicht das Schrumpfen oder das Altern der Bevölkerung. Das Problem ist die Angst vor dem Schrumpfen und Altern der Bevölkerung.«[94]

Wir können Straubhaar mit dieser Analyse nur Recht geben. Was die Lösungen betrifft, so hätten wir mit ihm mit Sicherheit eine kontroverse Diskussion und würden uns bestimmt nicht in allem einig. Aber eine positive, lösungsorientierte Debatte ist genau das, was die Gesellschaft braucht.

Keine Lösung ist es übrigens, die kapitalgedeckte Altersvorsorge als Allheilmittel für den demografischen Wandel zu propagieren. Warum das so ist, erklären wir unter dem Stichwort →*generationengerechte Vorsorge*.

Deregulierung →*Freihandel*

Ei|gen|in|i|ti|a|ti|ve, die: Das Wort »Initiative« ist vom Lateinischen »initium« (Anfang) abgeleitet. In Verbindung mit dem vorangesetzten »Eigen-« bedeutet es, etwas aus eigenem Antrieb zu beginnen. Genau genommen heißt das also nichts anderes, als dass jemand die Initiative ergreift. Das ist ohne Zweifel in vielen Fällen zu begrüßen, ob nun jemand ein Unternehmen gründet, aktiv einen Job sucht, einer Partei beitritt, eine Bürgerinitiative ins Leben ruft oder der Angebeteten endlich seine Liebe gesteht.

Bei dem Wort »Eigeninitiative« handelt es sich allerdings um eine zusätzliche Betonung der Eigenleistung, die in jeder Initiative ohnehin steckt. Und diese Betonung hat, wenn es um politische Themen geht, ihren durchaus problematischen Sinn.

Die Eigeninitiative, eine Verwandte der →*Eigenverantwortung*, ist nämlich längst zu einem relativ beliebten Kampfbegriff in der sozialpolitischen Debatte geworden. Der zweite Kanzler der Bundesrepublik, Ludwig Erhard (CDU), nutzte das Wort »Initiative« noch ohne das verstärkende »Eigen-«. Aber ihm ging es nicht nur darum, die unbestreitbaren Vorzüge eines selbstbestimmten Lebens zu preisen – auch er verfolgte schon das Ziel, die Grenzen der sozialen Marktwirtschaft zu markieren: »Eine freiheitliche Wirtschaftsordnung kann auf die Dauer nur dann bestehen, wenn und solange auch im sozialen Leben der Nation ein Höchstmaß an Freiheit, an privater Initiative und Selbstvorsorge gewährleistet ist. Wenn dagegen die Bemühungen der Sozialpolitik darauf abzielen, dem Menschen schon von der Stunde seiner Geburt an volle Sicherheit gegen alle Widrigkeiten des Lebens zu gewährleisten, d. h. ihn in einer absoluten Weise gegen die Wechselfälle des Lebens abschirmen zu wollen, dann kann man von solchen Menschen einfach nicht mehr verlangen, daß sie das Maß an Kraft, Leistung, Initiative und anderen besten menschlichen Werten entfalten, das für das Leben und die Zukunft der Nation schicksalhaft ist und darüber hinaus die Voraussetzung einer auf die Initiative der Persönlichkeit begründeten ›Sozialen Marktwirtschaft‹ bietet.«[95]

In den Jahrzehnten nach Erhard hat sich, parallel mit den Angriffen auf den Sozialstaat, die Verwendung der Parole von der Eigeninitiative radikalisiert. Nicht alle, die diese Fähigkeit loben, führen sie so skrupellos auf ethnische oder nationale Charaktereigenschaften zurück wie der Autor der *FAZ*, der aus einem Flüchtlingslager in Jordanien vermeldete: »In Jordanien leben 80 000 Syrer in dem gigantischen Flüchtlingslager Zaatari. Sie haben etwas im Blut, das den Einheimischen fehlt: Geschäftssinn, Eigeninitiative – und den unbedingten Willen, aus der Lage das Beste zu machen.«[96]

In der Regel dient die »Eigeninitiative« vielmehr zur Illustration der üblichen Forderungen nach einem Abbau des Sozialstaats, und die Partei der Spezialisten ist in dieser Hinsicht nach wie vor die FDP. Ihr Vorsitzender Christian Lindner verband beispielsweise im Herbst 2015 sein Lob an engagierte Flüchtlingshelfer mit einer Inanspruchnahme der selbstlosen Hilfsbereiten für seine ideologische Kernbotschaft: »Deshalb bin ich in einer Partei, die den Raum für Eigeninitiative vergrößern will. Lassen wir doch den praktischen Beleg, dass das funktioniert, zum Anlass nehmen, zu überlegen, in welchen Bereichen wir statt der ständigen Einschränkung von Freiheit durch den Staat wieder zu mehr Freiheit und Eigenverantwortung finden können. Indem wir aus dem überdehnten, unübersichtlichen Wohlfahrtsstaat wieder einen aktivierenden Sozialstaat machen, indem wir die Sozialverwaltungswirtschaft wieder zu einer am Wettbewerbsprinzip orientierten Marktwirtschaft entwickeln. Indem wir den Menschen Zutrauen geben, ihre eigenen Lebensentscheidungen zu treffen.«[97]

Dahinter steckt, was schon der ehemalige Bundespräsident Roman Herzog vor Augen hatte, als er die Jugend quasi zu einer Generation von Unternehmern erziehen wollte: »Wir müssen unserer Jugend zu mehr Selbständigkeit, zu mehr Bindungsfähigkeit, zu mehr Unternehmensgeist und mehr Verantwortungsbereitschaft Mut machen. Wir sollten ihr sagen: Ihr müsst etwas leisten, sonst fallt ihr zurück. Aber: Ihr könnt auch etwas leisten. Es gibt genug Aufgaben in unserer Gesellschaft, an denen junge Menschen ihre Verantwortung für sich und das Ganze beweisen können.«[98] Einer Gesellschaft, die uns vor die Wahl stellt, aus »Eigeninitiative« (hier: »Unternehmensgeist«) »etwas zu leisten« – oder, Pech gehabt, zurückzufallen auf die Almosen eines auf Minimalmaß geschrumpften Sozialstaats.

Ei|gen|ver|ant|wor|tung, die: »die Möglichkeit, die Fähigkeit, die Bereitschaft und die Pflicht, für das eigene Handeln, Reden und Unterlassen Verantwortung zu tragen«[99]. Schon diese Definition bei Wikipedia deutet an, wie unterschiedlich der Begriff der Eigenverantwortung genutzt werden kann. Politisch betrachtet, lässt sich sagen: Gegenüber der (moralischen) »Pflicht« des Individuums zu eigenverantwortlichem Handeln, wie Immanuel Kant sie beschrieben hat[100], betont sozialstaatliches Denken die Frage nach der »Möglichkeit«, dies auch zu tun. Die kollektive Absicherung gegen bestimmte Lebensrisiken erscheint in diesem Sinne nicht als Gegensatz zur individuellen Freiheit, sondern als Bedingung für deren Gebrauch. Vorausgesetzt, die sozialstaatlichen Systeme nehmen nicht ihrerseits einen bevormundenden Charakter an (siehe dazu das Stichwort →*Bevormundung*).

Niemand wird bestreiten, dass es sich um einen gewaltigen Fortschritt handelte, als die Philosophen der Aufklärung das autonome, eigenverantwortliche Individuum entdeckten. Schließlich folgte daraus die Befreiung aus feudalen Verhältnissen, in denen die meisten Menschen von Geburt an zur Unfreiheit verdammt waren, zu reinen Objekten der Macht von Kirche, Adel oder absolutistischen Herrschern. Es ging um nicht weniger als die »Erfindung« der freien und gleichen Bürger, die – als Wirtschafts- wie als Staatsbürger – den Sieg über Unfreiheit und Leibeigenschaft erringen sollten.

Es ist bekannt, dass mit dem Siegeszug des Bürgertums neue Macht- und Abhängigkeitsverhältnisse entstanden: Die ehemaligen Leibeigenen hatten sich in Lohnabhängige verwandelt. Sie mussten ihre Arbeitskraft auf dem Markt verkaufen, aber von den Segnungen des Gütermarkts waren sie ebenso weitgehend ausgeschlossen wie vom Gebrauch der Freiheit; zu beidem fehlten ihnen die sozialen und materiellen Voraussetzungen.

Bekannt ist auch, dass der Kampf des Proletariats gegen die Ausbeutung im 20. Jahrhundert zwei Ergebnisse hervorbrachte: die letztlich gescheiterten Versuche, den Kapitalismus durch planwirtschaftliche Systeme abzulösen – und die sozialstaatliche Mäßigung des Widerspruchs zwischen Kapital und Arbeit. Sie versprach den Lohnabhängigen mehr Sicherheit, Aufstiegschancen und damit wenigstens in Teilen die Möglichkeit zur gleichberechtigten, eigenverantwortlichen Teilhabe am gesellschaftlichen Leben. Dies dämmte den Grundkonflikt so weit ein, dass sich die sozialstaatliche Variante des kapitalistischen Systems auf eine breite Mehrheit der Gesellschaft stützen konnte.

Was dann – nach dem Zusammenbruch der staatssozialistischen Diktaturen – folgte, bezeichnen kundige Beobachter wie der Soziologe Sighard Neckel als »Refeudalisierung«: »Die soziale Position und der Wohlstand werden buchstäblich vererbt, die Gesellschaft ist sozial undurchlässiger geworden. Der Finanzkapitalismus bringt zudem eine Oberschicht hervor, die wie der frühere Adel jeder gesellschaftlichen Konkurrenz enthoben ist. (...) Im bürgerlichen Kapitalismus standen die Klassen stets in wechselseitigen Abhängigkeitsverhältnissen. Der moderne Geldadel aber existiert ohne Abhängigkeit von einer produzierenden Klasse. Es gibt eine Refeudalisierung gesellschaftlicher Strukturen im Finanzmarktkapitalismus.«[101]

Die ideologische Hintergrundmusik zu dieser Refeudalisierung besteht nun darin, die von Neckel konstatierte »soziale Undurchlässigkeit« schlicht zu leugnen, indem die Illusion, dass jeder Bürger allein durch »eigenverantwortliches Handeln« seines Glückes Schmied sein könne, aufrechterhalten wird (→*Aufstiegsmöglichkeit*). Der größte Feind der Eigenverantwortung ist in dieser Sichtweise weder der übermächtige Markt, auf dem ein Teil der Bürgerschaft kaum reale Durchsetzungschancen hat, noch der neue Geldadel des 21. Jahrhunderts. Es ist vielmehr der Sozialstaat, der pauschal als Feind der »Eigenverantwortung« beschrieben wird. Die Notwendigkeit, benachteiligte Gruppen zu unterstützen, damit sie überhaupt erst eigenverantwortlich handeln können, verschwindet aus dem Blickfeld. Eigenverantwortung wird zur »Pflicht« des auf sich allein gestellten Individuums. Die gesellschaftlichen Voraussetzungen, also die objektiven »Möglichkeiten«, über die es verfügt, spielen so gut wie keine Rolle.

So schreibt die »Initiative Neue Soziale Marktwirtschaft« (INSM), ein von den Metall-Arbeitgebern finanziertes Propagandaportal der deutschen Wirtschaft, zwar zunächst zutreffend und neutral: »Inwieweit der einzelne Bürger Eigenverantwortung übernehmen kann, hängt zum einen von seinen Informationen, seinem Wissen und seinen Fähigkeiten ab. Darüber hinaus bestimmen die vorhandenen Infrastrukturen und Ressourcen sowie die herrschenden sozialen Werte und Normen maßgeblich, in welchem Ausmaß Eigenverantwortung möglich ist.« Mit Blick auf aktuelle Diskussionen folgt allerdings die ideologische Festlegung auf dem Fuße: »In der aktuellen Reformdebatte wird vor allem darüber diskutiert, in welchem Ausmaß die Bürger wieder mehr

Eigenverantwortung übernehmen können und sollen. Die Forderung nach mehr Eigenverantwortung resultiert insbesondere daraus, dass der Staat sich zu weit ausgedehnt und den Menschen zu viel Verantwortung abgenommen hat. Dadurch ist der Wille der Bürger zunehmend erlahmt, selbst Verantwortung zu übernehmen.« Es ist nur eine bittere Pointe, dass sich diese Parolen auf dem INSM-Portal »Schule und Wirtschaft« unter der vermeintlich neutralen Rubrik »Lehrerservice« finden.[102]

Der Sozialstaat nicht als Ermöglicher, sondern als Feind des eigenverantwortlichen Handelns: Das ist die Denkfigur, die seit mindestens einem Vierteljahrhundert die politische Debatte beherrscht. Der Psychologe Thomas Gebauer, Geschäftsführer der Hilfs- und Menschenrechtsorganisation medico international sowie Publizist, bilanziert treffend: »Noch immer dominiert Margaret Thatchers monströse Behauptung ›There is no such thing as society‹, mit der seit den 1980er Jahren eine solidarisch verfasste Gesellschaftlichkeit ausgehöhlt und Institutionen der öffentlichen Daseinsfürsorge zunehmend privatisiert worden sind. Dabei ist das Prinzip gesellschaftlicher Verantwortung durch eine neoliberal gewendete Idee von Eigenverantwortung ersetzt worden. Mit der Unterwerfung von Gesellschaftlichkeit unter die Interessen von Ökonomie und Macht entstand ein neues Menschenbild, das für die Lage der Menschen weniger die sozialen Verhältnisse verantwortlich macht als die Menschen selbst.«[103]

Fast immer, wenn seit Thatchers Zeiten unter dem Schlagwort der Eigenverantwortung sogenannte →*Reformen* in Gang gesetzt wurden, folgten sie dem von Gebauer beschriebenen Muster. Das gilt in Deutschland besonders für die Agenda 2010 der rot-grünen Bundesregierung unter Gerhard Schröder. Der Sozialethiker Franz Segbers fasste im Jahr 2007 zusammen: »Zentralbegriff der derzeitigen Sozialstaatsdebatte ist die ›Eigenverantwortung‹. In der Agendarede[104] Schröders kommt sie genau 28 mal vor. Dort heißt es: ›Wir werden Leistungen des Staates kürzen, Eigenverantwortung fördern und mehr Eigenverantwortung von jedem einzelnen abfordern müssen.‹ (…) Der Sozialstaat wird seiner widerständigen Funktion der Marktintervention beraubt. (…) Sozialstaatlichkeit, die eigentlich Verfassungsrang hat, besitzt keinen Eigenwert mehr, sondern muss sich für Standortlogik als nützlich erweisen. Aus dem Sozialstaat wird ein Minimalstaat, der nur noch eine Grundversorgung sicherstellt. (…) Hinter dem Programm der Eigenverantwortung steht ein Verantwortungsrückbau. (…) Die geschichtliche Verkopplung von Freiheit und Eigenverantwortung wird umgekehrt: Soziale Sicherheit ist die Voraussetzung dafür, dass der einzelne sich frei entfalten und sein Leben in Verantwortung gestalten kann. Verantwortung wird auf Eigenverantwortung verkürzt. Verantwortung füreinander, die gesellschaftlich vermittelte Solidarität im Sozialstaat wird nicht als Ausdruck der Freiheit, sondern nur als deren Einschränkung gedeutet.«[105]

Segbers illustriert diesen Wandel am Beispiel der Rente, wo der sozialstaatliche Gedanke der paritätischen Finanzierung von Sozialleistungen durch Arbeitgeber und Arbeitnehmer durch die Schröder-Agenda zerstört worden ist, indem das solidarische Umlagesystem abgebaut und zum Teil durch Zuschüsse für private Lebensversicherungen ersetzt wurde: »Parität ist ein Zeichen dafür, dass der gesellschaftlich produzierte Reichtum für die soziale Sicherung der Bürger zur Verfügung steht. Eigenverantwortung macht damit ein Ende. (…) Risiken werden nicht mehr durch die Solidargemeinschaft getragen, sondern die Versicherungswirtschaft bekommt Kunden zugetrieben. (…) Eine Regierung, die die Finanzierung der Altersvorsorge ihrer Bürger teilweise privatisiert, muss sich schon fragen lassen, warum sie die Gewinne daraus Banken und Fondsgesellschaften und nicht ihren Bürgern überlässt. Aus sozialen Rechten werden Tauschvorgänge am Markt.«[106]

Ebenso gut lässt sich der Missbrauch des Begriffs Eigenverantwortung am Beispiel der Arbeitsmarktpolitik zeigen – wobei sich nebenbei ergibt, dass gewisse Traditionen noch wesentlich weiter zurückreichen als zu Margaret Thatcher. So zitiert der Politikwissenschaftler Christoph Butterwegge in seiner Hartz-IV-Bilanz[107] einen gewissen Herrn Hartz, der die solidarische Arbeitslosenversicherung durch individuelle Absicherung in einer Art »Sozialsparkasse« ersetzen wollte. Diesen Abbau des Sozialstaates garnierte er mit der hinlänglich bekannten Warnung vor dem angeblichen Glauben, dass »der Staat alles selber machen muss«, und bezeichnete ihn als Weg zu »eigenverantwortlicher Selbsthilfe« des Einzelnen.

Fast alles, was Butterwegge zitiert, könnte aus dem Munde von Peter Hartz stammen, dem Vorbereiter der Schröder'schen Arbeitsmarkt-»Reformen«. Es war aber eine andere Zeit und ein anderer Hartz: Die Zitate sind einem Buch von Gustav Hartz entnommen, einem erzreaktionären Mitglied der Deutschnationalen Volkspartei und zeitweise auch des Deutschen Reichstages in der Weimarer Republik. Veröffentlicht wurde es 1928 unter dem Titel *Irrwege der deutschen Sozialpolitik und der Weg zur sozialen Freiheit*[108].

Auch das gehört zu den Traditionen, in denen die Parolen der »Eigenverantwortungs«-Rhetoriker von heute stehen.

Fach | kräf | te | man | gel, der: eine weitreichende Unterversorgung der Firmen mit qualifiziertem Personal. Ob es eine solche Unterversorgung gibt, darüber tobt schon seit Jahren eine erbitterte Debatte. »Der Fachkräftemangel ist eine der größten Wachstumsbremsen in vielen Bereichen unserer

Wirtschaft«, sagte zum Beispiel 2012 der damalige Arbeitgeberpräsident Dieter Hundt.[109] Er zeigte sich überzeugt davon, dass die Engpässe noch zunehmen werden. Der damalige Chef des Deutschen Gewerkschaftsbundes (DGB), Michael Sommer, erklärte hingegen: »Das Jammern von Arbeitgebern und Regierung über einen ›Fachkräftemangel‹ ist unglaubwürdig.«[110] Es ist nicht so, dass seither ein breiter Konsens entstanden wäre, wie die Lage einzuschätzen ist.

Einen Fachkräftemangel zu messen, ist denkbar schwierig. Schließlich kann er sich auf mehr als nur eine Art bemerkbar machen. Nach der Lehre, dass Knappheit die Preise in die Höhe treibt, wären stark steigende Löhne in einzelnen Berufen ein Hinweis auf eine Unterversorgung. Weitere Indikatoren können sein, dass es über einen längeren Zeitraum mehr offene Stellen als Bewerber gibt oder dass es immer länger dauert, bis die Unternehmen eine Stelle besetzen können.[111] Völlig normal ist hingegen, dass es je nach Branche, Region, Beruf, Qualifikation oder Zeit immer mal wieder zu Engpässen kommt. Schließlich verändern sich die Wünsche von Unternehmen und Arbeitnehmern ständig. Und nicht zu jedem Zeitpunkt passen Angebot und Nachfrage zusammen.

Ob es Personalengpässe auf dem Arbeitsmarkt gibt, analysiert regelmäßig die Bundesagentur für Arbeit. Im Dezember 2015 berichtete sie: »Aktuell zeigt sich nach der Analyse der Bundesagentur für Arbeit kein flächendeckender Fachkräftemangel in Deutschland.«[112] Engpässe diagnostizierte sie nur in einzelnen technischen Berufsfeldern sowie in einigen Gesundheitsberufen. Gegenüber der vorhergehenden Analyse aus dem Juni 2015 stellten die Nürnberger Arbeitsmarktexperten sogar einen Rückgang der von Besetzungsschwierigkeiten betroffenen Berufsgruppen fest.

Auch der Stifterverband der Deutschen Wissenschaft, in dessen Vorstand die Chefs der wichtigsten Konzerne des Landes sitzen, hat 2015 einen neuen Ton angeschlagen und damit die aufgeregten Warnungen der vergangenen Jahre zur Makulatur erklärt. »Ein allgemeiner Fachkräftemangel in den MINT-Berufen, wie er noch vor ein paar Jahren befürchtet wurde, droht (...) eher nicht mehr«, heißt es in einer von ihm veröffentlichten Analyse.[113] Mehr junge Menschen hätten sich wieder für eines der MINT-Studienfächer entschieden. MINT steht für Mathematik, Informatik, Natur- und Technikwissenschaften und damit für Disziplinen, die von Unternehmensvertretern stets als besonders bedeutende Fächer für die deutsche Wirtschaft dargestellt werden.

Der Oldenburger Arbeitsmarktforscher Marcel Schütz geht mit den Prognosen der vergangenen Jahre und ihren Autoren hart ins Gericht. Sein ebenso deutliches wie spöttisches Urteil: »Beliebig ist die Vielzahl der alle paar Monate aufs Neue in Umlauf gebrachten Studien und Verbandsstatistiken, die sich akribischer Überprüfbarkeit entziehen«, so Schütz. »Hauptübel ist dabei die wilde Rechnerei um den Fachkräftemangel selbst, da das Rechnen weitaus mehr erwünschten Befunden als tatsächlicher Ergebnisoffenheit verpflichtet scheint. Viele der in sorgfältiger Auftragsforschung und nicht ohne dramaturgisches Feingespür produzierten Studien erscheinen vom wissenschaftlichen Standpunkt betrachtet dubios.«[114]

Das Wesen von Prognosen ist, dass sie sich in der Gegenwart zwar nicht widerlegen lassen, aber gleichwohl Wirkung entfalten. Mehr (junge) Menschen entscheiden sich für Berufe, für die ein Fachkräftemangel vorhergesagt wird. Sie tun das in der Hoffnung, dass sie dann besonders gute Beschäftigungschancen haben werden. Unternehmen passen ihre Personalstrategien an. Sie bieten den Beschäftigten (zähneknirschend) bessere Konditionen, automatisieren Prozesse oder verlagern Geschäfte ins Ausland. Der Gesetzgeber wiederum kann seine Aus- und Weiterbildungspolitik ändern oder eine großzügigere Zuwanderungspolitik einführen. Prognosen ziehen potenziell also eine ganze Reihe von Anpassungsreaktionen nach sich.

Der Verdacht drängt sich auf, dass die Unternehmerlobby diese Anpassungsreaktionen bewusst provoziert – auch wenn es tatsächlich gar keinen Mangel gibt. Schließlich haben die Arbeitgeber ein beträchtliches Interesse an einem großen Pool an Fachkräften, aus dem sie die optimalen Kandidaten herauspicken können. Sie finden auf diese Weise Personal, das sofort seine Leistung bringt, ohne groß in Anlernung, Aus- und Weiterbildung investieren zu müssen. Auch brauchen die Arbeitgeber keine Zugeständnisse bei den Arbeitsbedingungen und den Löhnen zu machen, solange der Konkurrenzkampf unter den Bewerbern groß und jeder froh ist, wenn er überhaupt eine Stelle findet.

So erklärt sich dann vermutlich so manche Mangelwarnung. Eine besonders absurde entlarvte 2010 der Arbeitsmarktexperte des Deutschen Instituts für Wirtschaftsforschung, Karl Brenke.[115] In einem Papier wunderte er sich darüber, wie die Industrie über Fachkräftemangel klagen könne, wo der Arbeitsplatzabbau in dem Wirtschaftssektor doch gerade erst zum Stillstand gekommen sei. Zu diesem Zeitpunkt lag die Zahl der Beschäftigten um rund 300 000 unter dem Niveau der Jahre vor der Wirtschaftskrise von 2008/2009. Es musste also mehr als genügend arbeitslose Fachkräfte geben, die die Unternehmen hätten einstellen können.

Ganz ohne Prognosen geht es natürlich auch nicht. Wenn Defizite rechtzeitig erkannt werden, können sich alle Betroffenen darauf einstellen. Das führt zu besseren Ergebnissen. Nur sollte man bei solchen Prognosen eben ehrlicherweise darauf aufmerksam machen, dass es viele Unsicherheiten gibt. Vorbildlich haben das die Forscher des Bundesinstituts für Berufsbildung und des Instituts für Arbeitsmarkt- und Berufsforschung (IAB) gemacht. Sie erwarten bis 2020 vor allem Engpässe im Gesundheits- und Sozialbereich, in Verkehrs-, Lager-, Transport-, Sicherheits- und Wachberufen, in den Gastronomie- und Reinigungsberufen sowie in den Medien-, geistes- und sozialwissenschaftlichen Berufen.[116] Aber sie schränken eben auch ein: »Anpassungsreaktionen der Unternehmen, neue technische Entwicklungen, sich wandelnde Berufsvorstellungen der Jugendlichen und politische Weichenstellungen könnten (…) entscheidend Einfluss nehmen.«

Gerade die Digitalisierung der Wirtschaft könnte zu einem interessanten Gegentrend zur Alterung der Arbeitnehmerschaft werden. Das IAB erwartet, dass etwa 30 bis 70 Prozent der Tätigkeiten, die heute von 45 Prozent der sozialversicherungspflichtig Beschäftigten ausgeübt werden, künftig von Computern erledigt werden könnten.[117] Zudem war 2015 jeder siebte sozialversicherungspflichtig Beschäftigte für seine Tätigkeit überqualifiziert.[118] In Kombination mit den etwa sechs Millionen Menschen, die 2014 gerne mehr gearbeitet hätten[119], sowie den vielen →*ausbildungsreifen* Jugendlichen, die von den Unternehmen trotz Ängsten vor dem Fachkräftemangel links liegen gelassen werden, scheint also noch Potenzial im Arbeitsmarkt zu stecken. Um es zu heben, werden allerdings auch Aus- und Weiterbildung nötig sein.

Gegen eine sorgsame und kluge Beobachtung des Fachkräfteangebots ist nichts einzuwenden. Gegen Hysterie hingegen schon.

Fi|nanz|pro|dukt, das: Dem *Finanz-Lexikon* zufolge sind damit »alle Anlage- und Investitionsmöglichkeiten am Finanzmarkt«[120] gemeint – vom Sparkonto über Investmentfonds bis hin zu komplizierten Papieren mit Namen wie »Asset Backed Securities«. Sie werden von Banken, Versicherungen und anderen Finanzdienstleistern angeboten. So viel zur offiziellen Sichtweise.

Der Frankfurter Börsenhändler und Spekulant Volker Handon hat für Finanzprodukte allerdings eine ganz andere Definition. »Bei echter Transparenz müsste sich jedes Finanzprodukt für die Alterssicherung als Wette oder Spekulation outen«, schreibt der Händler, der ein Urgestein des Finanzplatzes Frankfurt ist. Wette? Spekulation? Würden Sie so für ihr Alter vorsorgen wollen?

Nein, Sie legen Ihr Geld bestimmt lieber an, Sie investieren es. Zwei Verben, die Handon ebenfalls gehörig auf den Keks gehen. Er nennt sie »nette und verharmlosende Kuschelbegriffe«. Doch das wollten die meisten Menschen nicht wahrhaben. »Ich blicke noch immer viel zu oft in verständnislose Gesichter, wenn ich zu veranschaulichen versuche, dass es tatsächlich nicht den geringsten Unterschied zwischen investieren, anlegen und wetten gibt«, so Handon.[121] Schließlich haben die Anleger, wenn ihr Geld einmal in einer Anleihe oder einer Aktie steckt, keinen Einfluss mehr darauf, wie sich deren Wert entwickelt.

Trotzdem hat der Gesetzgeber die gesetzliche Rente in den vergangenen Jahren immer weiter geschwächt und die Bürger dazu gedrängt, ihr Geld fürs Alter in Finanzprodukte fließen zu lassen. Ja, er schießt sogar noch Geld zu, wenn die Menschen zum Beispiel eine Riester-Rente abschließen und ihr Geld so an den Kapitalmarkt tragen. Das soll angeblich zu einer →*generationengerechten Altersvorsorge* beitragen. Vor allem aber fördert es die Finanz→*industrie*.

Fleiß, der: eine Eigenschaft, die der deutschen Bundeskanzlerin ganz besonders am Herzen liegt. Vor allem dann, wenn es darum geht, uns gegen andere, zum Beispiel die angeblich faulen Südeuropäer, abzugrenzen.

»Die gute Entwicklung unseres Landes ist nicht vom Himmel gefallen, sie ist das Verdienst fleißiger Menschen«[122] – so und ähnlich verkündet es Angela Merkel bei jeder Gelegenheit, und wann immer sie ihre Untertanen direkt anspricht, gilt das Lob vor allem denjenigen, die nie vergessen, den Wecker zu stellen: »Deutschland ist so erfolgreich, weil Sie Tag für Tag Ihre Arbeit machen. Sie sind frühmorgens auf den Beinen. Sie arbeiten im Schichtdienst, an Sonn- und Feiertagen.«[123] Da dürfen wir uns sogar ein bisschen so fühlen wie unsere Fußballprofis, hier zum Beispiel am Ende des Weltmeisterschaftsjahres 2010: »Wir Deutschen sind uns unserer Stärken selbst nicht immer bewusst. Unsere Fußball-Nationalmannschaft hat in Südafrika ganz wunderbar genau die Tugenden gezeigt, die uns stark machen: Fleiß und Disziplin, Ideenreichtum und Technik auf höchstem Niveau.«[124]

Niemand wird gegen ein angemessenes Maß an Fleiß etwas einzuwenden haben, und eine Regierungschefin darf die arbeitsamen Menschen ruhig einmal loben. Allerdings: So, wie Angela Merkel den Begriff gebraucht, ist er ein Musterbeispiel für die Verschleierung politischer Tatsachen und Zusammenhänge. Und wenn es gerade passt, scheut sie sich auch nicht, den deutschen Fleiß als demagogisches Kampfargument gegen andere Völker einzusetzen.

Wer wirtschaftlichen Wohlstand derart banal auf persönliche Charakterzüge zurückführt, blendet die politischen und ökonomischen Rahmenbedingungen mutwillig aus. Zwar spricht auch die Kanzlerin hier und da den »Ordnungsrahmen« an, in dem der »Fleiß« der Deutschen schon bald nach dem Zweiten Weltkrieg so prächtig gedieh: »Es war die soziale Marktwirtschaft Ludwig Erhards, die den Ordnungsrahmen schuf, in dem sich der Fleiß, die Leistungsbereitschaft und der Aufbruchswille vieler Deutscher zu dem Erfolg des Wiederaufbaus bündeln konnten.«[125] Aber dass zum »Ordnungsrahmen« noch viel mehr gehörte, vor allem die Solidarität der ehemaligen Kriegsgegner, kommt in Merkels Märchen nicht vor. Nicht der Marshallplan, mit dem die USA den Wiederaufbau stützten, und nicht das Londoner Schuldenabkommen, mit dem insgesamt siebzig andere Staaten – darunter Griechenland – die junge Bundesrepublik von einem großen Teil der alten deutschen Verbindlichkeiten befreiten.

Das alles schmälert nicht den Fleiß und den Erfindungsreichtum vieler Deutscher. Aber wer es unterschlägt, erzählt ein Lügenmärchen.

Das hat allerdings, aus Sicht von Angela Merkel und ihrer Gefolgschaft, sehr wohl einen Grund. Denn hinter der Erzählung vom alles entscheidenden Fleiß verbirgt sich, meist unausgesprochen, eine ziemlich unappetitliche Botschaft: Wer nicht »morgens früh aufsteht« und »seine Arbeit macht«, gehört nicht dazu. Wie soll sich ein Arbeitsloser, der »seine Arbeit« nicht macht, weil es keine für ihn gibt, von dem »Sie« angesprochen fühlen, das die Regierungschefin am Silvesterabend ihren Landsleuten widmet? Was soll er anderes empfinden als das Gefühl, aus der von der Kanzlerin angesprochenen Gemeinschaft der Fleißigen ausgeschlossen zu sein?

Das ist der unausgesprochene Teil der ausgrenzenden Botschaft vom deutschen Fleiß: Wenn er allein den Erfolg ausmacht, dann haben diejenigen, für die es keine Arbeit gibt, eben Pech gehabt und sind wahrscheinlich selber schuld. Diese Folgerung liegt jedenfalls nahe, auch wenn Merkel sie so nie aussprechen würde.

Jedenfalls nicht, solange sich die Fleiß-Rhetorik im nationalen Rahmen bewegt. Geht es allerdings um Europa, dann kommt es sogar vor, dass die Kanzlerin die Abwertung der anderen als Faulenzer ausdrücklich in Worte fasst. So zum Beispiel in der Eurokrise 2011: »Es geht nicht nur darum, dass wir keine Schulden machen, sondern dann geht's auch darum, dass in Ländern wie Griechenland, Portugal, Spanien und anderen man nicht früher in Rente gehen kann als in Deutschland, sondern sich alle gleich anstrengen.«[126] Und: »Wir können nicht eine Währung haben und der eine kriegt ganz viel Urlaub und der andere ganz wenig.«[127]

Das nun war ein Meisterstück der Demagogie, basierend auf gleich zwei glatten Lügen.

Erstens: Die Behauptung, Männer und Frauen in europäischen Krisenländern gingen früher in den Ruhestand als die Deutschen, ist schlicht unwahr. Mit einem einzigen Blick in die Statistiken der OECD (Organisation für wirtschaftliche Zusammenarbeit und Entwicklung) ließ sich Merkel schon damals leicht widerlegen: Im Jahr 2010 gingen in Deutschland die Männer im Schnitt mit 61,8 Jahren in Rente, die Frauen mit 60,5. Griechenland lag bei den Männern praktisch gleichauf (61,9), die Frauen gingen knapp ein Jahr früher in Rente (59,6). Allerdings gibt es in Griechenland für Langzeitarbeitslose keine Sozialleistungen, sodass viele, die keinen Job mehr haben, gezwungenermaßen in Frührente gehen. In Spanien arbeiteten die Männer so lange wie die Deutschen, die Frauen deutlich länger (63,4). Portugiesische Männer genossen die Rente real erst mit 67, Frauen mit 63,6 Jahren.[128]

Aber was stören Fakten, wenn es ums Diffamieren geht? Noch im Juni 2015 log der CDU-Politiker Wolfgang Bosbach vor einem Millionenpublikum in der Talkshow von Günther Jauch, ohne dass der Moderator auch nur mit einem Wort widersprochen hätte: »Der griechische Ministerpräsident hat jetzt angeboten, das reale Renteneintrittsalter in Griechenland, das bei uns bei fast 64 Jahren liegt, auf 56 Jahre anzuheben.«[129] Bosbach hatte das in der Tat ziemlich frühe Renteneintrittsalter im öffentlichen Dienst Griechenlands genommen und so getan, als sei das die Durchschnittszahl aller griechischen Rentner. Und um den Vergleich noch eingängiger zu machen, nannte er für Deutschland lediglich das Renteneintrittsalter derjenigen, die aus Altersgründen in den Ruhestand gehen – und ließ alle anderen, zum Beispiel die Erwerbsunfähigen, weg. Somit war aus dem in Wahrheit fast gleich hohen Renteneintrittsalter in Griechenland und Deutschland ein Unterschied von acht Jahren geworden.

Es wird Bosbach nicht gestört haben, dass zuerst der Medienjournalist Stefan Niggemeier[130] und dann die *Süddeutsche Zeitung* sowie andere seriöse Medien seine Behauptungen zum wiederholten Male widerlegten. Er hatte seine diffamierende Botschaft unters Volk gebracht, und er wusste sehr genau, dass nur ein kleiner Teil des Jauch-Publikums die Richtigstellungen lesen würde. *SZ*-Autor Julian Dörr bilanzierte treffend: »Griechenland und Deutschland liegen, was das Renteneintrittsalter betrifft, (...) gar nicht so weit auseinander. Das passt jedoch nicht in das beliebte Narrativ vom fleißigen Deutschen und vom faulen Südländer.«[131]

Wie aber sieht es mit dem Urlaub aus, von dem laut Angela Merkel »der eine ganz viel und der andere ganz wenig« bekommt? Natürlich waren mit den »einen« die Griechen, Spanier und Portugiesen gemeint und mit den »anderen« wir, die fleißigen Deutschen. Allerdings: Auch das ist eine blanke Lüge. Denn wenn man schon diejenigen kritisieren möchte, die weniger arbeiten als andere, dann träfe diese Kritik niemand anderen als die Deutschen – vorausgesetzt, man bliebe bei der Wahrheit. So stellte die OECD in ihrem Deutschland-Bericht 2015 schlicht und einfach fest: »Insgesamt arbeiten die Deutschen 1 397 Stunden im Jahr und damit deutlich weniger als der OECD-Durchschnitt (1 765 Arbeitsstunden).«[132] Zum Vergleich: In Griechenland waren es 2034, in Portugal 1 691 und in Spanien 1 686 Stunden.[133] Die gesetzlich vorgeschriebene Mindestzahl an Urlaubstagen beträgt in Deutschland 24, in Spanien und Portugal 22. In Griechenland sind es 20 Tage.[134]

Ob es um Deutschland geht oder um Europa, um Nachkriegszeit oder Gegenwart: Im Mund von Angela Merkel und Gesinnungsgenossen wird die Geschichte vom deutschen Fleiß zur aus Lügen geformten Waffe im Kampf um die Meinungsherrschaft.

Fle|xi|bi|li|sie|rung, die: ein Prozess, der zu mehr Flexibilität führt, also zu einer erhöhten »Anpassungsmöglichkeit an geänderte Bedingungen«[135]. Der Begriff leitet sich vom Lateinischen »flectere« ab, das mit »biegen« oder »beugen« übersetzt wird.[136]

In der Politik ist von »Flexibilisierung« am häufigsten im Zusammenhang mit dem Arbeitsmarkt die Rede. Hier lässt der Begriff sich einerseits für die Tatsache verwenden, dass eine gewisse Flexibilisierung auch Arbeitnehmerinnen und Arbeitnehmern zugutekommen kann. Zum Beispiel, wenn Arbeitszeiten den Bedürfnissen der Kinderbetreuung angepasst oder pflegenden Beschäftigten bestimmte Phasen der Heimarbeit ermöglicht werden. Soweit die aus Arbeitnehmersicht positive Seite.

Andererseits zeigt die jüngere Vergangenheit, dass so ziemlich das Gegenteil einer arbeitnehmerfreundlichen Flexibilität herauskommt, wenn von »Flexibilisierung des Arbeitsmarkts« die Rede ist. Als Paradebeispiel kann hier nach wie vor die Agenda 2010 der rot-grünen Regierung gelten.

Worin in diesem Fall die »Flexibilisierung« bestand, ist für die große Koalition der Agenda-Befürworter klar. Die Konrad-Adenauer-Stiftung der CDU (KAS) fasst es in reinstem Verschleierungsjargon zum Beispiel so zusammen: »Um (...) die Aufnahmefähigkeit des Arbeitsmarktes zu erhöhen, wurden die flexiblen Arbeitsverhältnisse liberalisiert.«[137] Auf Deutsch: Die Rechte von Leiharbeiterinnen und Leiharbeitern wurden eingeschränkt, die Möglichkeiten der Beschäftigung zu Niedriglöhnen erweitert.

Der Autor der KAS-Studie liefert im weiteren Verlauf wenigstens Hinweise auf die fatalen Folgen für Arbeitnehmerinnen und Arbeitnehmer – was ihn allerdings nicht hindert, schon im Titel in den Jubelruf »Erfolg durch Reform: Das deutsche Jobwunder« auszubrechen. Er fasst zusammen: »Einerseits konnte durch die Zeitarbeit vielen Langzeitarbeitslosen ein erster Einstieg in den Arbeitsmarkt gelingen und die Wettbewerbsfähigkeit der deutschen Wirtschaft gestärkt werden. Andererseits gelingt eine Vermittlung der Zeitarbeitnehmer in reguläre Arbeit weiterhin nur bedingt. Mit →*geringfügigen Beschäftigungsverhältnissen* wurden flexible und kostengünstige Teilzeitarbeitsverhältnisse geschaffen, die besonders von kostensensiblen Bereichen des privaten Dienstleistungssektors stark genutzt werden. Für die Beschäftigten bieten Minijobs jedoch nur bedingt Aufstiegschancen und sind in der Regel mit geringen Stundenlöhnen verbunden.«[138]

Diese »Flexibilisierung« hat zudem keineswegs ein »Jobwunder« geschaffen, sondern vor allem das Lohnniveau gedrückt und die vorhandene Arbeit auf mehr Menschen verteilt (siehe →*boomender Arbeitsmarkt*). So schrieb das Institut Arbeit und Qualifizierung an der Universität Duisburg-Essen in einer Bilanz zehn Jahre nach Inkrafttreten der Arbeitsmarkt-»Reformen«: »Das ›Deutsche Jobwunder‹ der letzten

Jahre ist weniger den Hartz-Reformen als vielmehr dem demografisch bedingten Rückgang der Bevölkerung im Erwerbsalter, der Verteilung der Arbeit auf mehr Köpfe und rekordmäßigen Exportüberschüssen zu verdanken. Die Vermittlung in Arbeit wurde beschleunigt, da Arbeitslose aus Angst vor dem Abstieg in Hartz IV fast jeden – auch schlechteren – Job annehmen müssen. Gleichzeitig wird aber der Wechsel des Arbeitsplatzes behindert. Die Fluktuation am Arbeitsmarkt insgesamt hat sich verringert, auch wegen der gesunkenen Einstiegslöhne, die einen Arbeitgeberwechsel unattraktiv machen, und prekärer Beschäftigungsformen, wenn Stellenangebote nur befristet oder als Leiharbeit zur Verfügung stehen.«[139] Gerade diese letzte Bemerkung spricht Bände, was die vielgepriesene »Flexibilisierung« betrifft.

Diese Bilanz wird in der politischen Debatte meistens verschwiegen. Und jeder Versuch, an den Verschlechterungen wenigstens punktuell etwas zu ändern, stößt auf massiven Protest der Unternehmen. So kommentierte die Initiative Neue Soziale Marktwirtschaft, hinter der sich die Arbeitgeber der Metallindustrie verstecken, einige von der großen Koalition geplante Verbesserungen bei der Leiharbeit (zum Beispiel die zeitliche Begrenzung auf achtzehn Monate in einem Unternehmen) so: »Der in Deutschland ohnehin schon sehr rigide Arbeitsmarkt wird dadurch noch unflexibler. Statt Rahmenbedingungen zu schaffen, die es den Unternehmen ermöglichen, weiter zu wachsen und Beschäftigung aufzubauen, werden Unternehmen unter Generalverdacht gestellt und zusätzliche Bürokratie geschaffen. Mit der Einführung einer gesetzlichen Überlassungshöchstdauer von achtzehn Monaten greift der Staat tief in die Freiheit der Unternehmen ein.«[140]

Der Duden nennt für den Begriff »Flexibilisierung« eine doppelte Bedeutung: »das Flexibilisieren« und »das Flexibilisiertwerden«[141]. Damit ist treffend beschrieben, worum es meistens geht, wenn in der Politik von »Flexibilisierung« die Rede ist: Die einen flexibilisieren ihr Unternehmen, der Rest darf sich biegen und beugen (lassen).

frei|er Markt, der: »Markt pur ist Wirtschaft pervers.« Diese zünftigen Worte aus dem Jahr 2011 stammen von einem, der sich auf krachlederne Sprüche versteht, von dem man diese hier aber gleichwohl nicht erwartet hätte. Es war die Abrechnung des konservativen bayerischen Ministerpräsidenten Horst Seehofer mit dem Glauben an die freien Märkte.[142] Ausgerechnet der oberste Vertreter des wirtschaftsstärksten deutschen Bundeslandes positionierte sich damit klar gegen all diejenigen, die an die wundersamen Kräfte des »freien Marktes« glauben, nicht bedenkend, dass es einen Markt ohne Staat nicht gibt. Schließlich kann der Markt seine eigenen Voraussetzungen nicht schaffen. Der Staat ist der Schöpfer des Marktes.

»In der Welt, in der wir wirklich leben, wird jedes, aber auch wirklich jedes individuelle ökonomische Handeln von einem Regelwerk eingerahmt, das staatlichem Handeln entspringt«, sagt der renommierte Wirtschaftswissenschaftler James Kenneth Galbraith.[143] »Die Effizienz dieser Regeln macht die Welt überhaupt erst bewohnbar und den Markt möglich.« Was genau meint Galbraith damit?

Schauen wir uns das an einem konkreten, vermeintlich trivialen Beispiel an: dem Kauf einer Flasche Cola an einem Kiosk. Das ist ganz selbstverständliches, alltägliches und vermeintlich sehr einfaches Marktgeschehen. Doch die Voraussetzungen dafür, dass diese Transaktion stattfinden kann, sind enorm – und sie werden vom Staat geschaffen.

Ohne die Regelung und den Schutz der Boden- und Eigentumsverhältnisse wäre der Kiosk vermutlich nie gebaut worden. Ohne Verträge, deren Erfüllung der Staat mit Polizei und Gerichten garantiert, gäbe es keine Verlässlichkeit in den Geschäftsbeziehungen zu den Lieferanten. Ohne Geld, also ein allgemein anerkanntes Zahlungsmittel, könnte das Getränk höchstens gegen eine andere Ware getauscht werden. Schon alleine durch seinen Rechtsrahmen gestaltet der Staat also die Wirtschaft, die Handlungen der Unternehmen und Kunden.

Doch der Staat macht noch viel mehr, was dem Funktionieren des Marktes dient. Er hält den Wettbewerb aufrecht und verhindert damit, dass sich einzelne Unternehmen eine Monopolstellung erkämpfen. Er verhindert Betrug und schafft damit Vertrauen in der Wirtschaft. Er garantiert mit Normen und Kontrollen eine bestimmte Qualität der Produkte und vereinfacht den Güteraustausch. Oder übertragen auf unser Kiosk-Beispiel: Sie haben die Auswahl zwischen verschiedenen Anbietern, was einen guten Preis der Cola garantiert, und Sie können sich ziemlich sicher sein, dass sich in der Flasche tatsächlich Cola befindet und dass Sie diese ohne Gefahr einer Lebensmittelvergiftung trinken können.

Nach der Lehre der Ordnungsökonomen der »Freiburger Schule« sorgt der Staat darüber hinaus idealerweise dafür, dass der »Wettbewerb ein Mittel zur Gestaltung sozialer, das heißt gesellschaftlicher Zwecke« ist.[144] Er bewahrt die Natur und Arbeitnehmer mal mehr, mal weniger vor Ausbeutung. Er organisiert den sozialen Frieden und die Ausbildung von Arbeitskräften als Basis nachhaltigen Wohlstands. Über die Einrichtung von Sozialsystemen gewährleistet der Staat das finanzielle Überleben der Nicht-Arbeitenden – Kranke, Arbeitslose, Alte – und verhindert so das Abrutschen der Lohnabhängigen ins absolute Elend. Damit sichert der Staat den

Unternehmen die Existenz einer verfügbaren Arbeitskraftreserve. Und in Krisensituationen stabilisiert er die Wirtschaft zum Beispiel mit Konjunkturpaketen oder der Stützung angeschlagener Banken.

Und damit sind wir noch lange nicht am Ende der langen Liste der Aufgaben, die der Staat übernimmt: Zu denken wäre zum Beispiel noch an den Außenhandel. Mit Diplomatie, Militär und sogar Krieg erschließt er den heimischen Unternehmen den Weltmarkt, sichert ihre Geschäfte im Ausland ab und versucht den Zugriff auf produktionsnotwendige Rohstoffe zu sichern.

Wenn wir auf die Energiewende schauen, den Flugzeugbauer Airbus, die Telekommunikation, die Krankenhäuser oder die Post, dann erkennen wir, dass der Staat auch als Wirtschaftsakteur auftritt. Er baut strategisch wichtige Branchen auf und um oder stützt sie mit Subventionen. Er betätigt sich als Pionier in Bereichen, vor denen private Akteure zurückscheuen oder die sie überfordern würden. Er treibt also die Entwicklung der Wirtschaft voran und kreiert Marktsegmente, die es ohne ihn möglicherweise nie gegeben hätte.

Wir sehen, der Markt ist ein künstliches Gebilde. Er ist kein Naturgesetz. »Wenn Menschen über Märkte sprechen, als handele es sich dabei um natürlicherweise existierende Dinge, haben wir es mit einer ideologischen Position zu tun, die schlicht nicht der Realität entspricht«, sagt der Ethnologe und Star der kapitalismuskritischen Occupy-Bewegung David Graeber.[145] Der Markt wird durch staatliches Handeln geformt und seine Mechanismen werden so lange aufrechterhalten, wie die Menschen daran glauben, dass sie richtig sind.

Die Idee, der Staat solle sich aus der Wirtschaft »heraushalten«, ist realitätsfremd. Ihr zugrunde liegt das idealistische Bild eines Marktes, der »sich selbst reguliert«. Einen solchen Markt gibt es nicht. Staat und Wirtschaft sind untrennbar miteinander verwoben. Die Idee des selbstregulierenden Marktes ist entweder Ideologie. Oder sie ist bloß ein Mittel zur Legitimation bestimmter Interessen.

Frei|han|del, der: »Ein System, bei dem verschiedene Länder ohne die Einschränkung durch Zölle oder Steuern Handel miteinander treiben können.«[146] Der Schriftsteller John Lanchester verbindet diese treffende Definition mit dem Hinweis: »Im Augenblick ist der Freihandel eher noch ein angestrebtes Ziel als ein voll ausgereiftes System.«

Tatsächlich klingt der Begriff, wie so viele andere Kombinationen mit dem Wort »frei«, zunächst unangreifbar positiv. Und die herrschende Meinung in der Politik tut alles, um auf diese Ausstrahlung keinen Schatten fallen zu lassen. Vorneweg der Poet des Wirtschaftsliberalismus an der Spitze unseres Staates, Joachim Gauck, der vor lauter Begeisterung ins Dichten gerät: »Im außenpolitischen Vokabular reimt sich Freihandel auf Frieden und Warenaustausch auf Wohlstand.«[147]

Wer wollte da noch widersprechen? Im Prinzip wahrscheinlich niemand. »Fairer Freihandel nützt allen, gerade in einer so exportorientierten Volkswirtschaft wie Deutschland«, schreibt zum Beispiel Thilo Bode, Geschäftsführer der Verbraucherschutzorganisation Foodwatch, der alles andere ist als ein Prophet des Neoliberalismus.[148]

Allerdings hat es sich inzwischen herumgesprochen, dass die Gleichung zwischen Freihandel und Frieden beziehungsweise Warenaustausch und Wohlstand so einfach nicht aufgeht, wie der Bundespräsident glaubt. Die Freihandelspolitik, so wie die großen Wirtschaftsmächte sie betreiben, sieht sich nicht zuletzt in Deutschland, aber auch in anderen Ländern Europas heftigem Gegenwind ausgesetzt – vor allem dank des breiten gesellschaftlichen Widerstands gegen das von EU und USA geplante transatlantische Freihandelsabkommen TTIP sowie den entsprechenden Vertrag der Europäischen Union mit Kanada, CETA. Thilo Bode lässt deshalb seinem prinzipiellen Bekenntnis zum Freihandel den treffenden Hinweis folgen: »Aber bei dem geplanten TTIP-Abkommen geht es eben um viel mehr als um die Senkung von Zöllen oder die Angleichung von technischen Standards wie Schraubenlängen oder Blinkerfarben. TTIP ist nicht weniger als ein Angriff auf unsere Demokratie.«[149]

Ohne hier in die Einzelheiten zu gehen, lässt sich die Kritik an der herrschenden Freihandelspolitik in zwei zentralen Punkten zusammenfassen.

Erstens: Die Möglichkeit der Staaten oder Staatenbündnisse (EU), sich auf demokratischer Grundlage notfalls gegen wirtschaftliche Interessen für das Gemeinwohl zu entscheiden, wird nach der Logik von Abkommen wie TTIP und CETA zum →»*politischen Risiko*« für Unternehmen, das so weit wie möglich ausgeschaltet werden muss. Schon von ihrem Ansatz her stellen diese Vertragswerke also das Recht auf politische Regulierung und Sicherung der Daseinsvorsorge infrage. Sie erschweren die Regelsetzung etwa im sozialen, ökologischen oder kulturellen Bereich, weil sie Regulierung von vornherein als Einschränkungen des angestrebten Freihandels definieren. In den Blick und die Kritik geraten ist hier vor allem das System der »regulatorischen Kooperation« unter den Vertragsparteien. Regulatorische Kooperation bedeutet, dass gesetzliche Regelungen durch ein demokratisch nicht legitimiertes Gremium auf ihre Folgen für den Freihandel überprüft werden sollen. Kurz gesagt: »ein Freifahrtschein für Lobbyisten«[150].

Natürlich schwören die Befürworter der Freihandelsabkommen Stein und Bein, die Sorgen seien unberechtigt:

»Handelskommissarin Cecilia Malmström hat wiederholt ihre Entschlossenheit betont, die Daseinsvorsorge in Handelsabkommen zu schützen«, heißt es zum Beispiel in einem Papier der EU-Generaldirektion Handel, also des Malmström-Ressorts.[151] Allerdings zeigen die Beispiele anderer Freihandelsabkommen, wie das dann konkret aussehen kann. So wies der Publizist Werner Rügemer anhand des Vertrages zwischen den USA und elf pazifischen Ländern (TPP) nach, wie wichtige Arbeitnehmerrechte mit einer »trickreichen Täuschung« ausgenommen wurden. Das Abkommen bezieht sich zwar auf eine »Erklärung« der Internationalen Arbeitsorganisation ILO, in der einige Standards zum Schutz der Beschäftigten genannt sind: Vereinigungsfreiheit und Recht auf Tarifverträge, Verbot von Zwangs- und Kinderarbeit sowie Diskriminierung am Arbeitsplatz. Allerdings bleibt diese »Erklärung« damit weit hinter den acht »Kernarbeitsnormen« der ILO zurück, von denen die USA auch nur zwei ratifiziert haben. Rügemer nennt als Beispiel unter anderem das Verbot, Häftlinge für den Profit privater Unternehmen arbeiten zu lassen: »Die USA haben diese Norm nicht ratifiziert, weil sie ihren Gefängnis-Industriekomplex aufrechterhalten.«[152]

Der sparsame Umgang mit Arbeitnehmerrechten verwundert nicht, wenn man weiß, dass Freihandelsabkommen eine reale Bedrohung für Arbeitsplätze darstellen können. So kam eine Studie der US-amerikanischen Tufts University zu dem Schluss, dass in der EU durch TTIP entgegen den Prognosen der Befürworter knapp 600 000 Jobs verlorengehen könnten.[153]

Eine kurze Erwähnung im Zusammenhang mit den Bedrohungen der Daseinsvorsorge verdient schließlich das Prinzip der »Negativlisten«: Sie enthalten die Branchen und Bereiche, die von der »Liberalisierung« ausgenommen, also von der öffentlichen Hand auch in Zukunft selbst betrieben oder unter bestimmten Beschränkungen ausgeschrieben und damit vor der Marktkonkurrenz geschützt werden sollen. Allerdings: Was nicht auf der Negativliste steht, unterliegt in Zukunft der vollen Marktkonkurrenz. »Durch eine Negativliste ist automatisch auch alles liberalisiert, was in Zukunft erfunden wird«, sagt Julien Laflamme, Ökonom beim Verband der nationalen kanadischen Gewerkschaften CSN. »Stellen Sie sich vor, so ein Vertrag wäre vor 150 Jahren abgeschlossen worden und was das für die Entwicklung von damals noch nicht erfundenen Bereichen wie der Telekommunikation bedeutet hätte.«[154]

Der zweite Kritikpunkt, der in der öffentlichen Debatte bisher keine ganz so große Rolle spielt, bezieht sich vor allem auf Freihandelsabkommen zwischen ökonomisch unterschiedlich starken Regionen, also zum Beispiel zwischen Europa und afrikanischen Ländern. Die EU hat in den vergangenen Jahren mit einer großen Zahl von ihnen sogenannte »Economic Partnership Agreements« (EPA) vereinbart. Sie dienen dem Zweck, »der Region privilegierten Zugang zum europäischen Binnenmarkt zu gewähren und – reziprok – den westafrikanischen Markt teilweise für europäische Ausfuhren zu öffnen«, schreibt das deutsche Außenministerium etwa zum Vertrag mit der westafrikanischen Wirtschaftsgemeinschaft ECOWAS.[155] Hinter diesen Freihändler-Floskeln steckt übrigens eine erstaunliche europäische Geschichtsvergessenheit: Manche Europäer, vorneweg das heute so freihandelsbegeisterte Großbritannien, haben sich den Weg von der Agrar- zur Industriegesellschaft selbst durch rigide Zölle und Abgaben freigekämpft.[156]

Was der Freihandel unter ökonomisch Ungleichen für ein Land wie Ghana bedeutet, steht nicht in der Länderinfo des Auswärtigen Amts, aber erfahren kann man es trotzdem. So beschrieb Alexander Göbel in einem Rundfunkbeitrag[157] anschaulich, wie einheimische Geflügelbauern aufgeben müssen, weil sie bei den Billigpreisen der europäischen Importware nicht mithalten können (die übrigens auch deshalb so günstig ist, weil es sich bei Schenkeln und Flügeln um Reste handelt, die der Hühnerbrust-Freund im reichen Norden nicht haben will). Dass die afrikanischen Staaten ihre eigene Produktion nicht mehr durch Zölle auf solche Importe schützen können – genau das ist das Ziel der »Freihandels«-Abkommen. Für das ostafrikanische Kenia, das »sein« EPA zunächst verweigerte und erst nach der Verhängung von Strafzöllen durch die EU unterzeichnete, wird der drohende Verlust auf »weit über 100 Millionen Euro jährlich« geschätzt.[158]

Dreimal dürfen Sie raten, ob angesichts dieser Verhältnisse künftig mehr oder weniger Afrikaner nach Europa flüchten – um sich von denselben Politikern, die diese Art »Freihandel« befördern, als »Wirtschaftsflüchtlinge« wieder nach Hause schicken zu lassen.

frei|set|zen: Nach unser aller Sprachbibel, dem Duden, bedeutet das Verb, dass etwas aus einer Bindung gelöst wird. Man kann auch Energie freisetzen, oder Kräfte. Was die deutsche Wirtschaft betrifft, werden vor allem Arbeitskräfte freigesetzt. Ihre Bindung ans Unternehmen in Form eines Arbeitsvertrags wird aufgelöst. Sie sind dann so frei, sich nach einer neuen Arbeit umzuschauen, sich neu zu orientieren, sich eine neue Herausforderung zu suchen. Das wirkt doch gleich viel aufbauender als entlassen, gefeuert, gekündigt, geschasst oder arbeitslos zu werden.

Geld ar|bei|tet, das: geniale Werbeidee der Finanzindustrie. Wer wünscht es sich nicht? Das Geld zur Bank bringen, abwarten und dann Zinsen abholen. Das Geld vermehrt sich quasi im Schlaf, man braucht kaum etwas dafür zu tun. Wie verlockend! »Lassen Sie Ihr Geld wieder für sich arbeiten«[159], wirbt deshalb der Vermögensverwalter Franklin Templeton Investments. Und die Fondstochter der Deutschen Bank mahnt potenzielle Kunden angesichts der derzeitigen Niedrigzinsen und einer angeblich »schleichenden Enteignung« (siehe auch →*Zinsenteignung*) der Sparer: »Sehen Sie nicht weiter zu, wie Ihr Geld schmilzt. Lassen Sie Ihr Kapital wieder für sich arbeiten.«[160] Unser Einwand? Um es kurz zu machen: Geld arbeitet nicht.

Wäre die Finanzbranche ehrlich, würde sie in ihre Anzeigen schreiben: Machen Sie keinen Finger krumm, lassen Sie andere für sich arbeiten! Denn was passiert, wenn Sie Ihr Geld zur Bank, zum Vermögensverwalter oder zur Versicherung gebracht haben? Nein, es wandert nicht in den Keller, sondern wird direkt weitergereicht.

Am anschaulichsten wird das am Beispiel von jemandem, der ein Haus baut. Er kommt zur Bank und nimmt einen Kredit auf (darin enthalten: das Geld, das Sie wenige Minuten zuvor eingezahlt haben). Damit er den Kredit bekommt und sein Haus bauen kann, muss er der Bank versprechen, das Geld nicht nur zurückzuzahlen, sondern noch etwas draufzulegen: den Zins. Davon bekommen Sie später einen Teil, einen Teil behält die Bank. Da der Häuslebauer höchstwahrscheinlich ein Arbeitnehmer ist, gibt er also einen Teil seines Lohnes an Sie weiter. Genauso verhält es sich übrigens auch, wenn Banken mit dem Geld, das Sie sparen, Aktien oder Staatsanleihen kaufen. Es schuftet immer ein anderer für Sie – und niemals das Geld.

Vielleicht erahnen Sie jetzt auch schon, warum eine kapitalgedeckte Altersvorsorge nicht automatisch eine generationengerechte Vorsorge ist – ansonsten erklären wir es Ihnen auf den nächsten Seiten.

ge|ne|ra|ti|on|en|ge|rech|te Vor|sor|ge, die: Marketing-Gag der privaten Versicherer, auf den große Teile der Bevölkerung sowie die Regierung unter Kanzler Gerhard Schröder (SPD) hereingefallen sind. Damit wurde die kapitalgedeckte Versicherung in Deutschland gestärkt. Ein zentrales Argument dafür war, die Sozialsysteme auf Zeiten vorzubereiten, in denen es mehr alte Menschen geben wird. Denn mit dem demografischen Wandel (siehe →*Demografie*) geht allgemein die Angst einher, dass die arbeitenden Generationen die Ruheständler künftig nicht mehr versorgen können. Eine Werbung der privaten Krankenversicherung bringt es auf den Punkt: »Das Sparschwein Ihres Kindes würden Sie doch auch nicht plündern, oder?« Wer bekommt da kein schlechtes Gewissen? Der Spruch eignet sich hervorragend dazu, die Sache der kapitalgedeckten Vorsorge (und damit der privaten Versicherungswirtschaft) voranzubringen. Ansonsten handelt es sich um eine Nebelkerze, deren dichten Schleier die wenigsten durchdrungen haben. Und wenn, dann dürften ihnen die Augen tränen ob der Erkenntnis, die sie dabei gewonnen haben.

In der deutschen Sozialstaatstradition helfen sich die Menschen gegenseitig. Arbeitende finanzieren Rentner und Arbeitslose, Gesunde unterstützen die Kranken. Sie bezahlen monatlich Beiträge zum Beispiel in die gesetzliche Renten- oder Krankenversicherung ein, die meist sofort dazu verwendet werden, Rentner und Kranke zu versorgen. Deshalb handelt es sich um ein umlagefinanziertes Versicherungssystem. Das Geld kommt bei den Versicherungen herein und fließt gleich wieder hinaus. Das ist bei der kapitalgedeckten Altersvorsorge anders: Ihr System beruht im Kern darauf, dass jeder nur für sich einzahlt und am Ende das zurückbekommt, was er selbst angespart hat. Wer allerdings glaubt, dass das Geld der Prämienzahler in den Kellern der Versicherungen in

Tresoren lagert, bis es im Alter gebraucht wird, liegt falsch. Doch genau auf diesem Unwissen baut der Mythos von der generationengerechten kapitalgedeckten Altersvorsorge auf. Was passiert tatsächlich? Tatsächlich investieren Finanzdienstleister das Geld ihrer Versicherten. Sie kaufen Staatsanleihen, Aktienfonds oder investieren in Immobilien. Das Geld ist also erst einmal weg. Will der Versicherer sein Versicherungsversprechen erfüllen, muss er nicht nur das investierte Geld zurückholen, sondern auch noch Zinsen einnehmen. Für seine Staatsanleihen erhält er einen Teil der Steuereinnahmen des Staates, für seine Aktienfonds einen Teil der Unternehmensgewinne, für die Immobilien Mieteinnahmen. Das heißt, zu jedem Zeitpunkt bezahlen die Versicherer ihre aktuellen Ausgaben mit ihren aktuellen Einnahmen. Und für diese Einnahmen kommt überwiegend die wirtschaftlich aktive Generation auf: die Steuerzahler, die Arbeitnehmer (die ja die Umsätze der Unternehmen erwirtschaften), die Mieter. Dabei handelt es sich größtenteils um Menschen zwischen 18 und 65 Jahren – also um die Kinder der Ruheständler, deren Sparschwein doch durch die kapitalgedeckte Vorsorge angeblich nicht geplündert werden sollte. Zusätzlich – das klingt jetzt schräg – werden auch die Rentner zur Finanzierung ihrer Rente herangezogen. Ihre Steuern, Mieten oder Konsumausgaben können wiederum an die Versicherer fließen.

Das Versprechen von der generationengerechten kapitalgedeckten Vorsorge ist also ein Märchen. Der deutsche Soziologe und Statistiker Gerhard Mackenroth hat das schon vor über sechzig Jahren erkannt. Er stellte fest:»Nun gilt der einfache und klare Satz, daß aller Sozialaufwand immer aus dem Volkseinkommen der laufenden Periode gedeckt werden muß. Es gibt gar keine andere Quelle und hat nie eine andere Quelle gegeben.« Und weiter: »Volkswirtschaftlich gibt es immer nur ein Umlageverfahren.« Bekannt wurde diese Feststellung als Mackenroth-These.[161]

Die Tatsache, dass die privaten Versicherer das Geld ihrer Versicherten investieren, führt innerhalb einer Volkswirtschaft also per se weder zu mehr Generationengerechtigkeit noch zu einem besseren Schutz vor demografischen Entwicklungen. Allerdings hat die kapitalgedeckte Vorsorge dennoch einen wesentlichen Vorteil gegenüber dem umlagefinanzierten gesetzlichen System: Die Einnahmebasis ist deutlich breiter. Während das gesetzliche System nur aus Arbeitseinkommen und Steuern finanziert wird (sowie zu einem winzigen Teil aus Zinserträgen), können die Versicherer auch Unternehmensgewinne abschöpfen, Einnahmen aus öffentlich-privaten Straßenprojekten generieren oder die Leistung von ausländischen Volkswirtschaften zur Deckung ihrer Ausgaben heranziehen (etwa indem eine deutsche Versicherung US-Staatsanleihen kauft). Das ist insbesondere vor dem Hintergrund, dass die Arbeitseinkommen in den vergangenen zwei Jahrzehnten zunehmend unter Druck geraten sind, nicht zu vernachlässigen.

Allerdings – Überraschung – gibt es auch für die kapitalgedeckte Altersvorsorge ein »demografisches Problem«: Wenn die Finanzdienstleister heute Wertpapiere mit dem Geld ihrer Versicherten kaufen, so müssen sie diesen Kaufpreis inklusive Zinsen in der Zukunft zurückbekommen. Nur dann können sie ihr Versicherungsversprechen erfüllen. Doch dafür sind sie darauf angewiesen, dass entweder der Emittent der Papiere (zum Beispiel der Staat) das Geld zurückzahlen kann – oder dass sie die Papiere an andere Investoren weiterverkaufen können. Dafür muss die Nachfrage nach diesen Anlagen in der Zukunft mindestens genauso hoch sein wie zum Zeitpunkt des Kaufes (dann ist der Preis der gleiche), besser noch höher. Wenn jedoch die Bevölkerung altert – und das tut sie neben Deutschland nicht nur in vielen Industrieländern, sondern auch in China oder Indien –, dann werden womöglich viele Anlagen auf den Markt geworfen und treffen auf eine geringe Nachfrage. Die Folge: Der Wert der Anlagen schmilzt, die Versicherungen bekommen nicht mehr zurück, was sie einmal investiert hatten. Wir wissen nicht, ob das so kommt. Aber wir halten fest, dass →*Finanzprodukte* und damit die Kapitaldeckung mit erheblichen wirtschaftlichen Risiken verbunden sind, da nicht klar ist, was die Geldanlagen künftig noch wert sind. Nicholas Barr von der London School of Economics jedenfalls erklärt: »Aus wirtschaftlicher Sicht ist der demografische Wandel kein gutes Argument zugunsten kapitalgedeckter Systeme.«[162] Besser seien ein über Steuern und Abgaben finanzierter Sozialstaat und Investitionen in Bildung, damit künftige Generationen mittels einer hohen Produktivität das Geld für die Versorgung der Rentner und Kranken erwirtschaften können.

Die richtige Schlussfolgerung wäre folglich, der gesetzlichen Renten-, Kranken- oder Arbeitslosenversicherung zusätzliche Einnahmequellen zu erschließen, statt die private Versicherungswirtschaft zu stärken. Denn diese ist nicht generationengerechter als das gesetzliche System, arbeitet darüber hinaus aber deutlich teurer. Sie gibt viel Geld für Marketing und Verwaltung aus – und muss dazu noch Gewinne für die Aktionäre erwirtschaften. Geld, das letztlich in der Versorgung fehlt.

ge|rech|ter Lohn, der: im Grunde eine Floskel, eine nichtssagende Redensart. Denn es gibt keinen gerechten Lohn. Trotzdem wird der Begriff gerne verwendet, da er unseren Wunsch nach Gerechtigkeit anspricht. Jeder Arbeitnehmer möchte fair behandelt werden und hat die Hoffnung, dass seine Leistung geschätzt und angemessen honoriert wird. Die Gewerkschaften tun also gut daran, sich für Gerechtigkeit einzusetzen, wenn sie ihre Mitglieder zufriedenstellen wollen. »Gerechte Löhne und partnerschaftliche Vereinbarkeit von Familie und Beruf gefordert«, überschrieb die Gewerkschaft Verdi zum Beispiel eine Pressemitteilung zu einer Veranstaltung mit Bundesfamilienministerin Manuela Schwesig und der Verdi-Vorständin Stefanie Nutzenberger.[163]

Doch was gerecht und was folglich ein gerechter Lohn wäre, das ist schwierig zu beantworten. Verdi-Chef Frank Bsirske hat mal folgende Definition gewagt: »Ein gerechter Lohn muss hoch genug sein, dass Beschäftigte mit einer Vollzeitstelle davon anständig ihren Lebensunterhalt bestreiten und am gesellschaftlichen Leben teilnehmen können. Er muss die Arbeitsbelastung, die Verantwortung und die Qualifikation berücksichtigen. Und zu einem gerechten Lohn gehört ein unbefristeter Arbeitsvertrag in Festanstellung, damit Beschäftigte ihr Leben und ihre Zukunft planen können.«[164] Das ist so richtig, wie es falsch ist, denn Bsirske hat letztlich nur formuliert, was er persönlich als gerechten Lohn empfindet. Richtig schwierig wird es zudem, wenn in Verhandlungen Kriterien wie Arbeitsbelastung, Verantwortung und Qualifikation in konkrete Euro- und Cent-Beträge umgemünzt werden sollen.

Fakt ist: Schaut man in die Arbeitswelt, gibt es gewaltige Unterschiede bei den Einkommen. Die Top-Manager der großen deutschen Konzerne kommen auf Jahreseinkommen von mehreren Millionen Euro, Banker und Piloten erhalten sechsstellige Summen, die Löhne von Pflegern oder Erzieherinnen liegen dagegen im unteren fünfstelligen Bereich. Lassen sich zwischen diesen Berufen wirklich Verantwortungsunterschiede ausmachen? Und wenn ja, wer trägt mehr Verantwortung? Der Banker oder die Erzieherin? Und wer von den beiden ist besser ausgebildet? Und lässt sich das überhaupt vergleichen? Schließlich: Wie steht es um die Leistung? Ist es schwieriger, einen Tag mit einer Horde quicklebendiger Kinder zu gestalten und auszuhalten? Oder ist es anspruchsvoller, einen Kreditvertrag aufzusetzen und mit komplexen →*Finanzprodukten* zu handeln? Schwierige Fragen.

Der Philosoph Patrick Schulte glaubt deshalb, dass unsere Vorstellung von einem gerechten Lohn mehr auf einer »intellektuellen Intuition« beruht als auf handfesten Kriterien.[165] Das Prinzip der →*Leistungsgerechtigkeit*, das üblicherweise als Rechtfertigung für die Höhe der Löhne herhalten muss, scheitert jedenfalls im Praxistest.

Tatsächlich offenbart ein Blick in die Realität, dass die Höhe des Lohnes hauptsächlich von den Machtverhältnissen in der Wirtschaft abhängig ist. Kriterien wie die Knappheit an Arbeitskräften, Leistung oder Qualifizierung mögen in Lohnverhandlungen eine Rolle spielen, doch keines davon garantiert einen gerechten Lohn. So widerspricht die Bezahlung der Erzieherinnen dem Gerechtigkeitsempfinden vieler Menschen, wie die breite Akzeptanz des Kita-Streiks 2015 gezeigt hat. Dabei sind Erzieherinnen sehr gesucht und üben eine anstrengende und verantwortungsvolle Tätigkeit aus (wir vertrauen ihnen unsere Kinder an). Umgekehrt lassen sich die seit den 1990er Jahren exorbitant gestiegenen Gehälter der Top-Manager ebenfalls nicht mit Knappheit, Anstrengung oder Qualifizierung erklären. Vielmehr dürfte eine Rolle spielen, dass es innerhalb der Schicht der Top-Manager und Aufsichtsräte, die deutsche Unternehmen kontrollieren, eine große Bereitschaft gibt, die Vergütungen steigen zu lassen. Das wiederum hängt wohl damit zusammen, dass es viele personelle Überschneidungen zwischen den Konzernen gibt. Wer bei Konzern A Vorstand ist, ist bei Konzern B Aufsichtsrat – und umgekehrt. So entscheiden die Manager wechselseitig über ihr jeweiliges Gehalt. Und keiner hat Lust, sich seine nächste Gehaltserhöhung zu verbauen, indem er einem Kollegen höhere Bezüge verweigert.

Das zeigt, dass die Höhe des Lohnes letztlich von den strukturellen Rahmenbedingungen abhängig ist, innerhalb derer Verteilungskonflikte ausgetragen werden. Gibt es hier ein Ungleichgewicht zum Beispiel zwischen Firmeneigentümern und Belegschaft, wird es schwierig, zu einem angemessenen Verhandlungsergebnis zu kommen. Ein solches strukturelles Ungleichgewicht kann zum Beispiel dadurch entstehen, dass keine Tarifverträge existieren, dass der Arbeitgeber einfach kündigen kann oder dass die Beschäftigten nicht ausreichend organisiert sind. Das alles verhindert eine starke Verhandlungsposition der Arbeitnehmer. Das Ergebnis lässt sich zum Beispiel an den jahrelangen Streiks beim Versandhändler Amazon ablesen, wo es nicht gelingt, bessere Tarifverträge durchzusetzen. Andersherum war die Verhandlungsposition der Investmentbanker jahrelang so gut, dass sie innerhalb der Banken exorbitante Gehälter und Boni aushandeln konnten. In diesen Fällen hatten die Aktionäre das Nachsehen und mussten auf Gewinn verzichten.

Lohnfragen bleiben also Machtfragen. Doch selbst eine gleiche Verteilung der Macht wird nicht dazu führen, dass man Löhne über Branchen hinweg vergleichen und als gerecht oder ungerecht einstufen kann. Denn letztlich geht es immer auch darum, was es zu verteilen gibt. In der profitablen Metall- und Elektroindustrie können die Gewerkschaften höhere Löhne aushandeln als zum Beispiel bei den Kitas, wo sie es mit den stets klammen Kommunen als Verhandlungspartner zu tun haben. Wer einen hohen Lohn bekommen möchte, sollte also in ein Unternehmen gehen, in dem viel

Geld verdient wird. Dort stimmen zumindest die ökonomischen Rahmenbedingungen. Ob das dann gerecht ist, steht auf einem anderen Blatt.

ge|ring|fü|gi|ge Be|schäf|ti|gung, die: beschönigend für eine Beschäftigung, die in der Regel schlecht bezahlt ist. Denn anders als man meinen könnte, handelt es sich nicht um eine Tätigkeit, die man nur für weinge Stunden pro Monat ausüben dürfte. Nein, begrenzt ist lediglich der Lohn. Er darf maximal 450 Euro pro Monat betragen. Weil man das wenigstens im Bundesarbeitsministerium nicht ganz vergessen hat, wird immerhin dort in einzelnen Dokumenten korrekt von »geringfügig entlohnten Beschäftigten« gesprochen.[166] Das hindert aber auch Bundesarbeitsministerin Andrea Nahles nicht daran, in Interviews auf diese Differenzierung zu verzichten. Sie stellt dann zum Beispiel fest: »Viele Frauen arbeiten im Niedriglohnbereich oder im Bereich der geringfügigen Beschäftigung.«[167]

Schonungslose Aufklärung darüber, was das bedeutet, bringt ein Blick in den Duden. Dort kann man lesen, dass geringfügig als »unbedeutend, nicht ins Gewicht fallend, belanglos« zu verstehen sei. Es lässt sich also sagen, dass der Lohn bei der »geringfügigen Beschäftigung« derart nebensächlich ist, dass es nur noch um die Arbeit an sich geht. Doch diese Logik trifft allenfalls auf die gutsituierte Zahnarztgattin zu, die zum Zeitvertreib im Dorfladen arbeitet oder Sekretariatsarbeit erledigt.

Paradox ist bei alledem: Je niedriger der Lohn, desto mehr darf gearbeitet werden. Schließlich dauert es dann länger, bis die Lohnobergrenze von 450 Euro pro Monat erreicht ist. Folgerichtig zeigte eine Statistik vor einigen Jahren, dass die

Millionen Minijobber von allen Arbeitnehmern am schlechtesten bezahlt sind.[168] Dieser Form der Ausbeutung setzt seit 2015 wenigstens der gesetzliche Mindestlohn gewisse Grenzen. Da alle Arbeitnehmer seither mindestens 8,50 Euro pro Stunde verdienen müssen, ist die geringfügig bezahlte Beschäftigung nunmehr de facto auf 53 Stunden pro Monat begrenzt. Wenn es schon kaum etwas zu verdienen gibt, dann bleibt damit wenigstens mehr Zeit für anderes.

Gut | mensch, der: ein »Schlagwort zur Stigmatisierung des Protests, zur Diffamierung des moralischen Arguments«[169]. Die Herkunft dieser negativ gebrauchten Wendung wurde häufig dem Philosophen Friedrich Nietzsche zugeschrieben, den zum Beispiel die Gesellschaft für deutsche Sprache folgendermaßen zitiert: »Diese ›guten Menschen‹ – sie sind allesamt jetzt in Grund und Boden vermoralisiert und in Hinsicht auf Ehrlichkeit zuschanden gemacht (...).« Allerdings stellen die Sprachforscher klar, solche Formulierungen könnten, »so sehr sie im Gestus einem bestimmten kritischen Gebrauch von *Gutmensch* gleichen, nicht als regelrechter Erstbeleg gelten«[170].

Ähnliches gilt auch für den Gebrauch, den der nationalsozialistische Verleger Julius Streicher von der Figur des »guten Menschen« machte. In seinem Hetzblatt *Der Stürmer* schrieb er 1941: »Es kennzeichnet den guten Menschen, daß er an das Vorhandensein des Schlechten erst dann glaubt, wenn er es mit eigenen Augen sehen kann. Auf die Gutgläubigkeit der Guten baute sich die Berechnung jener auf, die ein Interesse daran hatten, das jüdische Volk als ein ausgewähltes Gottesvolk in Erscheinung treten zu lassen.«[171] Dazu merkt das Duisburger Institut für Sprach- und Sozialforschung an: »Die

Unterstellung von Gutgläubigkeit kommt zwar dem Vorwurf gegenüber den ›Gutmenschen‹ nahe, diese seien naiv und verblendet. Aber das ist es dann auch schon. Den ›guten Menschen‹ wird hier eine andere Bedeutung zugewiesen: Sie gehören zu den ›Volksgenossen‹, deren Menschenbild durch die Nationalsozialisten korrigiert werden kann.«[172]

Zum wahren Erfinder des Begriffs Gutmensch in seiner heutigen Bedeutung erklärte sich 1997 die Zeitschrift Merkur, deren Herausgeber Kurt Scheel allerdings darauf hinwies, dass es am Anfang keineswegs um Diffamierung ging: »Als Erfinder des Wortes Gutmensch – es stand zum ersten Mal 1992 im Januarheft des Merkur – möchte ich darauf hinweisen, daß es nur ›als süffisante, Heiterkeit erzeugende Bemerkung angesichts eines berufsmäßigen Moralisten‹ benutzt werden darf.«[173] Und zwar vor allem innerhalb des eigenen, eher kritisch-liberalen Milieus: »Ursprünglich war der Begriff Gutmensch nützlich, um die eigenen Leute zu ironisieren. Solche, die eben sagen, man sollte, könnte, müsste.«[174]

Die Leiterin des schon erwähnten Duisburger Instituts, Margarete Jäger, geht noch weiter und sieht bei den frühen Nutzern des Wortes Gutmensch sogar das Motiv, gesellschaftlichen Protest zu radikalisieren: »Der Ausgangspunkt war eine Kritik, die nicht die Richtung dieser Protestformen ändern wollte, sondern die sie verfestigen wollte und verstetigen wollte und das mit Ironie und Selbstkritik versuchte.« So sei es zum Beispiel im Wörterbuch des Gutmenschen[175] von 1994 darum gegangen »dass diese Symbole, diese Lichterketten und dergleichen, dass diese Akte, diese Protestformen, nicht radikal genug sind, dass sie zu sehr auf so einer Oberfläche haften bleiben und dass es nicht nur darum geht zu sagen, es müsste anders sein. Man muss auch Formen und Strategien entwickeln, wie es denn auch wirklich anders werden kann.«[176] Das Ziel war also zunächst, »eine denkfaul gewordene Linke aus ihrer geistigen Verfettung zu schrecken, indem man sie dessen bezichtigte, was ihre Vorväter am meisten gehasst hatten: des biederen Moralismus«[177].

Inzwischen allerdings hat der Begriff einen Bedeutungswandel erfahren, wie die Duisburger Forscher konstatieren: »Mit der Kritik an ›Gutmenschen‹ und ›political correctness‹ soll eine Kritik an ausgrenzenden Diskursen und Praktiken mundtot gemacht werden, indem deren Verfechterinnen zu Feinden der Nation stilisiert werden. Der offenbar zur kritischen Selbstreflexion eingeführte Begriff des ›Gutmenschen‹ kann heute allein als eine diffamierende Fremdzuschreibung durch die politische Rechte bezeichnet werden, der darauf abzielt, demokratische und emanzipative Bestrebungen abzuwerten und zu verspotten.«[178]

Sehr gerne geschieht dies dadurch, dass unterstellt wird, Verfechter der »political correctness« seien darauf aus, den Mutigen das Aussprechen der Wahrheit zu verbieten. So schrieb der Journalist Michael Klonovsky: »Die Tatsache, dass es unproduktive Unterschicht, Sozialschmarotzer, ja dass es Plebs gibt, findet der Gutmensch so skandalös, dass er jeden zum Schlechtmenschen erklärt, der darauf hinweist. Wenn es sich obendrein noch um Migranten handelt, kommt der hierzulande so beliebte Rassismus- und Ausländerfeindlichkeitsvorwurf mit derselben Sicherheit zur Anwendung, wie dessen Handhaber fernab von sozialen Brennpunkten siedeln. Dabei ist doch gerade die Einwanderung in das Sozialsystem eines anderen Landes, das Leben auf fremder Leute Kosten, eine enorme Ungerechtigkeit. Dass viele nicht wagen, sich gegen ihr Ausgenommenwerden zu wehren, liegt also am herrschenden Meinungsklima, das über moralische Erpressung funktioniert. Wer gut verdient, soll sich so schlecht fühlen, dass er ohne Murren abgibt. Wer weiß ist, soll sich gegenüber den Menschen der Dritten Welt schlecht fühlen, und wer deutsch ist, hat sowieso 1 000 Jahre wiedergutzumachen.«[179]

Kurz gesagt: Die Migranten, gehätschelt von satten Wohlstandsbürgern, nehmen uns brave Weiße aus, indem sie »auf unsere Kosten« leben, aber das von den »Gutmenschen« geprägte »herrschende Meinungsklima« verbietet es uns, diese »Wahrheit« auszusprechen (die allerdings in einschlägigen Organen wie hier dem *Focus* oder vor der Dresdner Frauenkirche unentwegt verkündet wird). Diese im Rechtspopulismus gängige Hetze, durch die sich »Gutmensch« zum »Unwort des Jahres 2015« qualifizierte[180], unterschlägt nicht nur die Tatsache, dass die »Gutmenschen« die sozialen Konflikte auch aufgrund der Migration sehr wohl benennen, allerdings ohne die Konsequenz nationaler Abschottung zu ziehen. Was an diesem und ähnlichen Texten besonders beeindruckt, ist der unverstellte Zynismus, mit dem die »Ungerechtigkeit« in unserer Gesellschaft, das »Leben auf Kosten anderer« als Problem zwischen der eingesessenen Bürgerschaft und den Zuwanderern konstruiert wird – als seien soziale Brennpunkte nicht vor allem eine Folge der ungerechten Verteilung von Reichtum in der Gesellschaft. Aber auch dieser Hinweis wird von Klonovsky und Co. natürlich als irregeleiteter Angriff der Gutmenschen auf Gutverdiener diffamiert, die sich möglichst »schlecht fühlen« sollen. Was der *Focus*-Redakteur Klonovsky beim Schreiben seines Pamphlets ganz offensichtlich auch tat.

Wie es in den sozialen Brennpunkten zugehen sollte, hat der ehemalige Berliner Finanzsenator und bekennende Gutmenschen-Hasser Thilo Sarrazin im Jahre 2008 erläutert: »Wenn die Energiekosten so hoch sind wie die Mieten, werden sich die Menschen überlegen, ob sie mit einem dicken Pullover nicht auch bei 15 oder 16 Grad Zimmertemperatur vernünftig leben können. Bei uns waren es zuhause immer

16 Grad. Am Morgen hat mein Vater die Koksheizung befeuert und sie erst am Abend, wenn er von der Arbeit zurückkam, wieder angemacht. Das hielt dann immer gerade für 16 Grad. Ich habe es überlebt.«[181] Den Protest aus Politik, Gewerkschaften und Sozialverbänden an seinem Zynismus beantwortete Sarrazin später mit der Klage, »dass die sogenannten Gutmenschen über mich herfielen, als ich in einem Interview beiläufig erwähnte, dass das Tragen eines Pullovers helfen könnte, Energiekosten zu sparen, da man dann weniger heizen müsse«[182].

Der Komiker Oliver Kalkofe sagt: »Wenn Gutmensch in einer Gesellschaft zum hämischen Schimpfwort mutiert, um damit das eigene Schlechtmenschentum zu beschönigen, ist definitiv etwas nicht in Ordnung.« Seiner Schlussfolgerung ist nichts hinzuzufügen: »Dann doch lieber Gutmensch als Arschloch.«[183]

Haus|auf|ga|ben, die: Pädagogen beschreiben Hausaufgaben als »jene Tätigkeiten (...), welche den Schülern von der Schule zur Erledigung außerhalb der Unterrichtszeit übertragen werden«[184]. Auch wenn es auf den ersten Blick nicht so erscheint: Diese Definition kann helfen, den politischen Gebrauch des Wortes »Hausaufgaben« besser zu verstehen.

Das wichtigste Merkmal der Hausaufgaben besteht darin, dass sie dem Betroffenen »übertragen« werden. Sie sind also Folge eines hierarchischen Systems: Auf der einen Seite steht die übergeordnete und mit Erziehungsgewalt ausgestattete Instanz (im ursprünglichen Sinn: der Lehrer). Auf der anderen Seite befindet sich derjenige, dem nichts anderes übrig bleibt, als seine Hausaufgaben zu erledigen (im ursprünglichen Sinn: der Schüler). Für Schülerinnen und Schüler ist die Erledigung der Hausaufgaben also praktisch, wie Angela

Merkel sagen würde, →*alternativlos*. Tun sie es nicht, müssen sie nämlich Sanktionen fürchten. Kurz gesagt: Einer sagt, wo es langgeht, und die anderen haben zu folgen – was sie öffentlich »freiwillig«, in Wahrheit aber unter dem Diktat der mächtigen Kreditgeber tun.

Führt man sich dies vor Augen, wird gleich viel deutlicher, was gemeint ist, wenn Angela Merkel sagt: »In Europa müssen sich alle anstrengen und alle ihre Hausaufgaben machen.«[185] Oder Wolfgang Schäuble, hier mit Bezug auf Griechenland: »Die Regierung in Athen (muss) ihre Hausaufgaben machen, das kann den Griechen niemand abnehmen.«[186]

Wer hier Lehrer ist und wer Schüler, erschließt sich leicht: Die längst gescheiterte Politik der Haushaltssanierung durch Strangulation der Wirtschaft (beschönigend auch gern →»*Sparen*« genannt) entspricht exakt dem politischen »Lehrplan« der deutschen Regierung und ihrer Verbündeten in der EU. Welchen Grundlinien dieser Lehrplan folgt, den Lehrerin Merkel und Lehrer Schäuble exekutieren? Es sind, auch daraus macht die Kanzlerin keinen Hehl, die Vorgaben der Investoren, gern auch anonym »die →*Märkte*« genannt: »Wir haben es inzwischen geschafft, dass das Vertrauen der internationalen Investoren in den Euro wieder zurückgekehrt ist. Aber die Länder mit geringer →*Wettbewerbsfähigkeit* müssen mit den unvermeidlichen →*Reformen* und Strukturanpassungen eine schwere Zeit durchstehen.« Dass viele Menschen in Griechenland, Spanien oder Portugal wegen dieser Politik ihre Wohnung oder ihr Haus aufgeben müssen, weil sie die Raten nicht mehr bezahlen können – auch eine Art »Hausaufgabe«, könnte man zynisch sagen –, das nehmen Merkel und Co. einfach in Kauf. Und die »Schüler« – also die Regierungen der südlichen EU-Länder – haben sich zu beugen. Als Belohnung bekommen sie neue Kredite – also: Schulden –, die man ihnen als angebliche →»*Hilfe*« verkauft.

Schon in der Schule lässt sich über Sinn und Zweck von Hausaufgaben streiten. Aber in der europäischen »Staatenfamilie« sollte es eigentlich weder erziehungsberechtigte noch für unmündig erklärte Mitglieder geben, die sich einem »Erziehungsauftrag« zu unterwerfen haben. Und deshalb gilt in der Politik auf jeden Fall, was der frühere Vorsitzende des Bundeselternrats, Hans-Peter Vogeler, im Jahr 2013 mit Blick auf die Schule sagte: »Hausaufgaben sind Hausfriedensbruch. Überlegen Sie mal, wie viel Streit in eine Familie kommt und wie das Zusammenleben durch sie beschädigt wird.«[187] Genau das ist im »europäischen Haus« geschehen.

Haus|frau, schwä|bi|sche, die: Als Hausfrau an sich wird laut Grimm'schem Wörterbuch »die frau als vorstand der haushaltung, gattin des hausherrn, ehefrau« bezeichnet.[188] Mittelhochdeutsch: »hûsvrouwe«, lateinisch: »domina«. In ihrer schwäbischen Variante fand die Hausfrau Eingang in den politischen Sprachgebrauch durch eine Rede von Angela Merkel beim CDU-Parteitag in Stuttgart am 1. Dezember 2008: »Man hätte hier in Stuttgart, in Baden-Württemberg, einfach nur eine schwäbische Hausfrau fragen sollen. Sie hätte uns eine ebenso kurze wie richtige Lebensweisheit gesagt, die da lautet: Man kann nicht auf Dauer über seine →*Verhältnisse* leben. Das ist der Kern der Krise. Genau das ist es, liebe Freunde, so einfach ist das.«[189]

So einfach es ist, so unsinnig ist es auch. Die Botschaft, die Merkel in das Bild von der schwäbischen Hausfrau kleidete, lautet im Klartext: »Wir alle müssen aufhören, jedes Jahr mehr →*auszugeben als wir einnehmen*.«[190] Das klingt so logisch, dass kaum jemand widersprechen wird. Allerdings besteht die Lüge in diesem Fall darin, dass die Wahrheit nur knapp zur Hälfte ausgesprochen wird. Was fehlt, ist die schlichte Tatsache, dass der Haushalt eines Ehepaares in Backnang mit dem Haushalt eines Staates wie der Bundesrepublik überhaupt nicht zu vergleichen ist.

Die Hausfrau im klassischen Sinne bleibt, wie der Name schon sagt, in der Regel zu Hause. Sie verwaltet als »Vorstand der Haushaltung« das Geld, das der Familie zur Verfügung steht, und das ist, folgen wir gemeinsam mit der Kanzlerin weiter dem traditionellen Rollenbild, das Einkommen des Mannes. Wie hoch das ist, entzieht sich weitgehend ihrem Einfluss. Damit die Familie mit diesen Einnahmen über die Runden kommt, bleibt der Hausfrau also nichts anderes übrig, als auf der »Ausgabenseite« Sparsamkeit walten zu lassen.

Wenn es gar nicht reicht, muss der Mann beim Chef um eine Gehaltserhöhung bitten (Ausgang ungewiss), ansonsten wird eben gespart. Sei es am Personal, wie uns schon das Grimm'sche Wörterbuch lehrt: »In Hessen sagt man von einer kargen hausfrau sie gibt (dem gesinde) das stückchen brot so dünn dasz man den psalter dadurch lesen kann.«[191] Oder sei es an der eigenen Schönheit, wie es die »schöne Seele« in Goethes *Wilhelm Meisters Lehrjahre* erläutert: »Äußert uns der Bräutigam, daß wir ihm in einer Morgenhaube besser als in dem schönsten Aufsatze gefallen, dann wird einem wohldenkenden Mädchen gewiß die Frisur gleichgültig, und es ist nichts natürlicher, als daß er auch solid denkt und lieber sich eine Hausfrau als der Welt eine Putzdocke zu bilden wünscht.«[192] Mit der hier unerwünschten »Putzdocke« ist, zum besseren Verständnis, nicht etwa eine Frau gemeint, die putzt, sondern im Gegenteil eine, die sich – womöglich für teures Geld – schon morgens schick »aufzuputzen« pflegt.

Sparsamkeit ist also das höchste Gebot der schwäbischen Hausfrau. Daran lässt sie übrigens selbst keinen Zweifel, wie die zweitwichtigste Quelle zum Thema (nach Angela Merkel) beweist. In dem Lied »Schaffe, schaffe, Häusle baue« ermahnt Hausfrau Mathilde ihren Gatten bei jeder Gelegenheit: »Schaffe, schaffe, Häusle baue,/Und net nach de Mädle schaue./Und wenn unser Häusle steht/Dann gibts noch lang kei Ruh,/Ja da spare mir, da spare mir/Für e Geissbock und e Kuh.«[193] Oder, in der Variante der Band »Erste Allgemeine Verunsicherung«: »Schaffe, schaffe, Häusle baue!/Butterbrot statt Schnitzel kaue!/Denn wer nicht den Pfennig ehrt,/der wird nie ein Dagobert!«[194]

Ganz in diesem Sinne konnte Patrick Bernau in der *FAZ* eine Legende beisteuern, wonach die Schwaben »ihre Bräute mit der Käserinde testen«, und zwar so: »Wenn das Mädchen den Käse samt Rinde aß, war sie als Braut zu unfein. Wenn sie die Rinde abschnitt, galt sie als zu verschwenderisch. Zur richtigen schwäbischen Hausfrau war nur das Mädchen geeignet, das die Rinde ganz vorsichtig vom Käse abschabte.«[195]

Das also sollen die Vorbilder für den Staat sein, den Angela Merkel führt? Ja, sagt Claudia Flemming, die Vorsitzende des Kulturvereins der schwäbischen Hausfrauen: »Wir setzen den Fokus auf den familiären Haushalt, gucken auf den Tisch und schauen, was da so liegt – von Hausaufgaben über Finanzplanung. Das ist im Grunde ein kleines Abbild von dem, was unsere Kanzlerin im Großen macht.«[196]

Irrtum! Was Angela Merkel verschweigt und die moderne schwäbische Hausfrau Claudia Flemming vergisst: Der öffentliche Haushalt eines Staates funktioniert vollkommen anders als der Haushalt einer schwäbischen Familie. Und wo es doch Gemeinsamkeiten gibt, die nicht ins Bild passen, verschweigt die Kanzlerin auch das.

Zunächst zu einer verschwiegenen Gemeinsamkeit: Selbst im wohlhabenden Schwabenland dürften die meisten Eigenheime auf Kredit finanziert sein. Auch hier wird die Durchschnittsfamilie mit dem Hausbau kaum warten, bis genug angespart ist, um die Immobilie bar zu bezahlen. »Schaffe, schaffe« und »Häusle baue« folgen keineswegs aufeinander, sondern finden gleichzeitig statt. Schwabe und Schwäbin investieren auf Pump, sie leisten sich in der Gegenwart ihr Eigenheim mittels Schulden, die sie (oder auch noch ihre Kinder) erst später zurückzahlen werden. Sie tun genau das, was die schwäbische Hausfrau und die Politik laut der Kanzlerin unterlassen sollten: »auf Kosten der Zukunft zu leben«[197].

Natürlich geht das nicht wirklich »auf Kosten der Zukunft«. Natürlich liegt dem Verhalten einer schwäbischen oder sonstigen Familie eine vernünftige Überlegung zugrunde: Mit dem Eigenheim verbessern wir jetzt unser Leben und das unserer Kinder, die in einer guten Umgebung aufwachsen sollen. Und wir schaffen Werte, die wir einmal unseren Nachkommen überlassen können – die Restschuld, die dann vielleicht noch auf dem Häuschen liegt, werden sie als Preis für den bleibenden Wert, den sie erben, gerne tragen. In diesem Fall gilt also: Schulden, richtig eingesetzt, können sehr wohl einer besseren Zukunft dienen. Und auf Schulden zu verzichten, kann wiederum heißen, »auf Kosten der Zukunft zu leben«.

Das ist genau die Denkweise, gegen die sich deutsche Regierungen und ihre ideologischen Einflüsterer aus der Wirtschaftswissenschaft seit Jahrzehnten mit Händen und Füßen wehren. Sie wollen – jedenfalls in der Öffentlichkeit – nicht wahrhaben, dass Schulden nicht an sich des Teufels sind. Sie verweigern sich einer schlichten Erkenntnis: <u>Es kommt darauf an, was man mit dem Geld macht.</u> Es kann auch »auf Kosten der Zukunft« gehen, wenn man Investitionen unterlässt, die kommenden Generationen dienen würden. Sei es bei der Familie im Schwabenland, sei es beim Staat.

Die Rede von der »schwäbischen Hausfrau« ist unter diesem Aspekt eine schlichte Lüge: Wohl wissend, dass im Zweifel auch kreditfinanzierte Investitionen einer besseren Zukunft dienen können, behaupten Merkel und Co. das Gegenteil. Und widersprechen damit übrigens nicht nur, wie gezeigt, der Praxis der schwäbischen Hausfrau, sondern ebenso der eigenen: Auch die Politik verschiebt bis heute finanzielle Belastungen in die Zukunft, handelt also »auf Pump«, wenn auch nicht mehr ganz so offensichtlich wie in früheren Jahren (siehe →*Schwarze Null*). Aber sie braucht das Dogma der schwäbischen Sparsamkeit, um ihre Verweigerung zu legitimieren, wenn es zum Beispiel um Ausgaben für Bildung und soziale Leistungen oder um andere Investitionen in die staatliche Infrastruktur geht.

Allerdings wäre es genauso falsch, Schulden zum Wert an sich zu erheben, wie es unsinnig ist, sie pauschal zu verteufeln. Natürlich können und sollten Kredite immer nur die zweitbeste Lösung sein – für den Staat etwa dann, wenn es wirtschaftliche Notsituationen schnell zu bewältigen gilt. Angela Merkel weiß das sogar: In der Finanzmarktkrise 2008/2009 scheute sie sich nicht, Milliarden auf Pump für die Rettung von Banken, aber auch für Kurzarbeitergeld und Konjunkturspritzen (Abwrackprämie) auszugeben. Was sie versäumte war nur, sich das Geld hinterher von den geretteten Vermögensbesitzern zurückzuholen.

Das verweist auf den entscheidenden Unterschied zwischen einer schwäbischen Hausfrau und dem Staat: Öffentliche Haushaltspolitik folgt vollkommen anderen Gesetzmäßigkeiten. Ein Staat kann seine Einnahmen den Notwendigkeiten anpassen, statt sich arm zu sparen oder auf Dauer zu verschulden. Der Staat ist kein Selbstzweck. Er ist nicht dazu da, für sich selbst zu sorgen, sondern er hat wie ein Treuhänder zu handeln. Ihm überträgt die Gesellschaft die Aufgabe und das Recht, vom mehr oder weniger großen Reichtum der Bürgerinnen und Bürger einen Teil zu nehmen und für Dinge auszugeben, die der ganzen Gesellschaft dienen. Er ist also, wenn er Steuern erhebt, nicht Feind des Bürgers, sondern Wahrer des Gemeinwohls – vorausgesetzt, er nutzt die Steuern auch wirklich für allgemein nützliche Zwecke.

Wenn die Steuern, die der Staat festgelegt hat, nicht reichen, dann gibt es drei Möglichkeiten: Er verschuldet sich oder er spart auf Kosten künftiger Investitionen – das sind in der Merkel'schen Propaganda die beiden einzigen Optionen, von denen sie allerdings eine, die Verschuldung, entgegen der eigenen langjährigen Praxis verwirft. Oder aber der Staat verlangt, und das ist die dritte Option, der Gesellschaft einen höheren Beitrag ab, sprich: Er verschafft sich höhere Steuereinnahmen. Und zwar am besten von denjenigen, die seit Jahren von der wachsenden Kluft zwischen Arm und Reich profitieren: den Spitzenverdienern und Vermögensbesitzern. Auch das darf kein Selbstzweck sein, aber es gibt gute Argumente dafür. Schließlich geht es um Investitionen, die dem Gemeinwohl dienen: Umgehungsstraßen und günstigere Bahnfahrkarten für Pendler, gute Schulen, Entlastung der Schwächeren von den Kosten der Energiewende und vieles mehr. Hier knausert selbst ein reiches Land wie Deutschland, weil die herrschende Ideologie und die dominierenden Interessen es so wollen.

Die staatlichen Finanzen auch über die »Einnahmeseite« zu steuern, ist in Deutschland ein mit allen Mitteln verteidigtes Tabu. Wer immer es anzutasten wagt, bekommt die Merkel-Parole »Keine →*Steuererhöhungen!*« zu hören und wird, wie zuletzt SPD, Grüne und Linke im Wahlkampf 2013, als »Steuererhöhungspartei« diffamiert. Dass ausschließlich von höheren Lasten für diejenigen die Rede ist, die es sich leisten könnten, geht im organisierten Geschrei des neoliberalen Lagers unter. Aber auch wenn die Gegner einer gerechten Lastenverteilung mit ihren Kampagnen immer wieder Erfolg haben, wie die Wahlergebnisse zeigen, ist das noch lange kein Beweis für die Richtigkeit der Parolen, die das politische Lager der Kanzlerin mit Unterstützung mächtiger Interessenverbände verbreitet.

Das ist das Schlimmste an Merkels Rede von der »schwäbischen Hausfrau«: Mit der Aussage, der Staat habe wie ein braver Arbeitnehmer »mit dem auszukommen, was in die Steuerkassen hineinkommt«[198], belügt sie die Gesellschaft über die Grundregeln staatlicher Finanzpolitik. Sie verhöhnt nicht nur die Bevölkerung im Allgemeinen, sondern auch die schwäbische Hausfrau im Besonderen, die sie für ihre Ideologie in Haftung nimmt.

Hil|fe, die: »Unterstützung, Beistand zur Rettung, zum Übergang aus einer schlechtern Lage in eine bessere, Befreiung aus üblen Umständen«[199], schrieben die Gebrüder Grimm. Gilt das auch in der Politik, also zum Beispiel für das, was die Europäische Union mit Griechenland macht? Ist das »Beistand zur Rettung« und zur »Befreiung aus üblen Umständen«? Das könnte man bei oberflächlicher Betrachtung glauben, und tatsächlich wimmelt es in Euro-Krisenzeiten von Schlagzeilen wie »Ja zu Griechenland-Hilfe«[200] oder »SPD stimmt Griechenlandhilfe zu«[201], und die »Rettungspakete« stapeln sich zu beachtlicher Höhe.

Diese Wortwahl ist allerdings irreführend und ihre ständige Wiederholung (unter anderem in den meisten Medien) mindestens gedankenlos. Denn zunächst ist Hilfe nach landläufigem Verständnis in der Regel ein Akt der Selbstlosigkeit. Wer mit der einen Hand hilft, hält nach diesem Verständnis nicht gleich die andere auf, und vom Empfänger verlangt er nicht zuerst eine Rechtfertigung für dessen Lage. Mit den Worten des Sprachgelehrten Justus Georg Schottel (1612 bis 1676): »Hülf und Gnad hat kein Warum.«[202]

Mit dieser moralisch höchsten Form des Helfens hat das, was die EU unter deutscher Führung mit Griechenland und anderen Krisenländern macht, schon auf den ersten Blick nichts zu tun. Aber das wäre noch hinzunehmen: Selbstverständlich fragt Europa nach dem »Warum«, denn die Ursachen der Hilfsbedürftigkeit sollen schließlich beseitigt werden. Und ebenso selbstverständlich steht die »Hilfe« unter der Bedingung, dass sich der Empfänger aktiv an der Lösung seiner Probleme beteiligt. Das spricht noch nicht dagegen, von »Hilfe« zu reden, wenn auch nicht in ihrer selbstlosesten Form. Nicht umsonst gibt es schließlich das Sprichwort »Hilfst Du mir, dann helf' ich Dir«, auch »Eine Hand wäscht die andere« genannt, oder wie der Franzose sagt: »Ein Barbier rasiert den anderen.«

Was allerdings leider hinter Begriffen wie »Griechenland-Hilfe« erfolgreich verborgen wird, ist dreierlei:

Erstens widerspricht die Lage der Bevölkerung im Empfängerstaat diametral der Behauptung, dem Land insgesamt sei geholfen worden. Die gewerkschaftliche Hans-Böckler-Stiftung hat ausgerechnet, dass die Bruttoeinkommen in Griechenland zwischen 2008 und 2012 um ein Viertel gesunken sind, wovon besonders die unteren und mittleren Lohngruppen betroffen waren.[203]

Zweitens handelt es sich bei der »Hilfe« in Wahrheit um Kredite, die vor allem dabei helfen, dass die griechische Regierung andere Kredite zurückbezahlen kann. Und zwar vor allem an diejenigen Banken, die über Jahre oft leichtfertig und mit schönen Zinseinnahmen Geld an Griechenland verliehen hatten, um sich dann im Zweifel mit Steuergeld retten zu lassen. Von den 86 Milliarden Euro des 2015 vereinbarten dritten »Rettungspakets« waren mehr als 80 Milliarden für die Ablösung von Krediten, die Bezahlung von Zinsen und die Rekapitalisierung der griechischen Banken vorgesehen. Ganze 4,5 Milliarden sollten in die Reserven des griechischen Staates fließen, um dessen Zahlungsfähigkeit zu sichern.[204]

Und drittens: Wenn einem Land in dieser Krise wirklich geholfen wurde, dann war es vor allem Deutschland. Das Institut für Wirtschaftsforschung Halle (IWH) kam in einer Studie zu dem Schluss, dass die deutschen Steuerzahler »selbst bei einem kompletten Ausfall der griechischen Schulden Gewinner der Griechenland-Krise« wären. Die *Wirtschaftswoche* fasste zusammen: »Von 2010 bis heute habe der deutsche Fiskus wegen der durch die Krise gesunkenen Zinslasten mehr als 100 Milliarden Euro gespart, heißt es in der Untersuchung. Dies seien mehr als die rund 90 Milliarden Euro, die Griechenland Deutschland direkt und indirekt (…) schulde.«[205]

Wer sich also fragt, warum Deutschland in den vergangenen Jahren so erfolgreich den »Übergang aus einer schlechtern Lage in eine bessere« gemeistert hat, sollte nicht vergessen, wer da wem geholfen hat.

In|dus|trie, die: Qualm, Dampf, Lärm, das bringen wir üblicherweise mit der Industrie in Verbindung. Das ist heute zwar nicht mehr ganz richtig, wie jeder weiß, der schon einmal in einer Autofabrik, einer Chemieanlage oder einer Lebensmittelfertigung war. Vielerorts ist die Industrie leise und sauber geworden. Weiterhin kennzeichnend für diesen Teil der Wirtschaft ist aber, dass er mit Hilfe von Maschinen Rohstoffe verarbeitet und materielle Güter herstellt. Das lässt sich von der »Unterhaltungsindustrie«, der »Tourismusindustrie« oder der »Finanzindustrie« nicht behaupten – bei den Produkten dieser Branchen handelt es sich um Dienstleistungen. Und trotzdem werden das Unterhaltungsgeschäft, die Reisebranche oder das Banken- und Versicherungswesen heute verbreitet als Industrie bezeichnet – von Wirtschaftsvertretern, Politikern, Medien und Forschern. Mit diesem Etikettenschwindel rücken sie in die Nähe der klassischen Industrie, die einen großen Anteil am wirtschaftlichen Erfolg der Bundesrepublik und bis heute einen hohen Stellenwert hat. Sie kriegen etwas von deren Glanz ab – und steigern zugleich die eigene Bedeutung.

Etikettenschwindel hin oder her, man kann diese Entwicklung allerdings auch als logisch betrachten. Denn das Gewicht der Dienstleister und des Finanzsektors ist in der deutschen Wirtschaft in den vergangenen Jahren immer größer geworden. Da scheint es nur eine logische Konsequenz dieses strukturellen Umbruchs zu sein, dass sie nun mit dem Begriff »Industrie« geadelt werden. »In gewissem Sinne legt diese Wortwahl nahe, dass an die Stelle der ›alten‹ Industrie jetzt eine ›neue‹ Industrie getreten ist, dass sich eine ökonomische Transformation vollzogen hat, eine Transformation vom Industriekapitalismus zum Finanzkapitalismus«, schreibt der Ökonom, Bankkaufmann und Finanzwissenschaftler Ulrich Busch.[206] »Die Wortverbindung ›Finanzindustrie‹ erweist sich daher auf den zweiten Blick als durchaus sinnvoll und den veränderten Gegebenheiten adäquat.«

Dennoch ist es eine gefährliche Entwicklung. Denn mit dem Begriff Industrie werden auch seine Konnotationen übertragen: Solidität, Langlebigkeit, reale Werte. Gerade im Finanzsektor kann davon aber häufig keine Rede sein. Zwar ist die Branche für das Funktionieren einer Volkswirtschaft von überragender Bedeutung. Im Idealfall ermöglicht sie Investitionen, federt Risiken ab und generiert für Sparer einen

Zins, hält also die Wirtschaft am Laufen. Doch die Auswüchse des Systems können katastrophal sein und zeigen sich in rücksichtsloser Spekulation sowie Geschäftemacherei zulasten von Volkswirtschaften, Unternehmen und Sparern.

Darüber sollen sich die einfachen Bürger allerdings nicht zu viele Gedanken machen. Lieber ist es den Banken, sie werden als solide Unternehmen wahrgenommen, die für ihre Kunden ebenso solide →*Finanzprodukte* bereitstellen. Die Deutsche Bank hat sogar mal in einer Berliner Testfiliale Fondssparpläne in der Dose angeboten, um das Produkt haptisch erlebbar zu machen. Das Konzept hat sich nicht durchgesetzt. Und das ist auch gut so. Denn der Finanzsektor analysiert, berät, organisiert, aber er stellt keine realen Waren her. Das übernehmen andere: Mechaniker, Ingenieure, Bauarbeiter, Chemiker ... – Menschen, die mit dem Geld, das ihnen die Banken leihen, reale Dinge produzieren.

Kavaliersdelikt →*Steuersünder*

kon|sum|tiv: ein Fachausdruck für öffentliche Ausgaben, die kurzfristig wirken. In der wirtschaftspolitischen Debatte ist »konsumtiv« allerdings zum Kampfbegriff gegen die Finanzierung des Sozialstaats und anderer öffentlicher Leistungen geworden.

Neutral ausgedrückt, versteht man unter konsumtiven Ausgaben (oder auch Konsumausgaben) der öffentlichen Hand »all diejenigen Ausgaben, die einen Nutzen im jeweils laufenden Haushalts- bzw. Rechnungsjahr stiften. Konsumtive Ausgaben fallen z.B. für die Verwaltung oder die Gebäudebewirtschaftung an«[207], aber etwa auch für Sozialleistungen oder Bildung. Damit stehen nach herrschender Lehre die konsumtiven Ausgaben im Gegensatz zu den »investiven« oder auch »Investitionsausgaben«, die »primär in späteren Haushalts- bzw. Rechnungsjahren, d.h. längerfristig, einen Nutzen stiften sollen. Investive Ausgaben werden vor allem in Sachanlagen getätigt.«[208]

Diese Definition lässt sich hervorragend politisch missbrauchen: Auf der einen Seite stehen »Investitionen«, von denen jeder weiß, dass damit langfristiger Nutzen geschaffen werden soll. Also vor allem »Sachanlagen« wie Autobahnen oder öffentliche Gebäude. Auf der anderen Seite finden sich die Ausgaben, die noch im selben Jahr »verkonsumiert« werden, also, so folgert der gesunde Menschenverstand, mehr oder weniger wirkungslos bleiben. Einer der wichtigsten Vertreter dieser Milchmädchen-Mathematik ist zum Beispiel Hans-Werner Sinn, der langjährige Leiter des Ifo-Instituts in München. Ihm tut etwa das *Handelsblatt* mit der folgenden Wiedergabe seines Abschiedsvortrags als Ifo-Chef sicher nicht unrecht. Es schreibt: »Gegenwärtig sei die Politik ›extrem konsumtiv‹, sagt Sinn und meint damit wohl: extrem schlecht. Mindestlohn, Energiewende, Finanzierung der Euro-Krise, Millionen von Flüchtlingen – all das hat die deutsche Politik mit zu verantworten.«[209]

Das ist neoliberales Denken in Reinkultur. Und zwar nicht nur deshalb, weil sich doch zumindest bei der Energiewende der »investive« Charakter staatlicher Ausgaben auch dem größten Ideologen erschließen müsste. Vor allem unterschlägt diese Unterscheidung aber, dass es sich bei konsumsteigernden Maßnahmen sehr wohl um Investitionen handeln kann: Wenn durch den gesetzlichen Mindestlohn die Untergrenze bei den Einkommen wenigstens in Maßen angehoben wird, trägt ja gerade der Konsum der Begünstigten zu mehr Kaufkraft und damit mehr Warenabsatz sowie zu höheren Einnahmen bei Steuern und Sozialabgaben bei. Damit wird der Mindestlohn sehr wohl zur Investition in die ökonomische Stabilität – allerdings in diesem Fall nicht vom Staat finanziert, sondern zum Ärger von Sinn und Gesinnungsgenossen durch die Arbeitgeber.

Wie nützlich staatliche, als »konsumtiv« verschriene Ausgaben sein können, lässt sich an vielen Beispielen zeigen. Hier soll nur eines davon angeführt werden: Die Evangelische Hochschule Nürnberg hat in acht bayerischen Städten und Landkreisen untersucht, was die kommunalen »Fachstellen« zur Verhinderung von Obdachlosigkeit im Zeitraum von Juni 2013 bis Mai 2014 bewirkten. Das Ergebnis fasste Studienleiter Joachim König so zusammen: »Die Unterbringung von Wohnungslosen in Pensionen ist bis zu fünfeinhalbmal so teuer wie die präventive Beratung. Mit anderen Worten: Durch die Bezuschussung der Fachstellen spart die öffentliche Hand 2,3 Millionen Euro pro Jahr.« Und König fügte hinzu: »Oft stehen Sozialausgaben ja unter dem Verdacht, rein konsumtiv, also aufzehrend zu sein. Die Studie belegt: Sie sind eine Investition in eine effiziente Arbeit, die sich zudem rechnet.«[210]

Wissenschaftler, die dem neoliberalen Credo vom Schaden der Sozialausgaben nicht folgen, plädieren deshalb schon länger für eine Erweiterung des Investitionsbegriffs. So zum Beispiel Achim Truger vom Institut für Makroökonomie und Konjunkturforschung (IMK), das zur gewerkschaftlichen Hans-Böckler-Stiftung gehört: »Aus Sicht des ökonomischen Mainstreams ist völlig klar, dass die Investitionen auf keinen Fall insgesamt zu höheren Staatsausgaben führen dürfen, weil diese und die zu ihrer Finanzierung nötigen Steuern und Abgaben als wachstums- und beschäftigungsschädlich angesehen werden. Mithin werden die investiven gegen die konsumtiven Staatsausgaben ausgespielt.«[211]

Allerdings, so Truger, sei diese Unterscheidung zwischen guten »investiven« Maßnahmen (nach gängiger Lesart meistens Investitionen »in Beton«) und schlechten »konsumtiven« Ausgaben praktisch gar nicht durchzuhalten: »Wie das Beispiel der in der Volkswirtschaftlichen Gesamtrechnung eigentlich als konsumtiv eingestuften Bildungsausgaben zeigt, ist allein bereits die ökonomisch sinnvolle Abgrenzung der investiven Ausgaben äußerst schwierig« – vereinfacht gefragt: Handelt es sich beim Bau einer Kita um eine Investition, bei der Bezahlung der Erzieherinnen aber um eine Konsumausgabe? Truger weiter: »Zweitens lässt sich weder theoretisch noch empirisch schlüssig belegen, dass ein hoher Staatskonsum, eine hohe öffentliche Beschäftigung oder ein ausgebauter Wohlfahrtsstaat wachstums- oder beschäftigungsfeindlich sein müssten.«[212]

Mit anderen Worten: Die stetig wiederholte Behauptung, »konsumtive« Ausgaben seien ökonomisch nutzlos oder gar schädlich, erweist sich als pure Ideologie.

Kos | ten | ex | plo | si | on, die: unkontrollierbare, bedrohliche Ausgabensteigerung. Sie kann beim Bau von Flughäfen, Konzerthäusern oder Stahlfabriken auftreten, der Begriff wird aber besonders oft im Zusammenhang mit dem deutschen Gesundheitswesen und gelegentlich in Bezug auf die gesetzliche Rente verwendet. »Kostenexplosion im Gesundheitswesen: Krankes System mit Knalleffekt«, titelte zum Beispiel *Spiegel Online*.[213] Da die »Kostenexplosion« in der Sozialpolitik besonders wirkmächtig ist, wollen wir uns hier auf dieses Themenfeld konzentrieren. Schließlich wird dieses »Argument« gerne genutzt, um den Sozialstaat zurechtzustutzen.

In zwanzig Jahren haben sich die Ausgaben der gesetzlichen Krankenversicherung nominal annähernd verdoppelt. Statt umgerechnet 99 Milliarden Euro wie im Jahr 1993 kostete die Versorgung der gesetzlich Krankenversicherten 2013 fast 181 Milliarden Euro.[214] Da kann man doch mit Recht behaupten, es handele sich um eine Kostenexplosion. Wer wollte widersprechen? Nun, Sie ahnen es, *wir* wollen es. Lassen sie uns aus einer Explosion zunächst ein Explosiönchen machen, bevor wir die Bombe ganz entschärfen.

Beginnen wir mit dem fiesen Teufel Inflation. Die meisten Menschen neigen dazu, sie zu vergessen, wenn sie Preise heute und in der Vergangenheit vergleichen. Ein gravierender Denkfehler. Was also war der Preis für unsere Gesundheit Anfang der 1990er Jahre und wo liegt er heute? Alleine die Inflationsbereinigung zeigt: Die Summe, die die gesetzliche Krankenversicherung 1993 ausgegeben hat, entspricht in den Preisen von 2013 rund 136 Milliarden Euro.[215] Das relativiert den Kostenanstieg schon ganz gewaltig. Und doch ist das noch nicht einmal der entscheidende Punkt.

Die eigentliche Frage lautet ja: Wie viel wollen wir für die Gesundheitsversorgung ausgeben? Was können wir uns leisten? Am besten beantworten lässt sich das, wenn man die Gesundheitsausgaben an der Wirtschaftsleistung misst, also an dem, was in die Kasse kommt. Drehen wir also der Bombe den Zünder raus: Gemessen an der Wirtschaftsleistung zeigen sich die Ausgaben der gesetzlichen Krankenversicherung nämlich überraschend stabil. Zwar sind sie im genannten Zeitraum gestiegen, aber lediglich von 5,85 auf 6,43 Prozent des Bruttoinlandsprodukts (BIP). Nimmt man alle Gesundheitsausgaben in Deutschland (Versicherungen, öffentliche Haushalte, Arbeitgeber, Privatpersonen) zusammen, zeigt sich ein ähnliches Bild: Gemessen an der Wirtschaftsleistung sind die Ausgaben von 9,3 auf 11,2 Prozent gestiegen.

Das ist ein Plus, ja, aber keine Explosion – und das, obwohl vielen Menschen eine gute Gesundheit in den vergangenen Jahren deutlich wichtiger geworden ist und die medizinischen Möglichkeiten enorm zugenommen haben. Warum ist uns das Gesundheitssystem nicht um die Ohren geflogen? Weil die Wirtschaft im gleichen Zeitraum gewachsen ist – und zwar ganz enorm. Und das alleine entscheidet darüber, ob unsere Sozialsysteme auch in Zukunft funktionstüchtig sein werden (siehe auch →*Demografie*). Ein Blick über den Atlantik zeigt zudem, dass eine ausgewachsene Volkswirtschaft auch mit noch höheren Gesundheitsausgaben zurechtkommt. In den Vereinigten Staaten – nicht gerade für ihr Sozialsystem berühmt – fließen 16,9 Prozent des BIP in die Gesundheitsversorgung.[216] Deutschland hat also noch Spielraum.

P.S.: Die Ausgaben der gesetzlichen Rentenversicherung lagen – gemessen an der Wirtschaftsleistung – 2013 ziemlich genau auf dem Niveau von 1993. Seit dem Jahr 2000 sind sie sogar von 10,7 auf 9,6 Prozent des BIP gesunken.[217] Die deutsche Gesellschaft gibt also einen immer kleineren Teil ihres Reichtums für die Rentner aus.

Leis|tungs|ge|rech|tig|keit, die: Man könnte meinen, dass sich der Begriff der Leistungsgerechtigkeit ganz einfach erklären lässt. So schillernd ist er, so selbstverständlich und oft wird er verwendet. »Leistungsgerechtigkeit schafft Anreize zur Leistungsbereitschaft und legt einen wesentlichen Grundstein für eine funktionierende soziale Marktwirtschaft«, schrieben 2013 die Fraktionen von Union und FDP im Bundestag in einem Entschließungsantrag zum Armuts- und Reichtumsbericht.[218] Nicht nur in diesem Kontext wird der Begriff der Leistungsgerechtigkeit verwendet, um zu erklären, dass angeblich jedes Individuum den gesellschaftlichen Platz zugewiesen bekommt, den es sich aufgrund seiner Leistung verdient hat. Individueller Erfolg und individuelles Versagen werden so in die Verantwortung jedes einzelnen Bürgers gelegt. Die Ergebnisse des wirtschaftlichen Wettbewerbs können auf diese Weise jederzeit als fair bezeichnet werden. Oder wie die Bundeszentrale für politische Bildung schreibt: »Vorstellungen von Leistungsgerechtigkeit fordern, dass Menschen so viel erhalten sollen (Lohn, Schulnoten, Lob etc.), wie ihr persönlicher Beitrag und/oder ihr Aufwand für die jeweilige Gesellschaft ausmachen.«[219]

Doch was genau ist Leistung? Hat derjenige eine große Leistung erbracht, der aufgrund seiner überragenden Intelligenz oder Intuition quasi anstrengungslos ein kompliziertes Problem gelöst hat? Oder war die Leistung desjenigen größer, der sich über Monate hinweg leidenschaftlich angestrengt hat, um zum Ziel zu kommen? Ist Leistung also mit Erfolg gleichzusetzen? Oder steht Leistung für Anstrengung, für die Menge an aufgewendeter Arbeit? Und ist es wirklich gerecht, diejenigen schlechter zu behandeln, die mit nachteiligen körperlichen und geistigen Fähigkeiten sowie geringen finanziellen Ressourcen ausgestattet an den Start gegangen sind?

Diese Fragen werden Menschen ganz unterschiedlich beantworten. Und diese Antworten zeigen, ob die Art und Weise, wie Erfolg, Wohlstand und Anerkennung verteilt sind, gesellschaftlich akzeptiert wird.

Aus ökonomischer Sicht ist die Leistung eines Menschen umso größer, je mehr er zum wirtschaftlichen Erfolg beiträgt. Der lässt sich anhand von Kennzahlen wie Umsatz, Gewinn, Stückzahlen oder auch Warenabsatz messen. Doch weiß jeder, der in einem Unternehmen arbeitet, dass der Erfolg einer Firma oder einer Abteilung selten von einem einzelnen Mitarbeiter oder dem Chef alleine abhängt. Auch Glück, Zufall oder die allgemeinen wirtschaftlichen Rahmenbedingungen spielen eine Rolle. Ein Mitarbeiter kann sich bei der Herstellung oder Vermarktung eines Produktes noch so ins Zeug legen – wenn es aus der Mode gerät oder die Wirtschaft in eine Krise schlittert, werden die Kunden die Ware nicht nachfragen. In diesem Fall ist seine Anstrengung vergeblich, sie ist ökonomisch nichts wert. Er hat streng genommen gar keine Leistung erbracht. Andersherum gilt: Steigt die Nachfrage nach dem Produkt unerwartet stark an, ist seine Leistung plötzlich enorm – obwohl sich an seinem Arbeitsalltag überhaupt nichts geändert hat.

»Individuelle Leistung kann man im Allgemeinen nicht messen«, sagt deshalb der Ökonom Gert G. Wagner.[220] Leistung sei immer in den gesellschaftlichen Zusammenhang eingebunden.

Nichtsdestotrotz haben Unternehmen das Prinzip der leistungsorientierten Vergütung in den vergangenen Jahren stark ausgeweitet. Der theoretische Überbau für diese individuellen Leistungsbeurteilungen ist beeindruckend. Doch wer sich die Bonussysteme einmal genauer anschaut, merkt schnell, dass sie an der hochkomplexen Realität scheitern und folglich willkürlich sind. Allenfalls bei exakt gleichen Tätigkeiten lassen sich Leistungsunterschiede objektiv messen. Zum Beispiel, wenn ein Amazon-Mitarbeiter eine Kiste mit dem exakt gleichen Inhalt zehn Sekunden schneller packt als sein Kollege. Aber schon bei komplexeren Aufgaben und erst recht zwischen unterschiedlichen Tätigkeiten sind objektive Leistungsvergleiche nicht mehr möglich. Das Leistungsprinzip scheidet folglich für die Bestimmung eines →*gerechten Lohnes* aus.

Die Schaffung von Leistungsgerechtigkeit ist auch aus gesellschaftlicher Sicht ausgesprochen schwierig. Es würde bedeuten, für jede Generation möglichst gleiche Start- und →*Aufstiegsmöglichkeit* zu kreieren. Ähnlich wie bei einem 100-Meter-Lauf müssten alle äußeren Umstände, die den Wettbewerb beeinflussen, ausgeschaltet werden. Das würde nichts anderes bedeuten, als dass in jeder Generation alle von den Elterngenerationen geschaffenen und vererbten gesellschaftlichen Ungleichheiten eingeebnet werden müssten. Aber auch dann würden die Kinder noch mit ganz unterschiedlichen individuellen Voraussetzungen an den Start gehen. Und schließlich würden im Laufe des Lebens Zufälle dazu führen, dass auch bei vermeintlich gleicher Leistung die Ergebnisse unterschiedlich ausfallen werden.

Die Idee der Leistungsgerechtigkeit ist also nicht mehr als eine wirkmächtige Erzählung. Sie ist für Gewinner und Verlierer ein mehr oder weniger wärmender Mantel. Beiden wird das Gefühl vermittelt, dass sie auf dem Platz gelandet sind, den sie verdient haben. Dass sie es selber in der Hand hatten, was aus ihnen wurde. Dass das Resultat des Wirtschaftsprozesses gerecht und fair ist. Doch bei genauem Hinsehen müssen wir einsehen, dass wir uns damit selbst etwas vormachen. Oder wie es der Kollege André Kieserling von der *Frankfurter Allgemeinen Zeitung* geschrieben hat: »Die soziologische Forschung hat von diesem Wunschdenken nicht viel übrig gelassen. Ihre Ergebnisse zeichnen das düstere Bild einer Gesellschaft, die den Menschen nach wie vor nicht als Individuum, sondern als Gruppenmitglied, nämlich als Mitglied seiner Herkunftsfamilie und ihrer sozialen Schicht vorankommen oder zurückbleiben lässt. An diesem Bild mag einiges übertrieben sein, anderes umstritten bleiben, aber dass wir in keiner leistungsgerechten Gesellschaft leben, das steht fest.«[221]

Leis|tungs|trä|ger, die: Menschen, die im Erwerbsleben stehen oder anderweitig durch →*Fleiß* überzeugen, zum Beispiel →*Hausfrauen* oder -männer, die sich um ihre Familie kümmern. Die Leistungsträger stehen in scharfer Abgrenzung zu den Leistungsempfängern. Exemplarisch lässt sich das an einem Debattenbeitrag des haushaltspolitischen Sprechers der SPD, Carsten Schneider, ablesen. »Wir müssen jetzt dafür sorgen, dass wir das Geld, die finanziellen Ressourcen zur Verfügung stellen, die notwendig sind, um die Flüchtlinge zu integrieren und zu befähigen, nicht Leistungsempfänger, sondern Leistungsträger zu werden. Dann haben wir eine Rendite, die nicht nur humanitär, sondern auch gesellschaftspolitisch sinnvoll ist«, sagte er im November 2015 im Bundestag.[222] Es wird deutlich, dass der Respekt und die Anerkennung den Leistungsträgern gelten, die Leistungsempfänger werden dagegen eher abschätzig betrachtet.

Diese Polarisierung ist brandgefährlich, und zwar nicht deshalb, weil wir nicht die Idee unterstützen würden, dass jeder Mensch die Verantwortung für sein Leben und seine wirtschaftliche Existenz möglichst selber tragen soll, sondern weil im Zentrum dieser Überlegungen die leistungsgerechte Gesellschaft steht, die es so aber nicht gibt (siehe →*Leistungsgerechtigkeit*). Auf diese Weise wird übersehen, dass die Leistungsträger von heute die Leistungsempfänger von morgen sein können. Und zwar manchmal schneller als gedacht. Denn auch Anstrengung und Begabung sind keine Garantie für Erfolg. Noch der talentierteste und fleißigste Mensch ist darauf angewiesen, dass er eine Arbeit findet, für die jemand bereit ist, zu bezahlen. Auch Firmenpleiten, strukturelle wirtschaftliche Umbrüche, persönliche Schicksale wie Krankheiten oder Unfälle können Menschen aus der Bahn werfen. Andererseits gibt es Menschen, die in ihrem Leben nie eine faire →*Chance* bekommen haben. Ihnen sollte das nicht auch noch zum Vorwurf gemacht werden.

Aus diesen Gründen ist es gut, dass es den Sozialstaat gibt. Und er sollte nicht dadurch gefährdet werden, dass die Gesellschaft – grob gesagt – in Fleißige und Faulenzer gespalten wird. Denn das suggeriert, dass die Leistungsträger auch ohne Sozialstaat über die Runden kommen können – sie zahlen ja nur ein –, während es die Leistungsempfänger eigentlich nicht verdient haben, dass sich der Sozialstaat um sie kümmert.

Lohn|ne|ben|kos|ten, die: Gemeint sind Aufwendungen, die dem Arbeitgeber über den Lohn im engeren Sinne hinaus entstehen, zum Beispiel Kosten für Aus- und Weiterbildung, Steuern auf die Lohnsumme oder Beiträge zur Sozialversicherung. In der politischen Debatte werden die »Lohnnebenkosten« in der Regel auf die Sozialversicherungsbeiträge reduziert. Sie sind das politische Narrativ, um zu erklären, warum Arbeitsplätze hierzulande geschaffen oder vernichtet werden. Sie »verteuern« menschliche Arbeit, heißt es. Sie »belasten« Unternehmer und »schädigen« die →*Wettbewerbsfähigkeit* der deutschen Wirtschaft. Folgerichtig wird die Senkung der Lohnnebenkosten als wirtschaftspolitisches Allheilmittel gesehen.

Exemplarisch sei hierzu Jens Spahn (CDU) zitiert, ehemaliger gesundheitspolitischer Sprecher der Unions-Fraktion und heute Staatssekretär im Bundesfinanzministerium. Im Juni 2015 erklärte er im Bundestag, warum der Beitrag der Arbeitgeber zur gesetzlichen Krankenkasse auf einem fixen Niveau festgeschrieben wurde: »Dieses Vorgehen ergab sich aus der Erkenntnis, dass steigende Lohnnebenkosten die Arbeit in Deutschland verteuern, dass also auch steigende Gesundheitskosten, die in einer älter werdenden Gesellschaft zwangsläufig sind, den Faktor Arbeit und damit die Schaffung von Arbeitsplätzen in Deutschland teurer machen.«[223]

Spahn befindet sich mit dieser Sichtweise auf politisch sicherem Terrain. Denn auch Grüne, Sozialdemokraten oder Liberale haben schon so argumentiert. Und natürlich hat Spahn recht: Steigende Lohnnebenkosten machen Arbeit in Deutschland teurer. Wo also liegt das Problem?

Das Problem liegt schon im Begriff »Neben«kosten. Damit wird so getan, als seien sie ein Zusatz zum eigentlichen Lohn, eine Art Beigabe über das Verdiente hinaus. Dadurch geraten »Lohnnebenkosten« in den Verdacht, eigentlich überflüssige Ausgaben zu sein, die es zu minimieren gilt. Der Begriff geistert seit Jahrzehnten durch den Bundestag und die Medien und hat dabei diese negative Konnotation angenommen. Dabei wird nicht mehr darüber nachgedacht, was »Lohnnebenkosten« tatsächlich sind: ein wichtiger Bestandteil des Lohns.

Absurderweise sind es die Unternehmer und Betriebswirte, die das genau so sehen. Und das, obwohl ihre Lobbyisten in Berlin ständig über zu hohe »Lohnnebenkosten« klagen. In den Kalkulationen der Firmen sind alle Kosten, die den Arbeitnehmer betreffen, Lohnkosten. Es handelt sich um Aufwendungen, die sie erbringen müssen, wenn sie jemanden beschäftigen wollen. Wohin diese Aufwendungen fließen – ob in ein neues Auto, in die Miete oder in die Sozialversicherung des Arbeitnehmers – ist aus unternehmerischer Sicht völlig egal: Es bleiben Lohnkosten, ohne jedes »Neben«.

So steht es auch in einem Papier des arbeitgebernahen Instituts der deutschen Wirtschaft in Köln: »Denn es ist durchaus denkbar, dass eine Zusatzleistung für den Arbeitnehmer von größerem Nutzen sein kann als eine für das Unternehmen entsprechende Lohnerhöhung. Dies kann beispielsweise bei der freiwilligen Umwandlung von Entgeltbestandteilen in Beiträge für die betriebliche Altersversorgung der Fall sein.

Daher ist es unzutreffend, die Arbeitskosten in ›gute‹ Löhne und ›schlechte‹ Personalzusatzkosten aufzuteilen.«[224]

Für Unternehmen kommt es bei der Beschäftigung von Arbeitskräften nur darauf an, ob das Gesamtpaket bezahlbar ist – oder eben nicht. Entsprechend verhalten sich die Arbeitgeber auch in den Lohnverhandlungen mit den Gewerkschaften. »Bei Tarifverhandlungen wird über die gesamten Lohnkosten verhandelt«, heißt es in einem Gutachten des Deutschen Instituts für Wirtschaftsforschung.[225] »Wenn die Sozialversicherungsbeiträge steigen, werden Arbeitgeber versuchen, die ausgezahlten Direktlöhne weniger steigen zu lassen.«

Lohn und »Lohnnebenkosten« gehören also zusammen. Doch gibt es einen wichtigen Unterschied: Die »Lohnnebenkosten« in Form von Sozialversicherungsbeiträgen sind vom Staat festgelegt als Anteile vom Bruttolohn. Wer »Lohnnebenkosten« senken möchte, der geht also in eine zweite Verhandlungsrunde, diesmal aber auf politischer Ebene. Praktisch bedeutet das: Der Arbeitgeber fordert vom Arbeitnehmer Verzicht in Sachen Rente, Gesundheit oder Arbeitslosengeld. Da auch viele Arbeitnehmer die Abzüge für die Sozialversicherungen auf ihrem Gehaltszettel mit gemischten Gefühlen betrachten, sehen Gewerkschafter die Gefahr, »dass die Polemik gegen die ›Lohnnebenkosten‹ auch bei den Beschäftigten verfängt«[226].

In der Politik jedenfalls hat das Argument enormes Gewicht, wie auch ein aus volkswirtschaftlicher Sicht geradezu erschütterndes Papier aus dem Bundeskanzleramt zeigt. Darin heißt es: »Wie schädlich steigende Lohnnebenkosten sind, zeigt die Entwicklung seit der Wiedervereinigung: 1990 betrugen die Beitragssätze zur Sozialversicherung noch 35,5 Prozent. Bis 1998 waren sie auf den historischen Höchstwert von 42 Prozent gestiegen. Im gleichen Zeitraum ist die

Arbeitslosigkeit von 2,6 Mio. auf 4,28 Mio. Arbeitslose im Jahresdurchschnitt gestiegen. Die Zahl der Erwerbstätigen ging von 38,5 Mio. auf 37,2 Mio. in 1997 zurück. Deswegen und vor dem Hintergrund des demographischen Wandels (immer weniger Junge müssen in Zukunft immer mehr Alte unterstützen) ist eine der Kernstrategien der Bundesregierung die auf eine Absenkung der Lohnnebenkosten abzielende Modernisierung der sozialen Sicherungssysteme.«[227]

Den einfachen Befund – wenn die Arbeitslosigkeit steigt, steigen die »Lohnnebenkosten« zwangsläufig mit, weil es mehr Leistungsbezieher und weniger Einzahler gibt – drehen die Ministerialen einfach um: Steigende »Lohnnebenkosten« führen zu hoher Arbeitslosigkeit! Ein verwegener Schluss.

Bei ihrer Beobachtung handelt es sich allenfalls um eine Korrelation, aber mit Sicherheit nicht um eine hinreichende Begründung für den Anstieg der Arbeitslosigkeit. Als ob ein einzelner Faktor Erfolg- oder Misserfolg einer Wirtschaft erklären könnte! Als ob es sich nicht lohnen würde, auf Binnennachfrage und Exportmärkte zu schauen, auf die Qualifikation der Arbeitnehmer, die Zinsentwicklung, die Wechselkurse, die Steuerbelastung, das Innovationsgeschehen oder – wie in diesem Fall sicher angebracht – auf politische Ereignisse wie die Wiedervereinigung und ihre Folgen.

Im internationalen Vergleich sind die »Lohnnebenkosten« in der Bundesrepublik ohnehin relativ moderat. »Im Jahr 2014 zahlten die Arbeitgeber in Deutschland in der Privatwirtschaft auf 100 Euro Bruttoverdienst zusätzlich 28 Euro Lohnnebenkosten«, berichtet das Statistische Bundesamt.[228] Im EU-Vergleich liegt die Bundesrepublik damit im Mittelfeld, sogar leicht unter dem Durchschnitt. Die höchsten Aufwendungen hatten die Arbeitgeber in Frankreich (47 Euro), die geringsten in Malta (9 Euro). Und auch wenn man die Lohnstückkosten vergleicht, die Auskunft über die internationale →*Wettbewerbsfähigkeit* geben, dann zeigt sich, dass es um den Standort Deutschland gut bestellt ist (siehe auch →*Arbeitskosten*).

Lohn|zu|rück|hal|tung, die: Wenn sich die Arbeitnehmer in Lohnverhandlungen in Bescheidenheit üben, dann nennt man das Lohnzurückhaltung. Hierzulande war diese Praxis insbesondere in den 1990er Jahren und zu Beginn dieses Jahrhunderts verbreitet, als Deutschland als der kranke Mann Europas galt. Im Gegenzug für ihre Lohnzurückhaltung versprachen sich die Gewerkschaften einen wirtschaftlichen Aufschwung und mehr Arbeitsplätze. Von Seiten der Arbeitgeber und der Politik ernteten sie dafür viel Lob. Bundespräsident Horst Köhler sagte dazu in einer Rede 2005: »Die Gewerkschaften haben in den letzten Jahren Lohnzurückhaltung geübt. Damit haben sie einen wichtigen Beitrag zur Verbesserung der Wettbewerbsfähigkeit geleistet. Das verdient Anerkennung. Dieser Pfad muss fortgesetzt werden.«[229] Die Arbeitnehmer sollten sich also weiterhin mit bescheidenen Lohnsteigerungen zufriedengeben.

Die Lohnzurückhaltung war eine äußerst wirkmächtige Idee. Die Löhne stiegen tatsächlich langsamer und die →*Wettbewerbsfähigkeit* der deutschen Wirtschaft nahm wie erhofft im Vergleich zu den europäischen Konkurrenten zu. Ablesen lässt sich das an den Lohnstückkosten, die hierzulande deutlich langsamer gestiegen sind als im Ausland.[230] Damit konnten die Ausfuhren weiter gesteigert werden.[231]

Für die Arbeitnehmer bedeutete es, dass die Reallöhne in etlichen Jahren nur schwach zulegten oder sogar sanken. Der Anteil, den die Arbeitnehmer vom Volkseinkommen erhalten, also die Lohnquote, wurde immer geringer. Im Jahr

2000 lag die bereinigte Lohnquote noch bei 72,6 Prozent, dem höchsten Stand seit der Wiedervereinigung. Bis 2007 sank sie dann auf 65,1 Prozent. Danach erholte sie sich wieder etwas und stieg bis 2014 auf 68,8 Prozent.[232] Hinter diesen vermeintlich kleinen prozentualen Unterschieden – das muss man sich vor Augen halten – stehen Milliardenbeträge, die den Beschäftigten durch die Lappen gegangen sind. Im Umkehrschluss bedeutet das, dass der Anteil der Unternehmens- und Kapitalgewinne am Volkseinkommen größer wurde. Offenbar haben Unternehmer und Investoren sich nicht in der Zurückhaltung geübt, die sie von den Arbeitnehmern erbeten hatten. Statt die Lohnersparnis komplett an die Kunden weiterzugeben oder zu investieren, haben sie einen Teil davon einfach für sich behalten. Geholfen haben ihnen dabei die Steuersenkungen der rot-grünen Bundesregierung: Die Steuern für Unternehmen, Kapitalerträge und hohe Einkommen sind in den vergangenen Jahren zurückgegangen.

Und der Deal mit den Arbeitsplätzen, ging er auf? Thomas von der Vring von der Hochschule Bremen zog 2007 ein Fazit und kam in einer Untersuchung, die von der gewerkschaftsnahen Hans-Böckler-Stiftung veröffentlicht wurde, zu dem Ergebnis, »dass die Lohnzurückhaltung der vergangenen Jahre unter Beschäftigungsgesichtspunkten nichts gebracht hat«[233]. Grund dafür: Der Lohn ist nicht nur ein Kostenfaktor für die Unternehmen, sondern zugleich die Kaufkraft der privaten Haushalte. Laut von der Vring hat sich die Wettbewerbsfähigkeit der Bundesrepublik durch die Lohnzurückhaltung zwar verbessert. Gleichzeitig sei aber die Binnennachfrage geschwächt worden, was sich auf die Zahl der Arbeitsplätze ausgewirkt habe. Der Wissenschaftler hielt fest: »Die zusätzlichen Gewinne, die die Lohnzurückhaltung erzeugt, werden von den Unternehmungen nicht für Investionen verwendet, solange die absehbare Nachfrageentwicklung keine Erweiterung ihrer Produktionskapazitäten erforderlich macht.« Von den Arbeitnehmern konnte dieses Nachfrageplus nicht kommen, denn ihre Löhne stiegen ja nur langsam. In manchen Jahren mussten sie sogar Reallohnverluste hinnehmen (siehe auch →*Arbeitskosten*). Nur der Staat und das Ausland konnten die Nachfrage beleben.

Das Ausland hat denn auch gekauft, und zwar deutlich mehr, als Deutschland im Ausland kaufte. Mit verheerenden Konsequenzen. Denn der Exportüberschuss bedeutet nichts anderes, als dass das Ausland sich bei Deutschland verschuldet. Das hat zu extremen Ungleichgewichten zwischen den europäischen Volkswirtschaften geführt. Die Krisen in Griechenland, Italien, Spanien oder Portugal waren die Folge. Und was ist das Rezept, das dort nun angewendet wird? Genau: Lohnzurückhaltung. Die Löhne der Arbeitnehmer werden beschnitten, um die Wettbewerbsfähigkeit zu erhöhen und mehr Investoren und Kapital anzuziehen (siehe →*scheues Reh*).

Wir sehen: Dauerhafte und flächendeckende Lohnzurückhaltung ist ein gefährliches Instrument, auch wenn sie kurzzeitig und in Einzelfällen ihre Berechtigung haben mag. Der Ökonom Gert G. Wagner, ehemals Vorstandsvorsitzender des Deutschen Instituts für Wirtschaftsforschung, findet drastische Worte: »Lohnzurückhaltung ist volkswirtschaftlicher Unsinn.«[234]

Was ist der richtige Weg? Die Lohnentwicklung so zu steuern, dass Exporte und Importe im Gleichgewicht bleiben. Gelingen kann das durch eine internationale Koordinierung der Lohnentwicklung. Das hat den Vorteil, dass eine Volkswirtschaft auf zwei Beinen steht: dem Geschäft im Inland und dem Geschäft im Ausland. Und auf zwei Beinen steht man bekanntlich stabiler.

Märk|te, die: Orte, wo Käufer und Verkäufer zusammenkommen. Märkte sind weder denkende noch fühlende noch handelnde Wesen. Warum die Klarstellung? Weil wir es bei »den Märkten« inzwischen mit einer Mystifizierung zu tun haben – und einer Form politischer Vernebelung. Zum Beispiel dann, wenn Finanzminister Wolfgang Schäuble (CDU) in der Euro-Krise sagt: »(...) wir gehen davon aus, dass wir das Vertrauen der Märkte Schritt für Schritt zurückgewinnen. Ich weiß, den Finanzmärkten geht das alles noch nicht schnell genug.«[235]

Doch wessen Vertrauen möchte Schäuble tatsächlich zurückgewinnen? Und wem geht das noch nicht schnell genug? Um es deutlich zu sagen: Es geht um die Interessen der Banken, der Versicherungen, der Hedgefonds, der Rentenfonds, der Kapitalanleger. Sie sollen ihr Geld wieder in die Länder der Euro-Zone investieren – und damit sie das tun, unternimmt die Politik alles, um ihnen zu demonstrieren, dass es da auch ordentlich Profit gibt.

Im Bemühen, das »Vertrauen der Märkte« wiederzuerlangen, haben die Regierungen der Euro-Krisenstaaten sogenannte →*Reformen* vollzogen, die für große Teile ihrer Bevölkerung tiefe Einschnitte bedeutet haben. Mindestlöhne wurden gesenkt, Arbeitnehmerrechte beschnitten und im Gesundheitswesen wurde gespart.

Das ist eine politische Kapitulation vor den finanzkräftigen Akteuren der Gesellschaft – und eine Umkehrung der Verhältnisse. Nicht mehr die Politik setzt den Rahmen, innerhalb dessen gewirtschaftet werden kann; nein, die Marktakteure setzen der Politik den Rahmen. Damit werden »die Märkte« zum Schiedsrichter darüber, was gutes staatliches Handeln ist – ohne dass sie irgendjemandem innerhalb eines demokratischen Prozesses Rechenschaft schuldig wären.

So liefert sich die Demokratie einem gottähnlichen Wesen aus, das durch seine Signale – steigende und sinkende Kurse, die es richtig zu interpretieren gilt – zu den Politikern spricht. Der Kern der Demokratie, der offene Diskurs, die Suche nach Alternativen (siehe →*alternativlos*) wird dadurch erstickt. Ist den Finanzmarktakteuren ein Vorwurf zu machen? Nein, entschieden nicht. Sie handeln innerhalb der Logik ihres Systems. Der Fehler liegt alleine bei den Regierungen, die sich mit ihrer Schuldenpolitik in eine tiefe Abhängigkeit von den Kapitalgebern begeben haben und sich (auch deshalb) nicht getrauen, das Primat des Staates durchzusetzen. Sie könnten ja »die Märkte« verschrecken ...

Neid, der: in der christlichen Tradition eines derjenigen Laster, die als Haupt-, Tod- oder auch – weil Wurzel allen sonstigen sündigen Übels – als Wurzelsünden bezeichnet werden. Die anderen sechs Sünden dieser Kategorie sind (in alphabetischer Reihenfolge) Faulheit, Geiz, Hochmut, Völlerei, Wollust und Zorn. Es geht also, wie es die Schweizer »Zeugen der Wahrheit« deftig-fundamentalistisch auszudrücken pflegen, um nichts Geringeres als »die sieben Nägel zum Sarg der Seele«[236]. Beziehungsweise um einen der Nägel, eben den Neid.

Die weltlichere Variante geht, mit Wikipedia gesprochen, so: Unter Neid versteht man »das Empfinden, eine Besserstellung konkreter Anderer sei ungerecht«[237]. Allerdings fügt das Online-Lexikon hinzu, Neid gehe »oft mit Missgunst einher, aber nicht immer«. Das ist für die Verwendung des Neidbegriffs in der politischen Debatte von besonderer Bedeutung, denn »Neid existiert in zweierlei Ausprägungen: dem Wunsch der neidenden Person, selbst als gleichwertig empfundene Güter zu erlangen, um die die beneidete Person beneidet wird (konstruktiver Neid); und dem Wunsch, dass die beneidete Person die Güter, um die sie beneidet wird, verliert (destruktiver Neid, auch Missgunst)«[238].

Wenn es um Politik und Wirtschaft geht, steht fest: Wo die ideologischen Besitzstandswahrer der bestehenden Verhältnisse den Neid im Munde führen, geht es in Wahrheit um die Verteidigung des unangetasteten Reichtums gegen diejenigen, die ihn umverteilen wollen. Ihnen, den Umverteilern, soll mit dem Neid-Vorwurf die Legitimation entzogen werden. Und natürlich ist klar, welche Form des Neides aus dem Blickwinkel der Besitzstandwahrer die Umverteiler antreibt: die sündige Missgunst. »Mit der Reichensteuer führt die SPD eine populistische Neiddebatte, die (...) die →*Leistungsträger* unserer Gesellschaft verunglimpft«[239], sagte zum Beispiel der Vorsitzende der CDU/CSU-Bundestagsfraktion, Volker Kauder, ein halbes Jahr vor der Bundestagswahl 2009. Das war Kauders Antwort auf einen Vorstoß des damaligen SPD-Vorsitzenden Franz Müntefering, der kurz zuvor in einem Interview ausgeführt hatte: »In den kommenden Jahren, wenn wir Schritt für Schritt die Neuverschuldung zurückfahren, stellt sich die Frage: Geht das zulasten des →*sozial Schwächeren*, oder holt man sich an anderer Stelle Geld rein? Ich sehe Potenzial im höchsten Einkommensbereich.«[240]

Wenn die Kauders dieser Welt (und mit ihnen besonders gern die Zeitung *Die Welt*[241]) von »Neiddebatte« sprechen, meinen sie wie gesagt ganz sicher nicht den »konstruktiven Neid«. Mit Letzterem haben sie kein Problem, denn der Wunsch der Menschen, »selbst als gleichwertig empfundene Güter zu erlangen«, hat für sie einen entscheidenden Vorteil: Er ist nicht mit der Forderung verbunden, jemandem etwas wegzunehmen. Der »konstruktive Neid« passt also durchaus ins System: Alle wollen reicher werden, aber ohne den jetzt schon Reichen etwas wegzunehmen.

Geht es allerdings in der politischen Debatte um die gerechtere Verteilung des gesellschaftlichen Reichtums, dann steht auch das Wegnehmen auf der Tagesordnung. Denn Umverteilung beinhaltet selbstverständlich die Forderung, die Reichsten um einen (kleinen) Teil ihres Reichtums zu bringen, um ihn dann verteilen zu können. Das hat mit »Missgunst« oder »destruktivem Neid«, wie sie im Privatleben vorkommen, allerdings nichts und mit Gerechtigkeit sehr viel zu tun. Genau davon abzulenken, das ist das Ziel von Kauder und Co. Wenn sie »Neiddebatte« sagen, dann in der klar erkennbaren Absicht, diejenigen, die den Reichtum gerechter verteilen wollen, als Ausgeburten des Nicht-Gönnen-Könnens (also: der Missgunst) in die Hölle zu schicken.

Dass der Vorwurf der Missgunst ein unsinniger ist, liegt auf der Hand. Natürlich besteht das Motiv derer, die für →*Umverteilung* streiten, keineswegs aus einem sündigen Gefühl gegenüber denen, die viel haben. Aber genau hier liegt das perfide Erfolgsgeheimnis des Neid-Vorwurfs: Mit ihm gelingt es, aus einer Debatte über Mittel und Wege zur gerechten Gestaltung der Gesellschaft einen Streit über Charaktereigenschaften der Gegenseite zu machen.

Eines fällt allerdings auf: Der Begriff »Neiddebatte« ist in diesem Zusammenhang immer weniger zu hören. Nur im Zusammenhang mit der Zuwanderung nach Deutschland tauchte er hier und da wieder auf, allerdings in etwas anderer Bedeutung: Hier geht es darum, dass unter finanziell benachteiligten oder in Abstiegsangst lebenden Alteingesessenen so etwas wie Neid auf die Leistungen für Zuwanderer entstehen kann. Da mag »Neiddebatte« ein unpassender Ausdruck sein, denn der Hauptantrieb dieser Menschen ist ganz sicher Angst, wenn auch eine auf die Mühlen von Rechtspopulisten umgeleitete Angst. Aber ein politischer Kampfbegriff gegen Umverteilung ist der »Neid« in diesem Zusammenhang eher nicht.

Warum ist dieser Kampfbegriff im Zusammenhang mit der Umverteilungsdebatte fast schon aus der Mode gekommen? Haben Unternehmerverbände und Unionsparteien ein Einsehen gehabt? Haben sie die zunehmend ungerechte Verteilung des ansehnlichen Reichtums in unserem Land auf einmal als Problem erkannt? Sind Angela Merkel und Co. drauf und dran, den Missstand zu beheben?

Nichts von alledem. Das Kampfargument »Neiddebatte« benutzen sie deshalb nicht, weil sie es schlicht nicht mehr brauchen – zumindest vorübergehend nicht. Es ist gelungen, die Gerechtigkeitsfrage weitgehend aus dem öffentlichen Diskurs zu verbannen. Die Gesellschaft nimmt ihre zunehmende soziale Spaltung fast widerspruchslos hin und lässt sich abspeisen mit ein paar laut verkündeten, aber insgesamt höchst bescheidenen Verbesserungen für einige Rentner und Niedriglöhner. Die Stimmen, die über punktuelle Verbesserungen hinaus noch über echte Umverteilung reden, sind spätestens seit dem Wiedereintritt der SPD in die große Koalition so schwach geworden, dass es sich aus Sicht der herrschenden Meinung kaum noch lohnen dürfte, ihnen erhöhte Aufmerksamkeit zu schenken.

Wer den fehlenden Widerstand aus der Gesellschaft gegen diese Ideologie betrachtet, kann gegenüber ihren Vertretern fast so etwas empfinden wie Neid. Und zwar einen destruktiven, aber sehr gesunden Neid: das Bedürfnis, ihnen die Herrschaft über die öffentliche Meinung, die sie erobert haben, endlich wieder wegzunehmen.

po|li|ti|sches Ri|si|ko, das: ein Begriff aus dem Außenhandel, der die Beeinträchtigung eines Geschäfts durch eine gesellschaftliche oder politische Entwicklung im Gastland meint. Ursprünglich waren damit Ereignisse wie Krieg, Boykottaufrufe, Unruhen oder Streiks gemeint. Auch politisch motivierte Waren-Beschlagnahmungen oder Zahlungsverbotsrisiken gehörten dazu.

Inzwischen wird der Begriff »politisches Risiko« von Vertretern der Wirtschaft viel weiter gefasst. Besonders schön auf den Punkt gebracht hat dies Ende 2014 ein Artikel in der *Frankfurter Allgemeinen Zeitung*. Er trug folgende Überschrift: »Populisten gefährden Anlagen: In Europa wachsen die politischen Risiken«.[242] Der Artikel begann dann mit den Worten: »Bankenvolkswirte warnen die Anleger: Der Aufschwung der Protestparteien und Populisten in Europa droht im Jahr 2015 die Finanzmärkte durcheinanderzuwirbeln.«

Das muss man sich mal auf der Zunge zergehen lassen: Da werden Parteien, die sich in einem demokratischen Prozess zur Wahl stellen, zu einer Gefahr für die Finanzmärkte erklärt – dabei hat das Versagen dieser Finanzmärkte erst die sozialpolitische Katastrophe in Südeuropa und den Aufschwung der »Protestparteien« ausgelöst. Hier geraten die Interessen der Kapitalanleger in Konflikt mit den Interessen demokratisch aktiver Bürger.

Im Prinzip wird also jede politische Handlung zum Risiko für die Unternehmen erklärt – womit die Wirtschaftslobbyisten ja nicht unrecht haben. Denn natürlich können politische Entscheidungen eine Gefahr für ein Geschäftsmodell darstellen. So hat die Energiewende die konventionellen Energiekonzerne in Deutschland in dramatische Schwierigkeiten gestürzt. Auch die Tabakindustrie sieht ihre Geschäfte in Gefahr, weil Regierungen auf der ganzen Welt versuchen, den Verkauf ihrer gesundheitsgefährdenden Produkte einzudämmen.

Während es jedoch zu Zeiten des Vordenkers der sozialen Marktwirtschaft in Deutschland, des Nationalökonomen

Walter Eucken (1891–1950), völlig selbstverständlich war, dass der Staat die Kompetenz besitzt, den Rahmen vorzugeben, innerhalb dessen gewirtschaftet werden kann, wird dies den Staaten nun streitig gemacht – und zwar auch in Ländern mit ausgereiften Demokratien und Rechtssystemen. Das »politische Risiko« soll gänzlich eliminiert werden, indem den Staaten die politische Handlungsfähigkeit genommen wird. Das ist das Ziel, das international tätige Unternehmen innerhalb von Handelsabkommen durch geschickte Lobbyarbeit zu erreichen versuchen – und für das sie, man kann sich nur entsetzt wundern, Mitstreiter in der Politik finden, die fleißig an ihrer eigenen Abschaffung arbeiten.

In der Folge wird es Konzernen möglich, Staaten vor internationalen Schiedsgerichten zu verklagen, wenn ihnen demokratisch getroffene Entscheidungen nicht ins Geschäftsmodell passen. So zog etwa der Energiekonzern Vattenfall gegen die deutsche Energiewende vor Gericht und der Tabakkonzern Philip Morris ging rund um den Erdball gegen neue Vorschriften für Zigarettenpackungen vor, durch die er Investitionen in seine Marken gefährdet sieht. Beide Male ging es um Schadenersatz in Milliardenhöhe. Alleine die Klageverfahren sind so aufwendig, dass kleine Staaten wie etwa Uruguay kaum gegen die übermächtigen Tabakkonzerne ankommen. Sie erhalten inzwischen finanzielle Unterstützung von Milliardären wie Michael Bloomberg oder Bill Gates, um sich gegen die Konzerne wehren zu können.

Durch geplante Handelsabkommen wie CETA (zwischen der EU und Kanada) sowie TTIP (zwischen der EU und den USA) werden so verfassungsmäßige Grundrechte Makulatur. Damit sind die »politischen Risiken« beseitigt (siehe →*Freihandel*).

Und was sagen die großen deutschen Unternehmerverbände zum geplanten Investorenschutz im transatlantischen

Freihandelsabkommen TTIP? »Für die deutsche Industrie ist dieses Instrument unverzichtbar, um ihre Auslandsinvestitionen gegen politische Risiken abzusichern«[243], so der Präsident des Bundesverbandes der deutschen Industrie, Ulrich Grillo.

Schließlich haben die deutschen Unternehmen in den Vereinigten Staaten in den vergangenen Jahrzehnten ja reihenweise negative Erfahrungen gemacht, weswegen sie völlig folgerichtig bis heute nur zu gern dort geschäftlich aktiv sind. Ironie aus.

Re | form, die: »Allmähliche Verbesserung und Neuordnung der gesamten Lebensverhältnisse« durch staatliche Maßnahmen und Gesetze, lautet die Definition des Soziologen Karl-Heinz Hillmann.[244] Der Sprachwissenschaftler Hans-Martin Gauger präzisiert mit dem Werkzeug der politischen Farbenlehre: »Reform ist oder war ein Wort der Linken, denn diese sind quasi von Natur aus gegen das, was nur die Würde an sich hat, eben da zu sein und zu sein wie es ist.«[245] Das heißt: Fortschrittliches Denken kann nicht akzeptieren, dass etwas gut und zu konservieren sei, nur weil es nun mal eben da ist. Denn das wäre konservativ. Und fortschrittliches Denken kann erst recht nicht akzeptieren, dass Errungenschaften auf dem Feld von Freiheit und Gerechtigkeit wieder rückgängig gemacht werden. Denn das wäre reaktionär. Nur leider: Genau das geschieht, und es geschieht ausgerechnet unter dem Etikett der »Reform«.

Gauger drückt sich noch vorsichtig optimistisch aus, wenn er schreibt, dass die Reform das Mittel der Wahl für eine fortschrittliche, gemäßigt linke Politik »ist oder war«. Aber er weiß in Wahrheit selbst: Sie ist es nicht, sie war es. Denn: »Seit einiger Zeit haben die Konservativen, hat die Rechte das Wort Reform usurpiert. Denn sie wollte und will bei ihrem Planen und Tun von der fortschrittlich edlen Aura des Worts profitieren. Und kampflos hat es sich die Linke entwinden lassen.«[246]

Wer verstehen will, welche Umdeutung der Begriff inzwischen erfahren hat, tut gut daran, sich an die anfangs zitierte Definition zu erinnern. Vor allem daran, dass es den Reformern der Vergangenheit um die »gesamten Lebensverhältnisse« ging, also ganz sicher auch um diejenigen Gesellschaftsmitglieder, deren »Lebensverhältnisse« am ungünstigsten waren.

Das nehmen natürlich die heutigen »Reformer« ebenfalls für sich in Anspruch. Und zwar gerade auch dann, wenn sie eigentlich das Gegenteil tun. Noch jeder »Reformer« der vergangenen Jahre hat beteuert, er verschlechtere die Lebensverhältnisse (meist dort, wo sie ohnehin nicht die besten waren) nur, um sie in Wahrheit zu verbessern. Der vom Parteibuch her sozialdemokratische Bundeskanzler Gerhard Schröder drückte das zur Rechtfertigung seiner »Agenda 2010« im Jahre 2003 geradezu beispielhaft so aus: »Der Umbau des Sozialstaates und seine Erneuerung sind unabweisbar geworden. Dabei geht es nicht darum, ihm den Todesstoß zu geben, sondern ausschließlich darum, die Substanz des Sozialstaates zu erhalten.«[247] Das allerdings ist eine Heilmethode nach dem Motto »Operation gelungen, Patient tot«. Denn dass Schröders »Reform« in der Arbeitsmarktpolitik von der »Substanz« des Sozialstaats nicht mehr übriglassen würde als ein Almosen namens Hartz IV, konnte man damals schon ahnen. Heute wissen wir es genau. Jedenfalls für die Opfer dieser »Reform« haben sich die »gesamten Lebensverhältnisse« gegenüber der früheren Gesetzeslage nicht verbessert, sondern dauerhaft verschlechtert.

Schröders sozialdemokratische Ahnen dürften sich in ihren Gräbern umdrehen. Denn der aus dem Lateinischen »reformatio« abgeleitete Begriff »Reform« lässt sich zwar ursprünglich als Synonym für die Wiederherstellung eines früheren, besseren Zustands lesen, wie ihn etwa die christlichen »Reformatoren« im 15. und 16. Jahrhundert angestrebt haben.[248] Aber in den politischen Debatten der Moderne wurde »Reform« zwei Jahrhunderte lang im Sinne eines friedlichen Weges zu vor allem sozialen Verbesserungen gebraucht, die – in Abgrenzung von der Revolution – ohne totale Umwälzung der politischen und gesellschaftlichen Verhältnisse erreicht werden sollten.

Das gilt in gewisser Weise bereits für die Bildungsreform, die Wilhelm von Humboldt Anfang des 19. Jahrhunderts in Preußen in die Wege leitete. Schon damals lag der Deutungsschwerpunkt eindeutig auf »Verbesserung«, auch wenn es sich um eine Reform von oben handelte. Die damaligen Reformer gingen gegen die Relikte des Feudalismus im preußischen Staat vor, weil sie ihn durch die Beseitigung alter Vorrechte von Kirche und Adel zum Ort für die erstarkende bürgerliche Gesellschaft machen wollten. Nicht in allen Bereichen gereichte das zum Nutzen aller, aber in der Bildung bedeuteten die Einführung des staatlichen Schulwesens und der Schulpflicht den Versuch, auch bisher benachteiligten Schichten die Teilhabe am gesellschaftlichen Leben zu ermöglichen.

Es waren solche Reformen, die in der ersten Hälfte des 19. Jahrhunderts den Sieg des Bürgertums über Adel und Kirche sowie den Aufstieg der kapitalistischen Wirtschaftsordnung begleiteten und begünstigten. Aber neben den bürgerlichen Siegern der Geschichte gab es bekanntlich nun wiederum ein Heer von Verlierern. Sie begannen sich in der Arbeiterbewegung zu organisieren, und schon bald fand die Strategie der Reform – in Abgrenzung zu revolutionären wie zu konservativen oder reaktionären Konzepten – ihr neues politisches Gefäß: die »Reformpartei« SPD.

Bis zum historischen Umbruch von 1989, ja sogar fast bis zur Jahrtausendwende blieb der Reformbegriff weitgehend für jene reserviert, die sich – mit zunächst systemimmanenten Mitteln – dem sozialen Fortschritt und der Freiheit des Individuums von autoritärer Bevormundung verschrieben hatten. Dazu gehörten bis zum Ende des 20. Jahrhunderts neben der SPD auch die Grünen. Sie standen dem →*freien Markt* vor allem wegen der ökologischen Folgen kritisch gegenüber und lehnten einen →*»starken Staat«* zwar dort ab, wo er individueller Freiheit und Selbstbestimmung im Wege stand, aber gerade nicht im Wirtschafts- und Sozialbereich, wo staatliches Handeln erst die sozialen und ökologischen Voraussetzungen für den Gebrauch der Freiheit schaffen sollte.

Ausgerechnet diese beiden Parteien missbrauchten dann zu Beginn unseres Jahrhunderts den Reformbegriff für eine Politik, die wichtige sozialstaatliche Säulen auf Kosten der finanziell Schwachen weg-»reformierte«. Das darf sicher als negativer Höhepunkt einer Entwicklung betrachtet werden, in deren Verlauf die reformfeindlichen Kräfte sich dieses Wortes bemächtigt hatten. Es wäre allerdings zu viel der zweifelhaften Ehre für Schröder und Partner, sie als Erfinder dieser Strategie zu betrachten. Die Agenda war nicht Beginn, sondern Ergebnis einer sozialstaats- und reformfeindlichen Kampagne, die viel früher begonnen hatte.

Als besonders repräsentativ für all die Meinungseliten in Wirtschaft, Wirtschaftswissenschaften, Politik und Medien, die sich an dieser Kampagne praktisch seit der Wende von 1989 beteiligten, kann Roman Herzog gelten. In seiner berühmt-berüchtigten »Ruck-Rede« betete er dem Publikum im Berliner Nobelhotel Adlon den ganzen Katalog herunter, an den die neoliberalen »Eliten« bis heute glauben. »Vor uns liegt ein langer Weg der Reformen«, verkündete das Staatsoberhaupt und feuerte eine Salve der Wortschöpfungen ab, hinter denen sich das Programm des Staats- und Sozialabbaus zu verbergen pflegt: »→*Lohnnebenkosten* zu hoch« (auf Deutsch: Beiträge für Arbeitgeber senken und dafür Leistungen abbauen); »Tarif-Abschlüsse (anstreben), die Neueinstellungen möglich machen« (auf Deutsch: Umverteilung des Volkseinkommens von den abhängig Beschäftigten zu den Unternehmern, →*Lohnzurückhaltung*); »Lohnabstandsgebot« (auf Deutsch: Senkung von Sozialleistungen auf ein Niveau deutlich unterhalb der niedrigsten Löhne).[249] Und so weiter und so fort.

Wer das rund zwei Jahrzehnte später nachliest, erkennt schnell, welchem Lehrbuch Schröders Wende folgte. Und die Nachfolgerin des Agenda-Kanzlers ist dem Credo von der »Reform« auf Kosten von staatlichen Investitionen, Arbeitsplätzen und Sozialleistungen treu geblieben. Zwar machte sie in Deutschland das eine oder andere Zugeständnis an den wieder etwas sozialdemokratischer gewordenen Koalitionspartner SPD, zum Beispiel beim Mindestlohn. Allerdings blieb das wichtigste Tabu des Neoliberalismus unberührt: Keine →*Umverteilung* des Reichtums, etwa durch Steuerreformen im ursprünglichen Sinn des Wortes oder durch eine Reform der Sozialsysteme, die diesen Namen verdient.

Besonders deutlich wurde die Haltung der Kanzlerin in Europa, wo unter deutscher Führung unter dem umgedeuteten Motto der »Reform« eine rigorose Austeritätspolitik durchgesetzt wird. So sagte Angela Merkel am 18. Juni 2015 im Deutschen Bundestag: »Anders als in Griechenland haben Irland, Spanien und Portugal ihre Hilfsprogramme inzwischen erfolgreich abgeschlossen und stehen wieder auf eigenen Beinen. Auch Zypern ist auf einem guten Weg. Diese Länder haben ihre Chance genutzt. Sie haben durch schmerzhafte Strukturreformen die Grundlage für neues Wachstum, für neue Wettbewerbsfähigkeit und neue Arbeitsplätze geschaffen.«[250] So reden die »Reformer« unserer Gegenwart über

Länder, in denen zum Beispiel die Jugendarbeitslosigkeit auf einem Niveau von 30 bis 50 Prozent stagniert.

Merkels Worte klangen, als stammten sie direkt aus der Gebetsmühle der sogenannten »Wirtschaftsweisen«, die mehrheitlich dem neoliberalen Lager angehören: »Gerade diejenigen Krisenländer, die ihre Wirtschaftsstrukturen zügiger reformierten und so ihre Wettbewerbsfähigkeit steigerten, erfuhren ein höheres Wirtschaftswachstum« – von den sozialen Kosten kein Wort.[251] Oder: »Die Steuerreformen seit der Jahrtausendwende haben im Hinblick auf Wachstum und Beschäftigung die Weichen des Steuersystems richtig gestellt. Die Reformen bewirkten eine steuerliche Entlastung der Produktionsfaktoren und erhöhten die →*Wettbewerbsfähigkeit* der deutschen Wirtschaft.[252] Dass mit »Reformen« hier vor allem massive Steuersenkungen für Unternehmen gemeint sind, steht außer Frage.

Der einzige von den fünf »Weisen« des Sachverständigenrats, der dieser Denkschule nicht angehört, ist der Würzburger Volkswirtschaftler Peter Bofinger. Er schrieb in seinem Minderheitsvotum: »Die Mehrheit stellt das Kapitel unter das Motto: ›Zukunftsfähigkeit in den Mittelpunkt‹. Dabei werden überwiegend wirtschaftspolitische Weichenstellungen vorgeschlagen, mit denen die Rolle des Staates im Wirtschaftsprozess geschwächt würde. Zukunftsfähigkeit bedeutet nach Auffassung der Mehrheit also offensichtlich eine Wirtschaftsordnung mit mehr Markt und weniger Staat. Doch die Erfahrungen mit der Deutschen Einheit, der Finanzkrise und zuletzt mit der Flüchtlingskrise zeigen, wie schnell sich unerwartet große Herausforderungen aufbauen können, die nur mit einem handlungsfähigen Staat erfolgreich bewältigt werden können. Die in diesem Gutachten von der Mehrheit vorgeschlagenen Reformen würden die Handlungsfähigkeit des Staates erheblich einschränken.«[253]

Klarer kann man nicht beschreiben, wie die »Reformer« des 21. Jahrhunderts den Reformbegriff in sein Gegenteil gewendet haben. Aber es ist eine bittere Pointe, dass selbst Bofinger für deren Politik den Begriff »Reformen« benutzt. Es scheint, als habe die Linke den Versuch schon aufgegeben, sich »ihr« Wort zurückzuerobern.

Re|kord|ein|nah|men, die: gängiger Begriff für die von Jahr zu Jahr wachsenden Summen, die der Staat von den Steuerzahlern kassiert. In der Politik werden die »Rekordeinnahmen« gern als Argument gegen →*Steuererhöhungen* oder gar für Steuersenkungen verwendet.

»Der Staat hat im vergangenen Jahr so viele Steuern eingenommen wie nie zuvor« – diesen Satz bekommen wir in regelmäßigen Abständen immer wieder zu lesen und zu hören. Wieder einmal, so hieß es zum Beispiel in der *FAZ* im Januar 2015, habe der Staat »Rekordeinnahmen (...) verbucht«[254].

Ebenso regelmäßig folgt auf die Rekordmeldungen in der herrschenden Politik und den entsprechenden Medien der Hinweis, nun müsse der Staat mit dem ganzen Geld endlich »die Bürger entlasten«. Klartext der eigenen Art redet hier besonders gern die FDP, so zum Beispiel in einem Beschluss ihrer nordrhein-westfälischen Landtagsfraktion. Unter dem Titel »Raus aus der politischen Hängematte – Reformen anpacken, Wohlstand sichern, Bürgerinnen und Bürger entlasten« hieß es dort: »Während die öffentliche Hand von hohen Steuereinnahmen und niedrigen Zinsen profitiert, erfahren Bürger und Wirtschaft keine Entlastung.«[255] Aber die außerparlamentarische Speerspitze des Neoliberalismus steht damit nicht allein. Vielmehr häufen sich jedes Mal bei passender Gelegenheit Schlagzeilen wie »Mehr Schulden trotz

Rekordeinnahmen – Was macht der Staat mit der ganzen Kohle?«[256]

Nun ja: Er gibt sie aus. Was aber bei all der Aufregung verschwiegen wird: Die wiederholten »Rekordeinnahmen« stellen in der Regel nichts anderes dar als eine Folge des Wirtschaftswachstums. Im Verhältnis zur gesamten Wirtschaftsleistung machen sie den Staat also gar nicht reicher. Sein Anteil am gesellschaftlichen Reichtum nimmt trotz »Rekordeinnahmen« nicht zu. Und deshalb gelingt es der öffentlichen Hand selbst in Zeiten »sprudelnder Steuereinnahmen« nicht, ihre Schulden wirklich abzubauen.

Gustav Horn, der das gewerkschaftsnahe Institut für Makroökonomie und Konjunkturforschung (IMK) leitet, wird seit Langem nicht müde, das Märchen von den ausreichend steigenden Steuereinnahmen zu widerlegen. Er verweist zunächst darauf (hier zum Beispiel im Mai 2014), »dass seit der Gründung der Bundesrepublik, also seit 64 Jahren, in 59 Jahren Rekordsteuereinnahmen erzielt wurden. Es ist also normal, dass der Staat in einer wachsenden Wirtschaft auch höhere Steuereinnahmen bekommt.«[257] Wo mehr produziert, mehr konsumiert und auch mehr verdient wird (wenn auch nicht am unteren Ende der Einkommensskala), da schöpft der Staat natürlich in absoluten Zahlen auch mehr ab. Im Verhältnis zur Wirtschaftsleistung bleibt ihm aber nicht mehr als zuvor.

Misst man also die Steuereinnahmen des Staates an der gesamten Wirtschaftsleistung (»Steuerquote«), dann bleibt vom Argument der hohen Lasten, die gesenkt und nicht gesteigert werden müssten, nichts mehr übrig: Die Steuerquote liegt seit fünfzig Jahren praktisch immer auf der gleichen Höhe, nämlich bei 21 bis 23 Prozent der Wirtschaftsleistung.[258] Und im internationalen Vergleich der Industrieländer liegt Deutschland gerade so im Mittelfeld. Das gilt selbst dann, wenn man die Abgabenquote zugrunde legt, also die Sozialabgaben miteinbezieht: Die Belastung mit Steuern und Abgaben liegt in Deutschland bei 36,7 Prozent, knapp hinter Slowenien (36,8 Prozent) und weit hinter Ländern wie Österreich (44 Prozent) Frankreich (45 Prozent) oder gar Dänemark (48,6 Prozent).[259]

An der strukturellen Unterfinanzierung des Staates ändern also auch die »Rekordeinnahmen« nichts. Und deshalb reichen sie auch nicht aus, um die Haushalte nachhaltig auszugleichen. So zog das Statistische Bundesamt zum Beispiel für das erste Quartal 2015 folgende Bilanz: Gegenüber dem Vorjahr war die Verschuldung von Bund, Ländern und Gemeinden »einschließlich aller Kern- und Extrahaushalte« um 20,8 Milliarden Euro oder rund ein Prozent auf gut 2,06 Billionen Euro gestiegen. Auf der Bundesebene blieb zwar beim »Kernhaushalt« der Schuldenstand praktisch unverändert. Dafür »stieg der Schuldenstand der Extrahaushalte des Bundes um 5,2 Prozent beziehungsweise 10,1 Milliarden Euro auf 202,0 Milliarden Euro an«[260]. Die »Extrahaushalte« – das sind diejenigen, von denen nie die Rede ist, wenn Angela Merkel und Wolfgang Schäuble stolz die →»*Schwarze Null*« verkünden. Die wachsende Verschuldung dieser versteckten Etats ging zum größten Teil »auf das Konto der Bad Bank FMS Wertmanagement, in der die faulen Wertpapiere und Kredite der während der Finanzkrise verstaatlichten Immobilienbank Hypo Real Estate gelagert sind«[261]. Auf Deutsch: Verschuldung der Allgemeinheit zwecks Rettung der Banken.

In Wahrheit reichen also die »Rekordeinnahmen« nicht einmal aus, die Verschuldung des Staates zu senken oder wenigstens stabil zu halten. Von dringend notwendigen zusätzlichen Investitionen ganz zu schweigen: Eine vom Bundeswirtschaftsministerium beauftragte Expertengruppe rechnete im Frühjahr 2015 mit einem ungedeckten Bedarf von mindestens

90 Milliarden Euro für die öffentliche Infrastruktur.[262] Woher dieses Geld kommen soll, sagt die Politik, wenn sie regelmäßig »Rekordeinnahmen« verkündet, nicht.

Rentenlast →*Kostenexplosion*

Rettungsschirm →*Hilfe*

scheu|es Reh, das: ängstliches Waldwesen, das sich aus dem Staub macht, wenn es in seinem Lebensraum aufgeschreckt wird. Ganz so soll es sich auch mit dem Kapital verhalten. »Das Kapital ist ein scheues Reh« ist ein häufig zitierter Satz. Woher er stammt? Oft wird er Karl Marx zugeschrieben. Tatsächlich stammt er wohl nicht vom Nestor der Kapitalismuskritik, worauf der Historiker und Autor Jens Jürgen Korff hinweist.[263]

Jedenfalls, und so viel ist sicher, hat diese vermeintliche Gewissheit enormen Einfluss auf politische Entscheidungen. Die direkte Konsequenz daraus ist, alles zu vermeiden, was Kapital-Bambi verschrecken könnte, insbesondere höhere Steuern. Das erklärt dann auch, warum die Lohnsteuer schon ab einem Jahreseinkommen von etwa 53 000 Euro den Spitzensteuersatz von 42 Prozent erreicht, während Vermögende, die nur von den Zinserträgen auf ihr angelegtes Kapital leben, höchstens 25 Prozent Einkommensteuer zahlen.

Doch Kapitalbesitzer wünschen sich nicht nur möglichst niedrige Steuern – auch alles andere, was die Rendite mindert, soll möglichst unterlassen werden. Das wiederum erklärt, warum in den vergangenen Jahren in den südeuropäischen Krisenstaaten auf Druck der Geldgeber die Arbeitnehmerrechte beschnitten wurden, um das Vertrauen der →*Märkte* zurückzugewinnen. Wo ist der Zusammenhang? Ganz einfach: Wenn etwa kollektive Tarifverhandlungen nicht mehr möglich sind, verschlechtert sich die Verhandlungsposition der Arbeitnehmer, was im Umkehrschluss bedeutet, dass die Investoren einen größeren Teil des erwirtschafteten Wertes für sich behalten können. Der Deal lautete: Die Politik verbessert die Renditechancen und die Investoren lassen ihr Geld zurück in die Krisenstaaten fließen, um auf diese Weise eine neue Phase wirtschaftlichen Aufschwungs zu ermöglichen.

Das Kapital ist also kein scheues Reh, das dringend unseren Schutz braucht, vielmehr ist es ein hungriger Löwe, der immer dorthin zieht, wo er die beste Chance sieht, Beute zu machen. Wie also umgehen mit dem Löwen? Nun, die Lösung ist in der Theorie einfach und in der Praxis schwierig. Wenn die großen Volkswirtschaften – statt einen Wettbewerb um die günstigsten Konditionen für Investoren auszutragen – gemeinsame Sozialstandards, Steuertarife und Arbeitnehmerrechte beschließen würden, dann müsste sich das Kapital diesen Bedingungen anpassen. Den Investoren bliebe gar nichts anderes übrig. Denn außerhalb dieser Wirtschaftsräume gäbe es schlicht nicht genügend Investitionsmöglichkeiten. Die Staaten wären nicht mehr die Gejagten – sie würden zu Löwenbändigern.

schlan|ker Staat, der: Er ist für viele Vertreter der neoliberalen Ideologie die absolute Lieblingsfigur auf der politischen Bühne, seien sie nun Wissenschaftler, Politiker oder auch Journalisten wie Marc Beise von der *Süddeutschen Zeitung*. Er beschrieb den Leiter des Freiburger Walter-Eucken-Instituts,

Lars Feld, mit folgenden Worten: »Dank der damaligen Regierungspartei FDP ist Lars Feld im Jahr 2010 einer der ›fünf Weisen‹ geworden, also Mitglied im Sachverständigenrat zur Begutachtung der gesamtwirtschaftlichen Entwicklung. Er ist dort qua Herkunft und Überzeugung das ordnungspolitische Gewissen, er setzt sich also, sehr verkürzt formuliert, für einen starken, aber schlanken Staat ein. Eingriffe in die freie Preisfindung, in die Abläufe des Marktes bedürfen für Feld der ausdrücklichen Begründung. Manches muss sein, findet er, vieles aber auch nicht. Den gesetzlichen Mindestlohn beispielsweise hielt er immer für einen Fehler und tut das noch, obwohl der nun eingeführt ist. Er sieht keine großartige Investitionslücke im Land, die nun staatliche Ausgaben erfordern würde, wie sie verstärkt von anderen Kollegen und erst recht in der Politik gefordert werden, und natürlich sieht er die Hilfspakete für Griechenland kritisch (…).«[264]

Der »schlanke Staat« hat für seine Verfechter zunächst am Geld zu sparen, weshalb ein Wissenschaftler wie Lars Feld (»keine großartige Investitionslücke«) sich nicht daran stört, dass eine Kommission des Bundeswirtschaftsministeriums den Bedarf an staatlichen und privaten Infrastrukturinvestitionen auf mindestens 90 Milliarden Euro beziffert hat – pro Jahr.[265] Was ja eher für einen bereits auf Diät gesetzten als für einen übergewichtigen Staat zu sprechen scheint. Der Präsident der Kommission und des Deutschen Instituts für Wirtschaftsforschung, Marcel Fratzscher, kommentierte die Lücke so: »Damit setzt die Regierung unseren Wohlstand aufs Spiel.«[266] Das spielt allerdings für die Schlankheitsfanatiker offensichtlich keine Rolle. Aber nicht nur beim Geld, sondern auch bei ordnenden Eingriffen in die Gestaltung des →*freien Marktes* soll sich der »schlanke Staat« zurückhalten – im Zweifel, wie das Beispiel Mindestlohn zeigt, auf Kosten der untersten Einkommensgruppen.

Nur wenn es um die sogenannte »innere Sicherheit« geht, mögen es auch die Marktanbeter mollig. Niemand wird ihnen widersprechen, dass Sicherheit auf den Straßen eine staatliche Kernaufgabe darstellt. Aber allzu oft fallen selbst »Liberale« in den Chor derjenigen ein, die so tun, als ließen sich komplexe gesellschaftliche Probleme allein durch Polizisten lösen. Als zum Beispiel die Republik zur Jahreswende 2015/16 über Straftaten von Zuwanderern unter anderem in Köln diskutierte, ließ der dortige FDP-Fraktionschef Ralph Sterck ganz im Stil des Wirtschaftswissenschaftlers Lars Feld verlauten: »Wir Liberalen wollen sicherlich einen schlanken Staat, aber auch einen starken Staat.«[267] An welchen Körperteilen er stark sein soll und an welchen nicht, lässt sich nicht schwer erraten: Nicht nur bei der »inneren Sicherheit« ist von Staatsskepsis nichts mehr zu hören, sondern zum Beispiel auch dann, wenn der Staat durch kartellrechtliche Eingriffe den Wettbewerb nicht zuletzt im Interesse der Unternehmen sichern soll.

Niemand will einen übermäßig gefräßigen und unbeweglichen Staat. Wer aber den »schlanken Staat« bemüht, um die Notwendigkeit einer ordnenden und bei Bedarf umverteilenden öffentlichen Hand zu diskreditieren, ist von politischer Magersucht nicht weit entfernt.

Schuldenstaat →*Verhältnisse*

schwar|ze Null, die: steht für eine ausgeglichene Bilanz des staatlichen Haushalts. Einnahmen und Ausgaben halten sich die Waage. Der Staat lebt also nicht über seine →*Verhältnisse*. Doch wenn es um politische Glaubensfragen geht, ist die schwarze Null viel mehr: Für die Anhänger der Austeritätsreligion stellt sie, nach dem Haushaltsüberschuss, die zweithöchste Gottheit dar und zugleich das höchste der auf Erden zu erreichenden Ziele.

Wie bei anderen Religionen auch, bestehen die Glaubensregeln der Schwarznull-Sekte zum großen Teil aus Tabus. Das wichtigste (nach dem Verschuldungsverbot selbst) lautet, dass das Paradies der schwarzen Null nie und nimmer durch eine Erhöhung der Einnahmen erreicht werden darf. Die Anhänger dieser Religionsgemeinschaft gebrauchen deshalb Begriffe wie Vermögensteuer oder Erhöhung des Spitzensteuersatzes als Synonyme für das, was im christlichen Abendland Sünde heißt und allenfalls mit einem mehrjährigen Aufenthalt im Fegefeuer, hier »Opposition« genannt, gesühnt werden kann. Die schwarze Null darf also aus Glaubensgründen, die sich heidnisch-vernünftigen Erwägungen entziehen, ausschließlich durch strikte Enthaltsamkeit beim →*Ausgeben* angestrebt werden. Diese Form asketischer Beschränkung mag an einige Praktiken des Christentums erinnern. Allerdings leben die Propheten der Sparsamkeit dieses Gebot in der Regel nicht selbst aus, sondern erlegen es denjenigen in der von ihnen betreuten Gemeinde auf, die sich am wenigsten wehren können. Es liegt auf der Hand, dass es ihnen auf diesem Weg leichter fällt, ihre Ziele zu erreichen.

Viele deutsche Finanzminister haben die schwarze Null angebetet und angestrebt. Die meisten von ihnen sind spektakulär daran gescheitert. Doch Wolfgang Schäuble (CDU), ein Altmeister der deutschen Politik, kam dem Paradies ganz nah: Dreimal in Folge verkündete er einen angeblich ausgeglichenen Haushalt. Sehr begünstigt durch die niedrigen Zinsen, die ihm milliardenhohe Zahlungen an die Gläubiger des deutschen Staates ersparten. Der Bund der Steuerzahler applaudierte eifrig und forderte: »Bestandsschutz für die

Schwarze Null!«²⁶⁸ Doch was soll man von Steuerwächtern halten, die die Tricks der Bundesregierung geflissentlich ignorieren?

Denn Schäuble, der seine Karriere im Staatsdienst in der Steuerverwaltung des Landes Baden-Württemberg begonnen hat, ist dann eben doch mehr ausgebuffter Politiker denn dröger, aber seriöser Zahlenstapler. Seine schwarze Null hat erhebliche Defizite. Schließlich unterlässt die Regierung Investitionen in Infrastruktur und Bildung, die eigentlich nötig wären. Laut dem Wirtschaftsforschungsinstitut DIW hat sich in Deutschland eine Investitionslücke von mindestens 90 Milliarden Euro pro Jahr aufgetan, die nicht gestopft wird.²⁶⁹ Würden Sie sich über Ihr ausgeglichenes Haushaltsbudget freuen, während es Ihnen durchs Dach regnet und Ihr Haus jederzeit zusammenzubrechen droht?

Die Regierung verbraucht also vorhandene Substanz. Und nicht nur damit verlagert sie Schulden in die Zukunft, schließlich werden künftige Generationen irgendwann die Infrastrukturdefizite beheben und mit den Folgen zu geringer Bildungsausgaben leben müssen. Sie denkt auch darüber nach, notwendige Investitionen ins Straßennetz von privaten Geldgebern vorfinanzieren zu lassen. Damit entstünde eine weitere Kreditverpflichtung, die weitere Zinszahlungen nach sich ziehen würde. Dabei ist der Bundesrechnungshof in einer Analyse zu dem Ergebnis gekommen, dass diese sogenannten öffentlich-privaten Partnerschaften für den Steuerzahler in der Regel teurer werden²⁷⁰, als wenn der Staat die Investitionen selber bezahlt – zumal er sich angesichts der seit der Finanzkrise niedrigen Zinsen das nötige Geld an den Kapitalmärkten quasi kostenlos besorgen könnte. Doch Schäuble will eben gemäß den Glaubensregeln der Schwarznull-Sekte weder neue Schulden machen noch zusätzliche Steuern einnehmen. Man sieht also: Die schwarze Null ist, wie manch andere Gottheit auch, eher Trugbild als Wirklichkeit.

Aber damit nicht genug, auch an einem weiteren entscheidenden Punkt unterscheidet sich die Schwarznull-Sekte vom katholischen und evangelischen Glauben: Sie kennt keine Gnade. Die Verletzung der Ausgabendisziplin zieht schwerste Strafen nach sich, im Zweifel die unwiederbringliche Verbannung in die Hölle der Austerität (Griechenland). Jemandem seine Schuld zu erlassen, wird als Anfang vom Ende des Paradieses gewertet, weil dann ja jeder kommen könnte. Gebete wie »Und vergib uns unsere Schuld, wie auch wir vergeben unseren Schuldigern« kämen einem Schwarznull-Priester nicht über die Lippen. Es sei denn, er nähme, als Christ getarnt, gerade an einem katholischen oder evangelischen Gottesdienst teil.

Den Heilserwartungen der Schwarznull-Gemeinde tun all die Fakten, die ihren Glauben widerlegen, keinen Abbruch. Und niemand verkörpert diese Heilserwartungen so perfekt wie Wolfgang Schäuble. Teile seiner Anhängerschaft sind sogar der Meinung, es handele sich bei ihm um eine vom Haushaltshimmel herabgefahrene schwarze Null in Menschengestalt.

so|zi|al Schwa|che: Gemeint sind Menschen mit wenig Geld. Es handelt sich um einen Stellvertreterbegriff, um Arme nicht als arm bezeichnen zu müssen, ganz ähnlich wie Reiche häufig als →*Vermögende* bezeichnet werden. Beispiele für die Verwendung des Begriffs anzuführen, ist eigentlich müßig. Da gibt es in Zeitungsschlagzeilen zu wenige Wohnungen für sozial Schwache[271], da trifft ein Sparpaket sozial Schwache[272] und schließlich und folgerichtig schlagen auch die Herzen von mitfühlenden Bürgern für sozial Schwache[273]. Wer Sprache geschickt einsetzt, findet weder Arme noch Reiche, sondern nur Vermögende und sozial Schwache in der Bundesrepublik. Das legt einen angenehmen Schleier über die extreme finanzielle Ungleichheit in Deutschland.

Für die Armen ist es allerdings alles andere als angenehm, als sozial schwach bezeichnet zu werden. Nicht, dass sie nur mit wenig Geld zurechtkommen müssen. Nein, ihnen wird auch noch ein menschlicher Mangel unterstellt. Denn als sozial gelten gemeinhin Bürger, die sich in eine Gemeinschaft einbringen, gute Umgangsformen pflegen und sich für andere einsetzen. Sozial Schwache wären folglich Menschen, die für ihre Mitbürger Plagen sind, Asoziale und Sozialschmarotzer. Wenn dem so wäre, müssten hierzulande furchtbare menschliche Zustände herrschen. Schließlich lebt in Deutschland fast jeder sechste Bürger an oder unter der Armutsgrenze[274] und wäre folglich »sozial schwach«.

Organisationen, die sich für finanzschwache Menschen einsetzen, wehren sich deshalb gegen diese Stigmatisierung. Die Nationale Armutskonferenz hält den Begriff für das »Unwort unter den Unwörtern innerhalb des sozialpolitischen Diskurses«. Sie betont entschieden: »Wer kein/wenig Geld hat, ist ökonomisch schwach, aber nicht sozial schwach.«[275] Das zeigt zum Beispiel auch die Tatsache, dass Menschen mit wenig Geld einen besonders großen Teil davon spenden.[276]

Ob jemand sozial schwach ist, hängt folglich nicht vom Einkommen ab, sondern von der Sozialisation. Auch Reiche können sozial schwach sein, etwa wenn sie ohne Rücksicht auf andere ihre Geschäfte betreiben. Ein besonders prägnantes Beispiel sind auch →*Steuersünder*, die mit ihrem Verhalten andere Steuerzahler schädigen und ihren Mitbürgern →*Chancen* rauben, zum Beispiel auf eine gute Ausbildung oder ein besseres Leben.

Dem zum Trotz ist der Begriff inzwischen weithin akzeptiert – selbst bei den Hütern der deutschen Sprache, der Duden-Redaktion. Das erste Beispiel, das ihr in ihrem Onlinenachschlagewerk für die Verwendung des Wörtchens »sozial« eingefallen ist, ist die Wortkombination »sozial schwach«.[277]

Vom Himmel gefallen ist der Begriff allerdings nicht. Er rührt daher, dass Armut natürlich soziale Folgen hat. Eine davon kann der Rückzug aus der Gemeinschaft sein, zum Beispiel weil es sich arme Menschen seltener leisten können, mit Arbeitskollegen in einer Kneipe ein Feierabendbier zu trinken, mit der Familie im Kino einen Film zu schauen oder mit Freunden Bowling zu spielen. Diese Form der finanziell erzwungenen Ausgrenzung sagt allerdings mehr über die soziale Schwäche der Gesellschaft und des Staates aus als über die der Armen.

so|zi|al|ver|träg|lich: »mit sozialen Gesichtspunkten verträglich und sich nicht nachteilig für die Betroffenen auswirkend«, schreibt der Duden.[278] Am häufigsten begegnet uns der Begriff im Zusammenhang mit der Streichung von Arbeitsplätzen. Es stellt sich also die Frage: Kann es »mit sozialen Gesichtspunkten verträglich« und für die Betroffenen »nicht nachteilig« sein, wenn Menschen ihren Job verlieren?

Unumstritten ist, dass es beim Abbau von Arbeitsplätzen unterschiedliche soziale Härtegrade gibt, von der fristlosen Kündigung bis zum Abfindungsangebot oder der Übernahme der Angestellten in eine Beschäftigungsgesellschaft. Innerhalb dieses Spektrums gilt mit den Worten des erfahrenen Unternehmensberaters Winfried Berner: »Den Personalabbau so ›sozialverträglich‹ wie möglich zu gestalten – das heißt auf Deutsch: ohne betriebsbedingte Kündigungen.«[279]

Wenn ein Unternehmen in die Lage gerät, dass es Stellen abbauen muss, was im Wirtschaftsleben durchaus passieren kann, dann also am besten über freiwillige Angebote an die Beschäftigten und verbunden mit Übergangslösungen.

Der Vorsitzende der Industriegewerkschaft Bergbau, Chemie, Industrie, Michael Vassiliadis, fasst den Begriff »sozialverträglich« allerdings weiter. Er sagt zum Beispiel in der Debatte um das Ende des Kohlebergbaus: »Wir fühlen schon Verunsicherung, und deswegen habe ich natürlich ein großes Interesse daran, einen Weg zu finden, dass wir Sozialverträglichkeit in diesem Strukturwandel – den kennen wir ja auch aus anderen Branchen – kombinieren mit neuen Jobs, mit neuen innovativen Wegen in der Energiewende.«[280] Damit weist Vassiliadis auf etwas hin, das häufig übersehen wird: Ganz egal, wie »sozialverträglich« ein Unternehmen einen Stellenabbau gestaltet: Die Arbeitsplätze werden der Gesellschaft anschließend fehlen. Darum fordert der Gewerkschaftschef nicht nur den Verzicht auf betriebsbedingte Kündigungen, sondern auch eine Kompensation der wegfallenden Stellen in der Kohleindustrie.

In einem solchen Fall erscheint es durchaus legitim, den Begriff »sozialverträglich« zu verwenden, und das sogar im doppelten Sinne: Der Verzicht auf die Kohle mindert Umwelt- und Gesundheitsschäden und ist damit nützlich für die ganze Gesellschaft, also »sozial«. Und die Entlassenen erhalten neue, womöglich sogar zukunftsträchtigere Jobs, mithin soziale Sicherheit.

Das heißt aber auch, dass es nicht in jedem Fall angemessen ist, den Verzicht auf Kündigungen allein schon als »sozialverträglich« zu bezeichnen. Dieser Begriff suggeriert ja etwas Vollständiges, Absolutes, also eigentlich das Fehlen aller Nachteile. Und dass das für alle zutrifft, also die Betroffenen in der Regel neue Beschäftigung finden, daran zweifelt auch

Berater Berner, »weil genau die Mitarbeiter, für die man keine Beschäftigung mehr hat, meistens auch außerhalb die wenigsten Beschäftigungsalternativen haben. Das gilt gerade für gering qualifizierte Tätigkeiten, für die es in den klassischen Industriestaaten eine seit Jahrzehnten sinkende Nachfrage gibt.«[281] Da helfen dann auch Abfindungsangebote und Transfergesellschaften nicht weiter.

Wer von »sozialverträglich« spricht, sollte also vorher überlegen, ob der Begriff im konkreten Fall nicht doch eine Beschönigung der Wirklichkeit darstellt.

spa | ren: Schon die Gebrüder Grimm wussten, Sparen ist nicht gleich Sparen. In ihrem berühmten *Deutschen Wörterbuch* hielten sie fest, dass Sparen bedeuten kann: »haushälterisch mit den an geld, gut u.s.w. verfügbaren mitteln arbeiten, die ausgaben auf das notwendige beschränken«. Doch darauf lässt sich die Bedeutung des in der Politik so häufig gebrauchten Wörtchens eben nicht reduzieren. Sparen kann schließlich auch heißen, »ersparnisse an geld zurücklegen für die not im unglück und im alter, zur bildung eines vermögens«[282]. Die zeitgenössische Definition, wie sie vom Duden verwendet wird, liest sich kaum anders als die der Gebrüder Grimm. Auch sie unterscheidet zwischen dem haushälterischen Wirtschaften und dem Zurücklegen von Geld.

In der Politik wird der Begriff »sparen« jedoch immer nur in einem Sinne verwendet, nämlich dem des haushälterischen Wirtschaftens. Wenn die Medien also titeln »Schäuble pocht aufs Sparen«[283] oder »Schäuble ruft noch mal zum Sparen auf«[284], dann ist damit immer gemeint, dass die Ausgaben gekürzt werden. Dass jemals Geld für schlechtere Zeiten zurückgelegt werden wird, daran glauben vermutlich noch nicht einmal die Priester der →*schwarzen Null*. Schließlich zeigt die deutsche Staatsverschuldung seit Jahrzehnten – allenfalls unterbrochen durch kurze Verschnaufpausen – konsequent nach oben. Auch in Zeiten, in denen die Wirtschaft gut lief, wurde es versäumt, die Schulden zu reduzieren – weder mit eingesparten Kosten noch durch eine Erhöhung der Einnahmen. Auch das unterscheidet den Staat von der →*schwäbischen Hausfrau*. Dabei ist das Sprichwort »Spare in der Zeit, so hast Du in der Not« ja nun wahrlich keine neue Schöpfung.

Standortsicherung →*Wettbewerbsfähigkeit*

star|ker Staat: eigentlich eine handlungs- und durchsetzungsfähige Bürokratie, oftmals jedoch gleichgesetzt mit einem aufgeblähten Staatswesen, das es zu beschneiden gelte, damit daraus ein →*»schlanker Staat«* wird. Kritiker des »starken Staates« verweisen häufig auf die Staatsquote. Sie zeigt an, wie groß der Teil der jährlichen Wirtschaftsleistung ist, der durch den Staatssektor geschleust wird. Allerdings sagt diese Zahl nichts über die Stärke eines Staates aus. Im Gegenteil: Ein Staat kann viel Geld ausgeben – und trotzdem schwach sein. Sehr hohe, ja ungerechtfertigt hohe Subventionen für einzelne Bevölkerungsgruppen treiben zum Beispiel die Staatsquote in die Höhe, sind aber gleichzeitig ein Anzeichen dafür, dass der Staat von einzelnen Interessengruppen gekapert wurde.

Besser ist es daher, zwischen der Bandbreite der staatlichen Aufgaben und der Stärke des Staates zu unterscheiden. Mit Bandbreite ist die Zahl der Aufgaben gemeint, die sich der Staat zu eigen macht; mit der Stärke, ob er auch in der Lage ist, seinen Gestaltungsanspruch durchzusetzen. »Der Kern von Staatlichkeit ist die Fähigkeit zur Vollstreckung«, schreibt der Politikwissenschaftler Francis Fukuyama. Wir zitieren ihn an dieser Stelle, weil er sich intensiv der Frage gewidmet hat, was erfolgreiche Staaten ausmacht – und warum Staaten zerfallen. Eine seiner zentralen Aussagen: Der Staat und seine Institutionen müssen so aufgestellt sein, dass sie fähig sind, »Politik zu planen und durchzuführen und Gesetze sauber und transparent durchzusetzen«[285]. Das bedeutet: Ein Staat, der zwar Gesetze schreibt, aber ihre Einhaltung nicht durchsetzen kann, ist wertlos. Was passiert, wenn sich ein Staatswesen auflöst, haben »failing states« in Entwicklungsländern oft genug gezeigt. Die Folge sind Rechtsunsicherheit, Kartelle, Gewalt und vieles mehr. Allesamt keine Bedingungen, unter denen Unternehmer Geschäfte machen wollen. Ohne Staat geht es also nicht.

Wenden wir uns in diesem Kontext Alexander Rüstow zu und machen wir eine Entdeckungsreise zu den Wurzeln des Neoliberalismus. Rüstow, einer der Gründerväter der sozialen Marktwirtschaft, hat den heute so verbrämten Begriff »Neoliberalismus« 1938 geschaffen. Ihm schwebte eine Gesellschaftsordnung vor, in deren Kern eine Wettbewerbsordnung steht, die jeden Einzelnen vor jeder Art von Zwang und Macht Dritter bewahren würde. Genauso wie bei anderen Vordenkern der sozialen Marktwirtschaft, etwa Wilhelm Röpke und Walter Eucken, sollte der Staat dem Wettbewerb einen Rahmen geben; die Spielregeln setzen, aber nicht selber eingreifen, sondern nur als Schiedsrichter fungieren. Der Staat sollte also stark sein. Und so überschrieb Rüstow seine aus heutiger Sicht wohl wichtigste Rede auf der Jahrestagung des Vereins für Socialpolitik im Jahr 1932 mit dem Titel: »Freie Wirtschaft, starker Staat.«[286]

Kluge Ökonomen und Wirtschaftsvertreter erkennen also an, dass ein Staat stark oder gar nicht zu sein hat.

Bleibt die Diskussion über die Bandbreite seiner Aktivitäten. Hier gibt es keine endgültigen Antworten. Vielmehr müssen die Aufgaben immer wieder neu verhandelt und den gesellschaftlichen Herausforderungen angepasst werden. Das Gewaltmonopol des Staates dürften die meisten Menschen – vorausgesetzt, sie sind nicht gerade Diebe oder Auftragskiller – anerkennen. Die Steuerung der Wirtschaft anhand von Zielvorgaben für einzelne Unternehmen werden hingegen die meisten Bürger nicht als Aufgabe des Staates sehen. Die Weltbank zählte in ihrem Weltentwicklungsbericht von 1997 zu den staatlichen Minimalfunktionen die Aufrechterhaltung von Recht und Ordnung, die Garantie der Eigentumsrechte, die Verteidigung, die gesamtwirtschaftliche Politik, die öffentliche Gesundheit, die Reduzierung von Ungleichheit und den Schutz der Armen.

Und was sagt die Wissenschaft zu der Frage, wie groß die Bandbreite staatlicher Aufgaben sein sollte? Nun, zumindest Fukuyama legt sich nicht fest. Doch seine Statistiken zeigen: Je reicher die Länder werden, desto größer wird die Staatsquote, also die staatlich bedingten Aktivitäten an der wirtschaftlichen Gesamtleistung einer Volkswirtschaft.[287] Es gibt einerseits mehr zu verteilen. Und andererseits verlangen eine immer komplexer werdende Gesellschaft und Wirtschaft dem Staat auch mehr ab.

Zahlreiche Länder beweisen überdies: Eine große staatliche Bandbreite muss nicht zwangsläufig zum Schaden des Wohlstands sein. Dazu reicht schon ein Blick nach Skandinavien.

Steu | er | er | hö | hung, die: Heraufsetzung von bestimmten Steuern durch den Gesetzgeber. Im Sprachgebrauch der herrschenden Politik taucht dieser Begriff fast ausschließlich in Verbindung mit dem Wort »keine« auf, denn Steuererhöhungen gelten als das absolute Tabu neoliberaler Politik. Das trifft im Prinzip auch auf Angela Merkel zu: Die Regierung sei es »den Menschen schuldig, zu zeigen, dass wir mit dem auskommen, was wir einnehmen, und dass wir keine Steuern erhöhen oder neue einführen«[288], sagte sie in ihrer Regierungserklärung zum Start der großen Koalition im Januar 2014. Und auch unerwartete finanzielle Belastungen änderten daran nichts. »Ich bleibe dabei: Auch wenn es jetzt durch die Flüchtlinge neue Herausforderungen gibt, brauchen wir keine Steuererhöhungen«[289], verkündete die Kanzlerin im November 2015.

Als ein Meisterstück politischer Propaganda kann das Mantra »Keine Steuererhöhungen« vor allem aus einem Grund verstanden werden: In seiner Allgemeinheit lässt der Slogan, der jede Unterscheidung zwischen bestimmten Steuern beziehungsweise Steuerzahlergruppen unterlässt, alle Fragen nach einer gerechten Lastenverteilung gezielt außer Acht. Er vermittelt Normalverdienern, die sich durch ihre Steuerpflicht belastet fühlen, den Eindruck, nur so seien sie vor weiteren Zugriffen des Staates geschützt.

Wer es – wie zum Beispiel die SPD noch vor der Bundestagswahl 2013 – wagt, die Staatseinnahmen durch höhere Steuern für einige wenige Spitzenverdiener stabilisieren zu wollen, wird entsprechend pauschal als »Partei der Steuererhöhungen« diffamiert. »SPD, das steht für ›Steuererhöhungspartei Deutschlands‹« – dieser Spruch des niedersächsischen CDU-Generalsekretärs Ulf Thiele aus dem Jahr 2012 ist nur eines von unzähligen Beispielen der immergleichen Art. Dass da einen Durchschnittsverdiener die Furcht vor dem Zugriff des Staates packt, auch wenn er nie und nimmer betroffen wäre, ist sicher kein Zufall, sondern manipulatorische Absicht.

Dass die SPD aufgrund dieser Propaganda inzwischen resigniert hat, sei nur der Vollständigkeit halber erwähnt. Im Jahr 2013, so der Fraktionsvorsitzende Thomas Oppermann ein Jahr später, sei »der Eindruck entstanden, als ob SPD und Grüne einen Wettlauf um die schönste Steuererhöhung in Gang gesetzt hatten. Davon haben beide nicht profitiert, und deshalb werden wir den gleichen Fehler auch nicht nochmal machen. (...) Wir werden ein intelligentes Steuerkonzept vorlegen, mit dem wir die Belastungen und Entlastungen neu justieren. Wir werden aber nicht die Steuererhöhungspartei in Deutschland sein.«[290]

Was die inzwischen ganz große Koalition der »Keine Steuererhöhungen«-Propagandisten verschweigt, sollte allerdings nicht vergessen werden: Es sind CDU/CSU und SPD, die die bisher letzte massive Steuererhöhung zu verantworten haben. Falls es jemandem entfallen sein sollte: Am 1. Januar 2007 stieg der Mehrwertsteuersatz von 16 auf 19 Prozent. Und zwar auf Beschluss der großen Koalition.

Es zeigt sich an diesem Beispiel geradezu musterhaft, was mit der Parole »Keine Steuererhöhungen« eigentlich gemeint ist: »keine Steuererhöhung zur Umverteilung von Reichtum«, oder noch einfacher: »keine Steuererhöhung für Reiche«.

Sicher: Auch Milliardäre müssen Mehrwertsteuer bezahlen, wenn sie sich etwas kaufen. Insofern sind sie auch von dieser Erhöhung betroffen. Allerdings gleicht das die Vorteile, die den Spitzenverdienern und Vermögenden systematisch gewährt werden, bei weitem nicht aus: Auf Zinserträge oder Dividenden, die zu ihrem Einkommen in der Regel erheblich größere Anteile beitragen als bei Menschen, die nichts oder wenig zum Sparen haben, zahlen sie immer noch nicht ihren Einkommensteuersatz, sondern nur die Abgeltungssteuer von 25 Prozent.

Und weiter: Zum Aufkommen an indirekten Steuern, also vor allem der Mehrwertsteuer, tragen die obersten 10 Prozent einen Anteil von etwa 20 Prozent bei[291] (was ja vor allem zeigt, dass sie mehr ausgeben können als andere). Dieser Beitrag liegt allerdings noch unterhalb ihres Anteils am Gesamteinkommen, der etwa 23 Prozent beträgt.[292] Das heißt: Wer die Mehrwertsteuer erhöht, verlangt den Reichsten im Verhältnis zum Rest keinen höheren, sondern einen geringeren Beitrag zum Gemeinwohl ab. Erhöhungen der Mehrwertsteuer bedeuten das Gegenteil von mehr Gerechtigkeit.

Sie bedeuten, wie es eine gewisse Angela Merkel einst erkannte, zudem »Gift« für den wichtigen Wachstumsfaktor Konsum. Es war im Jahre 2004, als die damalige Oppositionsführerin aus genau diesem Grund vor einer Erhöhung der Mehrwertsteuer warnte: »Die CDU-Vorsitzende Angela Merkel hat parteiinternen Plänen zur Anhebung der Mehrwertsteuer eine Absage erteilt«, berichtete damals *Spiegel Online*. »Dieser Schritt wäre Gift für Deutschland, so Merkel.«[293]

Keine zwei Jahre später meldete n-tv fast wortgleich, aber in genau entgegengesetzter Richtung: »Kanzlerin Angela Merkel (CDU) wies am Sonntagabend Forderungen aus ihrer Partei und der Wirtschaft zurück, die für Anfang 2007 geplante Mehrwertsteuererhöhung von 16 auf 19 Prozent abzuschwächen. Um stabile Finanzen zu haben und Investoren anzulocken, ›müssen wir unbedingt die Haushalte konsolidieren. Das macht die Maßnahmen unabwendbar‹, sagte sie dem ZDF.«[294]

Dazwischen lag der Wahlkampf 2005, in dem die Unionsparteien entgegen den früheren Aussagen ihrer Spitzenkandidatin eine Erhöhung der Mehrwertsteuer um zwei Prozentpunkte forderten: »Wir werden die Lohnzusatzkosten dauerhaft senken und verbinden dies mit zukunftsträchtigen Strukturveränderungen in den sozialen Sicherungssystemen. Im Gegenzug erhöhen wir die Mehrwertsteuer von 16 Prozent auf 18 Prozent.«[295] Im Klartext: Die Senkung der »Lohnzusatzkosten« oder →*Lohnnebenkosten*, von der auch die Arbeitgeber immerhin zur Hälfte profitierten, wurde durch eine Steuer gegenfinanziert, die überproportional die Geringverdiener belastet. Und diejenigen Gruppen, die von geringeren Beiträgen zur Arbeitslosenversicherung gar nichts haben, also zum Beispiel Arbeitslose und Rentner.

Das hatte übrigens auch die SPD verstanden, die im Wahlkampf 2005 plakatierte: »Merkelsteuer, das wird teuer«. Als der Koalitionsvertrag mit der Union dann fertig war, lag der »Kompromiss« zwischen dem Nein der SPD und den zwei Punkten Erhöhung der CDU/CSU bei einer Steigerung um drei Prozentpunkte. Ein weithin so gut wie vergessener Skandal.

»Keine Steuererhöhungen«? Wer diese Parole mal wieder hört, sollte sich an zweierlei erinnern. Erstens: Man kann sich auf solche Aussagen niemals verlassen, auch bei Angela Merkel nicht. Zweitens: Wenn es um Steuererhöhungen am oberen Ende der Einkommens- und Vermögensskala geht, dann gilt das kategorische Nein sehr wohl.

Steu|er|staat, der: Als neutraler Fachausdruck bezeichnet der Begriff einen Staat, der sich überwiegend durch Steuern finanziert. Der deutschen Finanzverfassung, so das Bundesverfassungsgericht, »liegt die Vorstellung zugrunde, dass die Finanzierung der staatlichen Aufgaben in Bund und Ländern einschließlich der Gemeinden grundsätzlich aus dem Ertrag der in Art. 105 ff. GG geregelten Einnahmequellen erfolgt

(Prinzip des Steuerstaates ...)«[296]. Der hier erwähnte Grundgesetz-Artikel verwendet zwar nicht das Wort »Steuerstaat«, nennt aber als Einnahmequellen von Bund und Ländern ausschließlich »Finanzmonopole«[297], Zölle und »die übrigen Steuern«[298]. Der Steuerstaat zieht also die Allgemeinheit je nach Leistungskraft des Einzelnen zur Finanzierung seiner Aufgaben heran – im Gegensatz etwa zu einem System, in dem die Einnahmen der öffentlichen Hand vor allem aus Gebühren für einzelne Leistungen finanziert würden.

So weit die sachliche Definition. Allerdings gibt es das Wort »Steuerstaat« immer wieder auch in einer polemischen Verwendung, am liebsten in Kombination mit dem Wort »gefräßig«. So zum Beispiel hier in einem Leitartikel der *Augsburger Allgemeinen Zeitung,* der gleich ein halbes Dutzend neoliberaler Klischees auf engstem Raum versammelt: »Der Wirtschaftsflügel der Union ist politisch quasi entmündigt, die Vollkaskopolitik (siehe →*Anspruchsdenken*, Anm. d. Verf.) der Großen Koalition, ihre Staatsgläubigkeit (siehe →*starker Staat*) und ihr Hang zur →*Bevormundung* schreien geradezu nach einer liberalen Alternative. Nach einer Partei, die für →*Eigenverantwortung* und →*Eigeninitiative* steht, die den gefräßigen Steuerstaat auf Diät setzt (...) und das transatlantische Freihandelsabkommen (siehe →*Freihandel*) als Chance begreift und nicht als politischen Kotau vor den Interessen großer Konzerne.«[299]

Das Gegenbild zu diesem Horrorgemälde ist selbstverständlich der →»*schlanke Staat*«, den niemand so unverhohlen heraufbeschwören kann wie der FDP-Vorsitzende Christian Lindner: »Wir wollen einen schlanken Staat mit weniger Bürokratie, weniger Subventionen und weniger Personal.«[300] Dass die Schlankheitskur ganz besonders dem sozialstaatlichen Ausgleich (Ausnahme: Bildung) und der →*Umverteilung* von Reichtum gilt, ist dabei klar. Auf die Frage, welchen Staat er will, antwortet Lindner: »Einen Staat, der sich auf seine Kernaufgaben konzentriert: Bildung und Infrastruktur.«[301]

Um das ideologische Rüstzeug für die Attacke auf den Steuerstaat kümmerte sich bereits Ende der Nullerjahre mit besonderer Hingabe der Philosoph Peter Sloterdijk. Unter dem Titel »Die Revolution der gebenden Hand« schrieb er in der *Frankfurter Allgemeinen Zeitung* ein Pamphlet, das der Ideologie der (Steuer-)Staatsverachtung besonders pointiert Ausdruck verlieh: »Wir leben gegenwärtig ja keineswegs ›im Kapitalismus‹ – wie eine so gedankenlose wie hysterische Rhetorik neuerdings wieder suggeriert –, sondern in einer Ordnung der Dinge, die man cum grano salis als einen massenmedial animierten, steuerstaatlich zugreifenden Semi-Sozialismus auf eigentumswirtschaftlicher Grundlage definieren muss.« Mit anderen Worten von Sloterdijk: in einer »Staats-Kleptokratie« oder unter der Bedrohung eines »nehmenden Ungeheuers, auf dessen Rücken das aktuelle System der Daseinsvorsorge reitet«.[302]

Der philosophische Provokateur sprach gar von einer »unerhörten Aufblähung der Staatlichkeit in der gegenwärtigen Welt« – offensichtlich unbeeindruckt davon, dass nicht etwa →*Steuererhöhungen*, sondern Steuersenkungen, Ausgabenkürzungen und damit Staatsabbau zu fast unhinterfragten globalen Maximen politischen Handelns geworden sind. Sloterdijk hat stattdessen beobachtet, »wie sich der moderne Staat binnen eines Jahrhunderts zu einem geldsaugenden und geldspeienden Ungeheuer von beispiellosen Dimensionen ausformte. Dies gelang ihm vor allem mittels einer fabelhaften Ausweitung der Besteuerungszone, nicht zuletzt durch die Einführung der progressiven Einkommensteuer, die in der Sache nicht weniger bedeutet als ein funktionales Äquivalent zur sozialistischen Enteignung, mit dem bemerkenswerten Vorzug, dass sich die Prozedur Jahr für Jahr wiederholen lässt – zumindest bei jenen, die an der Schröpfung des letzten Jahres nicht zugrunde gingen. (...) Voll ausgebaute Steuerstaaten reklamieren jedes Jahr die Hälfte aller Wirtschaftserfolge ihrer produktiven Schichten für den Fiskus, ohne dass die Betroffenen zu der plausibelsten Reaktion darauf, dem antifiskalischen Bürgerkrieg, ihre Zuflucht nehmen.«

Wer die Welt so sieht (und offensichtlich ausschließlich Unternehmer sowie vielleicht Spitzenverdiener zu den »produktiven Schichten« zählt), der muss natürlich angesichts der quasi »sozialistischen Enteignung« durch die Einkommensteuer radikale Notmaßnahmen empfehlen. Sloterdijks Vorschlag: »Die einzige Macht, die der Plünderung der Zukunft Widerstand leisten könnte, hätte eine sozialpsychologische Neuerfindung der ›Gesellschaft‹ zur Voraussetzung. Sie wäre nicht weniger als eine Revolution der gebenden Hand. Sie führte zur Abschaffung der Zwangssteuern und zu deren Umwandlung in Geschenke an die Allgemeinheit – ohne dass der öffentliche Bereich deswegen verarmen müsste.« So wird die allgemeine Wohlfahrt zu einer Frage des Charakters. Denn es ginge, so Sloterdijk, darum, zu zeigen, »dass in dem ewigen Widerstreit zwischen Gier und Stolz zuweilen auch der Letztere die Oberhand gewinnen kann«.

In der Konsequenz bedeutet das, den Steuerstaat durch die Willkür der freiwillig »gebenden Hand« zu ersetzen, falls diese Hand zufällig einem mehr stolzen als gierigen Mäzen gehört. Eine solche Fantasie mag uns im nicht-angelsächsischen Westen einstweilen vollkommen absurd und jenseits aller Realisierungschancen erscheinen. Ein Blick in die USA zeigt allerdings, wie sehr der Steuerstaat dort bereits unter Beschuss geraten ist.

So hat Facebook-Gründer Mark Zuckerberg verkündet, seine Frau und er wollten 99 Prozent der eigenen Unternehmensanteile in ein wohltätiges Unternehmen verwandeln. Nun spricht natürlich nichts dagegen, wenn ein 45 Milliarden Dollar schwerer Unternehmer für sich und die persönlichen Bedürfnisse seiner Familie »nur« ein Prozent, also schlappe 450 Millionen, behalten will. Aber hinter solchen Initiativen steckt, trotz mancher segensreichen Wirkung, auch ein strukturelles Problem. Und zwar auch dann, wenn die Vorwürfe, dass Facebook wo immer möglich Steuern vermeidet[303], nicht den Tatsachen entsprächen (Zuckerberg stellt das selbstverständlich anders dar[304]). Am Beispiel des berühmtesten Vorbilds für das stiftende Ehepaar Zuckerberg, der »Bill and Melinda Gates Foundation«, wird deutlich, dass die »gebende Hand« der Vermögenden zu problematischen strukturellen Verschiebungen führt.

Mäzenatentum, wie Microsoft-Gründer Gates und seine Gattin es unter anderem in der Bekämpfung von Aids und Malaria pflegen, hatte und hat prinzipiell seinen legitimen Platz in jeder Gesellschaft, die Reichtum kennt. Aus eigenem Antrieb gibt der Mäzen etwas zurück. Er mag auch egoistische Gründe dafür haben – Renommee, Gewissensberuhigung –, aber das schmälert den Wert seines Tuns zunächst nicht. Da er aber aus eigenem Antrieb handelt, entscheidet er selbstverständlich auch, wem und wofür er seine Spende gibt. Mäzenatentum ist und bleibt: Willkür. Bei allem Nutzen, den es zugleich hat.

Gefährlich wird es dann, wenn die freiwillige und damit willkürliche (Um-)Verteilung privaten Vermögens ihre Rolle wechselt: wenn sie nicht mehr als Ergänzung, sondern als Ersatz für die öffentliche und an demokratische Entscheidungen gebundene Sicherung des Gemeinwohls herangezogen wird.

Die gute Absicht spricht auch James Love den Milliardären nicht ab. Love kämpft mit seiner Organisation »Knowledge

Ecology International« gegen die Monopolisierung geistigen Eigentums und damit unter anderem gegen Gates' Unternehmen Microsoft, das seine Produkte und ihre Quellcodes bekanntlich mit fast allen Mitteln gegen den Zugang von potenziellen Konkurrenten verteidigt. Das hat auf den ersten Blick mit der wohltätigen Arbeit des Microsoft-Gründers nichts zu tun. »Die Gates-Stiftung tut viel Gutes«, schreibt Love.[305] Und doch stößt der Aktivist auch in der Stiftung auf Aspekte einer fragwürdigen Monopolisierung, auf die Gefahren der paternalistischen Variante von Umverteilung. Die »Bill and Melinda Gates Stiftung« ist inzwischen der weltweit zweitgrößte Akteur, wenn es um internationale Gesundheitsvorsorge geht. Ihr Anteil an der Finanzierung entsprechender Programme ist höher als derjenige jedes einzelnen Staates außer den USA. Die Weltgesundheitsorganisation WHO hat ihre politische Gestaltungsfreiheit längst zu großen Teilen an Geldgeber verloren, die ihre Beiträge jederzeit zurückziehen könnten – zumal auch viele Mitgliedstaaten ihre festen Selbstverpflichtungen durch Einzelspenden ersetzt haben.

Solche Beiträge sind meistens zweckgebunden – Gates setzt vor allem auf Impfprogramme. Dagegen zitiert James Love WHO-Beobachter mit dem Hinweis, dass viele Bemühungen, die Versorgung mit lebensnotwendigen Medikamenten in Entwicklungsländern durch eine Lockerung des Patentschutzes zu erleichtern, am Einfluss des einstigen Software-Monopolisten ihre Grenzen finden: »Gates machte mit der Verteidigung geistiger Eigentumsrechte ein Vermögen. Nun setzt seine Stiftung auf patentierte Medizin und Impfstoffe, statt frei zugängliche Produkte zu fördern.«[306]

Keine Frage, Bill Gates rettet Leben. Aber ob dabei Ansätze zur nachhaltigen Verbesserung der Versorgungsstrukturen auf der Strecke bleiben oder nicht, das entscheidet seine Stiftung allein. Eine Organisation, die philanthropischer Willkür entsprang, macht einer Institution wie der WHO, die immerhin einen Auftrag der Vereinten Nationen besitzt, die Definitionsmacht über das Gemeinwohl – hier die globale Gesundheitspolitik – streitig.

Das Beispiel zeigt: Um Willkür zu begrenzen, muss die Sicherung des Gemeinwohls eine öffentliche Angelegenheit bleiben, global wie national. Der Staat, durch demokratische Institutionen an den Willen der Gesellschaft gebunden, ist der Ort, an dem sich der Ausgleich zwischen materieller Ungleichheit und Gemeinwohl auf den Willen der Mehrheit berufen kann. Wo staatliche Willkür herrscht, da ist für Demokratie zu kämpfen, statt sie durch die noch so philanthropisch motivierte Willkür der Superreichen zu ersetzen. Der »Philanthrocapitalism«, wie er in den USA genannt wird, stellt nichts anderes dar als die Privatisierung öffentlicher Wohlfahrt, die Entmachtung der Gesellschaft bei der Definition öffentlicher Angelegenheiten.

So altruistisch die Motive der großen Mäzene auch sind: Ohne den nach demokratisch-sozialen Maßstäben steuernden Staat – und das heißt auch: ohne Steuerstaat – ist eine wirksame Förderung des Gemeinwohls nicht zu erreichen.

Steu | er | sün | der, der: eine Person, die ihrer Steuerpflicht nicht oder nur zum Teil nachkommt, wie unser Lieblingswörterbuch, der Duden, weiß. Nach den Buchstaben des Gesetzes sind Steuersünder Straftäter. Das klingt so grob und verwerflich, dass viele Menschen es selbst den schlimmsten Betrügern nicht zumuten möchten, so genannt zu werden. »Die größten Steuersünder«, überschrieb zum Beispiel die *Wirtschaftswoche* eine Fotostrecke, in der sie ebendiese zeigte.[307] Auf dem ersten Bild war der Wurstfabrikant und

Fußballmanager Uli Hoeneß zu sehen, der dem Staat viele Millionen Euro vorenthalten hat.

Der Steuersünder ist mehr als nur ein sprachliches Missgeschick. Immerhin galt Steuerhinterziehung hierzulande lange als Kavaliersdelikt. Dieses wiederum ist laut Duden eine »unerlaubte [strafbare] Handlung, die von der Gesellschaft, von der Umwelt als nicht ehrenrührig, als weniger schlimm angesehen wird«. Kavaliersdelikt und Steuersünde sind eng miteinander verbunden. Sie sind von der gleichen Geisteshaltung geprägt: dass es sich um ein kleineres Vergehen handelt, das einem niemand lange krumm nimmt. Denn eine Sünde hat heute längst nicht mehr das moralische Gewicht, das ihr früher innerhalb der Weltreligionen zukam. Heute sprechen wir noch von einer Sünde, wenn wir zu viel Schokolade genascht oder die Parkgebühr nicht bezahlt haben.

Doch Steuerhinterziehung hat für die Gesellschaft bedeutende Folgen. Schließlich fehlt das dem Fiskus vorenthaltene Geld bei der Finanzierung gesellschaftlicher Aufgaben. Das hat entweder zur Folge, dass der Staat seine Aufgaben nicht erfüllen kann – oder dass er das Geld anderswo eintreiben muss. Zum Schaden der Mitbürger und der anderen Steuerzahler.

Ta|rif|ein|heit, die: ein Rechtsbegriff, der besagt, dass für einen Arbeitnehmer oder in einem Betrieb nur ein Tarifvertrag gelten darf. Das klingt – wie der Begriff »Einheit« überhaupt – positiv. Fragwürdig wird es allerdings dann, wenn der Gesetzgeber das schöne Ziel der Einheit erzwingen zu können glaubt – und das mit einem Eingriff in die Tarifautonomie, der letztlich die Arbeitnehmer gegenüber den Arbeitgebern schwächen wird. Genau das hat die große Koalition im Jahr 2015 getan.

Als Fachausdruck hat das Wort »Tarifeinheit« zwei unterschiedliche Bedeutungen. Der Begriff kann sowohl auf den einzelnen Arbeitnehmer angewendet werden als auch auf einen ganzen Betrieb. Im ersten Fall ist die Sache unumstritten: In jedem individuellen Arbeitsverhältnis soll nur ein Tarifvertrag zur Geltung kommen. Damit Arbeitgeber und Arbeitnehmer sich nicht mit womöglich widersprüchlichen Regelungen aus unterschiedlichen Tarifverträgen für ein einzelnes Arbeitsverhältnis herumschlagen müssen, ist die sogenannte »Tarifkonkurrenz« auszuschließen.

Umkämpft ist in der politischen und juristischen Debatte die andere Bedeutung von Tarifeinheit, wonach laut früherer Rechtsprechung des Bundesarbeitsgerichts »in einem Betrieb nur ein Tarifvertrag Anwendung finden soll«[308]. Diese Form der Tarifeinheit ist also dann nicht gegeben, wenn zwei oder mehrere Gewerkschaften unterschiedliche Tarifverträge schließen. Dann ist zwar die Tarifeinheit für den einzelnen Arbeitnehmer gewahrt – sein individueller Arbeitsvertrag folgt entweder dem einen oder dem anderen Tarifvertrag –, aber der Kollege nebenan arbeitet womöglich nach einem anderen Tarif. So gibt es im Betrieb unterschiedliche Regeln auch innerhalb einzelner Berufsgruppen. Diesen Zustand nennen Juristen »Tarifpluralität«[309].

Das bekannteste Beispiel sind Lokführer oder Zugbegleiter bei der Deutschen Bahn, die sich zum einen Teil von der DGB-Gewerkschaft EVG und zum anderen Teil von der Lokführergewerkschaft GDL im Deutschen Beamtenbund vertreten lassen. Ähnliches gilt zum Beispiel für Ärzte in Krankenhäusern (Verdi/Marburger Bund) oder Journalisten (Verdi/Deutscher Journalistenverband).

Brenzlig wird es immer dann, wenn die konkurrierenden Gewerkschaften die Tarifverhandlungen nicht gemeinsam führen, sondern getrennt voneinander für unterschiedliche Ziele kämpfen, und im Zweifel auch streiken. So geschehen während der Tarifauseinandersetzung bei der Deutschen Bahn, die im Sommer 2015 erst nach neun Streiks der Lokführergewerkschaft und einem Schlichtungsverfahren endete. Dort hatten die EVG und die GDL für einzelne Berufsgruppen, etwa Zugbegleiter, unterschiedliche Forderungen gestellt und getrennt verhandelt. Entsprechend einigten sie sich getrennt voneinander mit dem Konzern, so dass dort jetzt unterschiedliche Regelungen gelten, je nachdem ob der oder die Beschäftigte der einen oder der anderen Gewerkschaft angehört. Allerdings gelang es in den Verhandlungen, die unterschiedlichen Verträge einander so anzugleichen, dass der Arbeitgeber damit etwa bei der Erstellung von Schicht- oder Urlaubsplänen noch umgehen kann. Es herrscht also bei der Bahn »Tarifpluralität«, die unterschiedlichen Gewerkschaften haben ihre je eigenen Akzente gesetzt, aber die (Arbeits-)Welt ist davon offensichtlich nicht untergegangen.

Man kann gerade dieses Ergebnis als Beweis dafür ansehen, dass die Tarifautonomie auch dann noch funktioniert, wenn nicht alle Beschäftigten eines Betriebes von einer einzigen, möglichst einer der großen Einheitsgewerkschaften vertreten werden. Das Beispiel der Bahn, immerhin einer der größten Arbeitgeber Deutschlands, wäre damit der Gegenbeweis für die folgende These der Bundesregierung: »Die Funktionsfähigkeit der Tarifautonomie wird durch Tarifkollisionen beeinträchtigt.« Denn diese »Tarifkollisionen« bergen laut Bundesregierung »die Gefahr«, dass Arbeitgeberverbände und Gewerkschaften »der ihnen durch Artikel 9 Absatz 3 des Grundgesetzes überantworteten und im allgemeinen Interesse liegenden Aufgabe der Ordnung und Befriedung des Arbeitslebens nicht mehr gerecht werden können«.[310]

Schon die Wortwahl macht die Stoßrichtung klar: Was als »Tarifpluralität« nach einem begrüßenswerten oder zumindest erträglichen Zustand klingt, wird hier mit einem negativen Wort benannt, das bisher in der Fachsprache gar nicht gebräuchlich war: Tarifkollision. Mit dieser Begründung setzte die schwarz-rote Koalition im Jahr 2015 das »Tarifeinheitsgesetz« durch. Es half ihr dabei in der öffentlichen Debatte, dass die Streiks der GDL neben einigem Verständnis auch für erheblichen Ärger bei einem Teil der Bahnkunden gesorgt hatten. Dass die Auseinandersetzung von der Lokführergewerkschaft auch deshalb so hart geführt wurde, weil sie sich bereits durch das vieldiskutierte »Tarifeinheitsgesetz« bedroht fühlen musste, ging in den öffentlichen Diskussionen fast vollständig unter.

Mit dem Gesetz, das dann im Juli 2015 in Kraft trat, wurde ins Tarifvertragsgesetz der Satz eingefügt: »Zur Sicherung der Schutzfunktion, Verteilungsfunktion, Befriedungsfunktion sowie Ordnungsfunktion von Rechtsnormen des Tarifvertrags werden Tarifkollisionen im Betrieb vermieden.«[311] Mehrere Tarifverträge in einem Betrieb sind damit ausgeschlossen. Es gilt nur noch das, was die Gewerkschaft mit den meisten Mitgliedern gegenüber dem Arbeitgeber durchgesetzt hat.

Dass die Arbeitgeber jubelten, liegt auf der Hand. Für sie ist es selbstverständlich einfacher, wenn sie es nur mit einem Tarifvertrag pro Betrieb zu tun bekommen. Und radikalere Gewerkschaften wie die GDL, die den lange eingeübten Frieden mit einem vertrauten Partner auf Arbeitnehmerseite (der EVG) stören könnten, haben sie erst einmal vom Hals. Ingo Kramer, Präsident der Bundesvereinigung der Deutschen Arbeitgeberverbände, sagte im Gleichklang mit der Regierung: »Eine tragende Säule von Sozialpartnerschaft und Tarifautonomie ist die Tarifeinheit. In den Betrieben muss für Arbeitgeber und Arbeitnehmer klar sein, welcher Tarifvertrag gilt.«[312] Aber auch Jörg Hofmann, damals noch Zweiter Vorsitzender der IG Metall und inzwischen deren Chef, sagte im Mai 2015: »Das Prinzip ›Ein Betrieb – ein Tarifvertrag‹ ist die Grundlage einer solidarischen Interessenvertretung. Es geht nicht um einzelne Arbeitnehmergruppen, sondern um die gesamte Belegschaft.«[313] Er stellt sich damit übrigens gegen seinen DGB-Kollegen von Verdi, der das Tarifeinheitsgesetz ablehnt: »Tarifeinheit ist grundsätzlich erstrebenswert, damit Beschäftigte nicht gegeneinander ausgespielt werden, aber dies müssen wir mit gewerkschaftlichen Mitteln erreichen.«[314]

Dass die kleineren Gewerkschaften keineswegs nur maßlos privilegierte Berufsgruppen repräsentieren, die den Hals nicht voll bekommen können, übersehen die Befürworter der gesetzlichen Zwangsregel konsequent. Dass beispielsweise die GDL auch aus anderen Berufsgruppen als den Lokführern Zulauf erhielt, ist ja nicht gerade ein Beleg für deren Zufriedenheit mit der DGB-Gewerkschaft. Und insgesamt macht es die zunehmende Differenzierung von Berufsgruppen und die von Unternehmen forcierte Aufspaltung in unterschiedliche Einzelbetriebe nachvollziehbar, dass auch bei den Interessenvertretungen eine Differenzierung eingetreten ist. Dieser Entwicklung mit einem Gesetz begegnen zu wollen, ist zumindest eine gewagte Idee.

So schrieben zum Beispiel die »fünf Wirtschaftsweisen«, die sonst oft mehrheitlich die Sicht der Arbeitgeberseite teilen: »Aus Sicht des Sachverständigenrates stellt das Gesetz einen nur schwer zu rechtfertigenden Eingriff in den Wettbewerb zwischen Arbeitnehmervertretungen dar.«[315] Und ganz ähnlich sieht es inzwischen auch das Bundesarbeitsgericht, das jahrzehntelang auf der Tarifeinheit bestanden hatte. Im Jahr 2010 vollzog es einen totalen Schwenk und änderte seine Rechtsprechung zugunsten der Tarifpluralität. Nicht zuletzt hatten die Richter Zweifel, ob es verfassungsrechtlich zulässig ist, das Recht auf den Abschluss eigener Tarifverträge und damit die »Koalitionsfreiheit« kleinerer Gewerkschaften einzuschränken, indem man ihre ausverhandelten oder gar erstreikten Tarifabschlüsse zunichtemacht: »Die Verdrängung eines Tarifvertrages ist auch mit dem Grundrecht der Koalitionsfreiheit nach Art. 9 Abs. 3 GG nicht zu vereinbaren. (...) Wer Mitglied in der tarifvertragsschließenden Gewerkschaft ist, will insbesondere an den von dieser in Tarifverträgen vereinbarten Mindestbedingungen teilhaben.«[316]

Und schon im selben Urteil äußerte das höchste deutsche Arbeitsgericht auch vorausschauende Zweifel an dem, was Union und SPD fünf Jahre später ohne Rücksicht auf verfassungsrechtliche Einwände beschließen sollten: einer Regelung per Gesetz. Zwar enthielt die Begründung hier keine endgültige Wertung, sehr wohl aber einen Hinweis auf eine mögliche Verfassungswidrigkeit: »Es kann (...) offenbleiben, ob der einfache Gesetzgeber eine Regelung überhaupt schaffen könnte, die in einer derart weit reichenden Weise in die verfassungsrechtlich geschützte Koalitionsfreiheit eingreift.«[317] Jedenfalls stellten »die angeführten Zweckmäßigkeits- oder Praktikabilitätserwägungen (...) keine mit der Koalitionsfreiheit kollidierenden Rechtsgüter des Arbeitgebers von gleichermaßen verfassungsrechtlichem Rang (...) dar, die nach den genannten Maßstäben einen Eingriff in die individuelle und die kollektive Koalitionsfreiheit rechtfertigen können«.[318]

Dass die betroffenen Gewerkschaften das »Tarifeinheitsgesetz« sofort nach Inkrafttreten beim Bundesverfassungsgericht angefochten haben, verwundert aus all diesen Gründen nicht. Einen Eilantrag, das Gesetz sofort zu stoppen, lehnte das Gericht zwar im Herbst 2015 ab – allerdings mit dem ausdrücklichen Hinweis, die endgültige Entscheidung sei »offen«.[319] So blieb die letzte Chance erhalten, denjenigen in den Arm zu fallen, die ihren politisch und verfassungsjuristisch fragwürdigen Eingriff mit einem positiven Begriff wie »Tarifeinheit« bemänteln.

Umbau →*Reform*

Um | ver | tei | lung, die: Wenn wir Ihnen ein Stück von ihrem Kuchen wegnehmen und es jemand anderem geben, dann haben wir umverteilt. Im politischen Diskurs wird in der Regel nur dann von Umverteilung gesprochen, wenn Geld von den finanzstarken zu den finanzschwachen Bürgern fließt. Das wird von Teilen des politischen Spektrums heftig bekämpft und als eine Form der Enteignung betrachtet. Dass Geld auch von unten nach oben fließt, wird hingegen weniger beachtet und zudem häufig auch nicht als Umverteilung bezeichnet. Oder um es mit den zugegebenermaßen überspitzten Worten des Aphoristikers Manfred Hinrich zu formulieren: »Umverteilung von unten nach oben ist Politik. Teilt jemand in umgekehrter Richtung, ist das eine Straftat.«[320]

Wodurch unterscheiden sich die beiden Formen der Umverteilung? Im Kern durch den Ort, an dem sie geschieht.

Die Umverteilung von unten nach oben findet hauptsächlich innerhalb der Wirtschaft statt. Warum? Es ist unbestritten, dass ein Unternehmen ohne menschliche Arbeitskraft nichts produzieren kann. Doch nicht alle Beschäftigten verdienen gleich viel, obwohl es für den Erfolg des Unternehmens offensichtlich jeden einzelnen Mitarbeiter braucht – sonst gäbe es seine Stelle ja nicht. Begründet wird der Unterschied beim Einkommen damit, dass die Leistung der einen mehr wert sei als die der anderen (siehe dazu auch →*Leistungsgerechtigkeit*). Innerhalb dieser Logik verdienen Manager deshalb Hunderttausende oder Millionen Euro, während der Facharbeiter im gleichen Betrieb mit einer mittleren fünfstelligen Summe vergütet wird.

Folgt man diesem Leistungsargument, können unterschiedlich hohe Einkommen nicht als Umverteilung bezeichnet werden, da jedem nur das zufließt, was seine Arbeitsleistung wert ist (siehe dazu auch →*gerechter Lohn*). Anders sieht es aus, wenn man das Argument zurückweist. Weil man zum Beispiel nicht daran glaubt, dass die Leistung jedes Mitarbeiters exakt erfasst und mit einem Geldbetrag honoriert werden kann. Das aber bedeutet, dass das Geld nach anderen Kriterien verteilt wird, was nichts anderes als Umverteilung von erbrachter Leistung wäre.

Doch nicht nur innerhalb der Belegschaften stellt sich die Verteilungsfrage. Der nach Karl Marx klassische Verteilungskonflikt findet vor allem zwischen den Arbeitern und den Besitzern der Unternehmen statt. Der Anteil Letzterer ist in den vergangenen Jahren größer geworden. 2014 gingen 69,1 Prozent des Volkseinkommens an die Arbeitnehmer, bei den Unternehmen und Kapitalgebern verblieben 30,9 Prozent.[321] Im Jahr 2000 war das Stück, das die Arbeitnehmer vom Kuchen bekommen hatten, noch größer: Es betrug 72,6 Prozent. Doch die in der Folge schwache Lohnentwicklung, auch als →*Lohnzurückhaltung* gelobt, hat die Gewichte verschoben.

Das ist die Umverteilung, wie sie in der Wirtschaft stattfindet. Sie wird in der Regel als natürlich betrachtet. Die Gewinner dieser Verteilungsprozesse halten ihr Einkommen üblicherweise für redlich verdient. Wer wollte es ihnen verdenken? Und für viele dieser Menschen ist es auch selbstverständlich, ihren Teil zur Finanzierung des Gemeinwesens beizutragen. Trotzdem gibt es eine ständige Auseinandersetzung darum, wie viel staatliche Umverteilung es braucht. Denn nach aktuellen Schätzungen besitzt das reichste Prozent der deutschen Bevölkerung etwa ein Drittel des Gesamtvermögens.[322] Zahlen des Statistischen Bundesamtes zeigen zudem, dass die Einkommen im Land auseinanderdriften. 2014 galten 15,4 Prozent der deutschen Haushalte als armutsgefährdet, 2005 waren es erst 14,7 Prozent.[323] Die ärmeren Haushalte werden also von der wirtschaftlichen Entwicklung abgehängt.

Damit sind wir beim zweiten Schauplatz der Umverteilung, beim Staat. Er vermindert die Ungleichheiten, die der Markt produziert. Schließlich gibt es keinen Wettbewerb ohne Gewinner und Verlierer. Der ehemalige SPD-Vorsitzende, Bundesfinanzminister und Linken-Politiker Oskar Lafontaine nennt die staatliche Umverteilung zutreffend »Rückverteilung«[324]. Diese Rückverteilung läuft einerseits über das Steuersystem und andererseits über die Sozialversicherungen nach dem Muster: Wer mehr verdient, zahlt mehr an den Staat. Als besonders starke Kritiker dieser Art der Umverteilung profilieren sich Konservative und die FDP. Das ist nichts Neues, sondern ein uraltes Phänomen mit stets ähnlichen Argumenten. Franz Josef Strauß erklärte: »Der Reichtum kommt nicht von der Umverteilung, der Reichtum kommt von Fleiß und Leistung.«[325] Und der FDP-Vorsitzende Christian Lindner sagte: »Gebt den Menschen, die sich etwas aufbauen wollen, dazu eine faire Chance. Das ist besser, als mehr Geld in den staatlichen Umverteilungsapparat einzuspeisen.«[326]

Lindner tut damit so, als ob faire →*Chancen* auch ohne Umverteilung hergestellt werden könnten. Den Beweis dafür ist die FDP allerdings auch in ihrer Regierungszeit schuldig geblieben. Die →*Aufstiegschancen* sind in Deutschland nach wie vor extrem ungleich verteilt und vor allem vom Elternhaus abhängig. Damit wird Ungleichheit von Geburt an zementiert. Sie hat inzwischen in Deutschland ein Ausmaß angenommen, das es für gewöhnliche Bürger so gut wie unmöglich macht, durch eigene Leistung zu den Reichsten des Landes aufzuschließen.

Selbst der wirtschaftsfreundliche SPD-Politiker und ehemalige Kanzlerkandidat Peer Steinbrück sieht diese Entwicklung inzwischen mehr als skeptisch. »Es gibt seit Jahren eine Umverteilung von unten nach oben«, sagte er zum Beispiel 2013.[327] Nun müssten die Reichen zahlen – über die Wiedereinführung der Vermögensteuer und die Erhöhung des Spitzensteuersatzes sowie höhere Steuern auf Kapitaleinkünfte.

In diesem Zusammenhang gibt es eine pikante Vermutung: Es könnte sein, dass sich die reichsten Haushalte des Landes abhängig von den ökonomischen Rahmenbedingungen zeitweise überhaupt nicht an der Finanzierung des Gemeinwesens (ohne Sozialversicherungen) beteiligen. Demnach erhalten sie vom Staat für ihre Staatsanleihen in etwa so viele Zinsen, wie sie an Steuern bezahlen. Zu diesem Ergebnis kam 2004 die Journalistin Marie-Luise Hauch-Fleck, die sich allerdings mangels Daten dem Thema nur grob nähern konnte.[328] Ihre Rechnung schien plausibel, dürfte in Zeiten niedriger Zinsen allerdings nicht aufgehen.

Halten wir zum Schluss fest: Nur wenn von unten nach oben umverteilt wurde, kann von oben nach unten umverteilt werden. Und: Ersteres ist genauso diskussionswürdig wie Letzteres.

un|ter|neh|mer|ische Frei|heit, die: So sehr die Forderung der Unternehmer, vom Staat in Ruhe gelassen zu werden, ihr gutes Recht ist, so oft vergessen sie aber auch, dass Freiheit immer an Voraussetzungen geknüpft ist. Die zentrale Voraussetzung für freies Handeln ist, die Verantwortung für die eigenen Entscheidungen zu übernehmen, dafür zu haften. »Wer den Nutzen hat, muß auch den Schaden tragen«, schrieb der Vordenker der sozialen Marktwirtschaft in Deutschland, Walter Eucken, in seinem Werk über die Grundsätze der Wirtschaftspolitik.[329]

Damit sind wir beim Kern dessen, was liberales Denken im Sinne Euckens ausmacht: Wer Gewinn machen will, muss auch für die Kosten aufkommen und wälzt diese nicht auf andere ab. Das heißt, er betreibt sein Geschäft nicht zu Lasten der Mitmenschen oder der Umwelt. Idealerweise führt das dazu, dass Entscheidungen sorgfältig abgewogen werden. Und wenn ein Unternehmer doch einmal Schäden verursacht, dann zahlt er für deren Beseitigung. In einer solchen Welt des verantwortungsbewussten Miteinanders kann der Staat auf regulierende Eingriffe weitgehend verzichten.

Wir brauchen hier nicht auszuführen, dass wir von einer solchen Welt derzeit weit entfernt sind. Die Finanzkrise hat uns erst gerade wieder vor Augen geführt, wie hemmungslos Geschäfte auf Kosten der Gesellschaft gemacht wurden. Die Bankenrettung wäre nicht nötig gewesen, hätten die Geldhäuser so gehandelt, dass sie ihre Verluste selbst hätten tragen können. Dafür gab es zwei Möglichkeiten: weniger riskante Spekulationen oder mehr Rücklagen für den Fall, dass etwas schiefgeht. Beides wurde nicht gemacht. Möglicherweise geschah dies auch in dem Bewusstsein, dass die Geldhäuser aufgrund ihrer Bedeutung für die Wirtschaft vom Staat gerettet werden würden.

Doch schauen wir nicht nur auf die Banken. Es würde uns nämlich den Blick vernebeln, wenn wir annähmen, dass nur dort einiges im Argen liegt. Tatsächlich werden in vielen Teilen der Wirtschaft und natürlich auch von Privathaushalten die Kosten ihrer Handlungen externalisiert, das heißt auf andere abgewälzt. Das sehen wir zum Beispiel bei der Kohleverstromung, im Luftverkehr oder bei der Zunahme hochmotorisierter Pkw auf unseren Straßen. Alles zu Lasten der Umwelt. Die Ernährungs- und die Tabakbranche vermarkten aggressiv Lebensmittel und Zigaretten, mit denen sie hohe Kosten in den Gesundheitssystemen auslösen. Und natürlich verhalten sich auch die Konsumenten dieser Produkte so: Sie handeln in der Erwartung, dass die Gesellschaft für die Behandlung von Folgeschäden wie Krebs, Diabetes oder Herz-Kreislauf-Erkrankungen aufkommen wird.

Ändern ließe sich dieses Verhalten nur, indem Verantwortungslosigkeit gnadenlos bestraft würde. Das bedeutet, dass Banken in die Pleite geschickt werden, dass Aktionäre ihr Eigentum verlieren, dass Konzerne Milliardenstrafen für Fehlverhalten bezahlen. Doch ob Banken oder VW-Skandal – in Deutschland werden die großen Firmen mit Samthandschuhen angefasst. Und auch in Bezug auf die Bürger drückt man ein Auge zu, denn schließlich müssen Raucher, Übergewichtige oder Extremsportler die Kosten ihres Verhaltens nicht selber tragen. Dass dem so ist, hängt vermutlich mit zweierlei zusammen: Einerseits würde es die Gesellschaft schwer ertragen, dabei zuzusehen, wie ein Teil ihrer Mitglieder elendiglich zugrunde geht. Das würde dem Solidaritätsgefühl vieler Menschen widersprechen. Andererseits ist der Einfluss bestimmter Interessensgruppen auf die Politik so groß, dass sie für sich Ausnahmen durchsetzen können.

So wird das Haftungsprinzip immer weiter ausgehöhlt. Mit dieser Entwicklung geht eine Beschränkung der Freiheit einher: Je weniger Unternehmen und Bürger die Verantwortung für ihr Tun übernehmen, desto stärker muss der Staat mit Gesetzen, Verordnungen und Absicherungsmechanismen eingreifen.[330] Der Wust an Regulierung und die neuen Sicherungsfonds infolge der Finanzkrise sind beste Beispiele dafür.

Um auf die Unternehmen zurückzukommen, die nach Freiheit rufen: Es ist eine Ironie der Geschichte, dass sie nicht erkennen, dass aus der Verantwortungslosigkeit von heute die Gesetze von morgen erwachsen. Wer Regulierung abbauen möchte, fängt am besten damit an, Eigenverantwortung aufzubauen. Wünschenswert wäre eine Gesellschaft, in der der Staat möglichst wenig eingreifen muss, allemal.

un|ter|pri|vi|le|giert: Bezeichnung für Personen oder Personengruppen, die »nicht oder nur eingeschränkt an bestimmten Rechten, Privilegien, Vorteilen in sozialer oder ökonomischer Hinsicht teilhaben«[331]. So jedenfalls verstehen es der Duden und auch der allgemeine Sprachgebrauch. Man könnte allerdings auch sagen: »Unterprivilegierung« ist eine unsinnige, irreführende und beschönigende Bezeichnung für das, was im Klartext »Diskriminierung« heißen müsste. Denn was ist es anderes als Diskriminierung, wenn jemand unter anderem an bestimmten Rechten »nicht oder nur eingeschränkt« teilhat?

»Privilegierung ist der Gegenbegriff zu Diskriminierung«, sagt zum Beispiel die Psychologin Birgit Rommelspacher.[332] Also ist umgekehrt der Gegenbegriff zur Privilegierung eben nicht »Unterprivilegierung«, sondern: Diskriminierung. Und das gilt nicht nur im Zusammenhang mit Behinderten, von denen Rommelspacher in ihrem Vortrag sprach, sondern für alle gesellschaftlichen Bereiche. Zum Beispiel für die 16,5 Millionen Menschen in Deutschland, die nach offiziellen Angaben 2014 in Deutschland »von →*Armut* oder sozialer Ausgrenzung bedroht« gewesen sind. Das waren 20,6 Prozent der Bevölkerung – Tendenz seit Jahren steigend.[333]

Der Gebrauch des Wortes »Diskriminierung« hätte allerdings für diejenigen, die sie nicht wahrhaben wollen, einen entscheidenden Nachteil: Das Wort benennt den Missstand in aller Klarheit. Denn wo eine Diskriminierung ist, da ist auch jemand, der diskriminiert. Es handelt sich also um einen Zustand, der nicht vom Himmel gefallen, sondern aktiv hergestellt worden ist, sei es durch Einzelne, durch gesellschaftlich privilegierte Gruppen oder durch die Politik. Bei »unterprivilegiert« sieht das anders aus: Unterprivilegiert *ist* man, aber man *wird* – rein sprachlich – nicht von irgendjemandem unterprivilegiert. Der Satz »Ich fühle mich von xy unterprivilegiert« ist schon grammatikalisch ausgeschlossen, der Satz »Ich fühle mich von xy diskriminiert« funktioniert dagegen sehr wohl. Oder umgekehrt: Es gibt ein Subjekt, das andere diskriminiert, aber es gibt – wiederum rein sprachlich gesehen – niemanden, der andere »unterprivilegiert«. Das ist der Vorteil dieses Begriffs für diejenigen, die die Diskriminierung bestimmter Gruppen in unserer Gesellschaft nicht sehen wollen: Die Verursacher des Missstands sind aus dem Sprachgebrauch verschwunden.

Ver|hält|nis|se, die: äußere Umstände, Gegebenheiten, die für uns bestimmend sind. Manchmal aber gibt es den Versuch, sich den Verhältnissen zu widersetzen, die Umstände nicht zu akzeptieren. Zum Beispiel mehr Geld auszugeben, als man hat – die Kreditwirtschaft macht's möglich. Die Redewendung »über die Verhältnisse leben« bringt das auf den Punkt. Politiker nutzen sie gerne. Zu den Ursachen der weltweiten Wirtschafts- und Finanzkrise sagte zum Beispiel der damalige Bundespräsident Horst Köhler: »Wir haben alle über unsere Verhältnisse gelebt.«[334] Und er begründete das damit, dass die Staatsverschuldung seit den 1970er Jahren zugenommen habe. Meist bleibt dieser Satz aber nicht einfach so stehen, sondern wird verknüpft mit der Ankündigung, dass nun gespart werden müsse.

Nun ist ein ausgeglichener Staatshaushalt und ein Gemeinwesen, das sich vorwiegend über Steuern finanziert und sich nicht von den Finanzmärkten abhängig macht, wie es in den vergangenen Jahren passiert ist, äußerst erstrebenswert. Warum? Weil Kreditgeber Macht haben und diese mit zunehmender Staatsverschuldung immer größer wird. Dann wird die staatliche Agenda nicht mehr in demokratischen Entscheidungen bestimmt, sondern von finanzkräftigen Gruppen durchgesetzt.

Doch an dieser Stelle soll unsere Kritik an dem Ausdruck »über die Verhältnisse leben« gar nicht ansetzen. Wir stören uns viel mehr an der Vorstellung, dass *wir alle* über *unsere* Verhältnisse gelebt hätten. Denn das stimmt nicht, wie sich einfach beweisen lässt. Faktisch hat einzig und alleine der Staat als Institution mehr ausgegeben, als er eingenommen hat. Deutschland als Ganzes lebt nicht über seine Verhältnisse. Nimmt man das Vermögen der Bundesbürger und stellt es der Staatsverschuldung gegenüber, dann erkennt man: Alleine das Nettogeldvermögen (Erspartes minus Verbindlichkeiten) der Bundesbürger liegt bei über 3,5 Billionen Euro[335], während die Schulden des Staates etwas mehr als zwei Billionen Euro[336] betragen. Wir könnten unsere Staatsschulden also locker tilgen. Und dabei sind in dieser Rechnung nicht einmal die Sachwerte enthalten, sondern lediglich das Geld, das auf Bankkonten liegt, in Wertpapiere investiert oder in Versicherungen angelegt wurde.

Faktisch existiert also »nur« ein großes Ungleichgewicht zwischen Staat und Privatvermögen. Dieses Ungleichgewicht könnte ausbalanciert werden, wenn die Steuerpolitik stärker auf die privaten Vermögen zugreifen würde. Weil das allerdings einen riesigen Aufschrei und die Gegenwehr von finanzkräftigen Akteuren provozieren würde, wird es nicht gemacht. Kürzungen bei staatlichen Leistungen, die in der Regel eher die finanzschwachen Bürger treffen, die sich schlechter wehren können und ohnehin seltener zur Wahl gehen[337], scheinen der angenehmere Weg zu sein.

Als Sündenbock für die hohe Verschuldung wird der Gesellschaft dann der Sozialstaat vorgeführt. Ihn gilt es angeblich zu stutzen. Doch der Sozialstaat wird zu Unrecht verantwortlich gemacht. Darauf hat der renommierte Ökonom Gert G. Wagner, ehemaliger Vorstandsvorsitzender des Deutschen Instituts für Wirtschaftsforschung, schon 2011 aufmerksam gemacht.[338]

Die Bundesrepublik ist mit einer Staatsschuldenquote von etwa einem Fünftel der jährlichen Wirtschaftsleistung gestartet (1950).[339] Dabei blieb es bis Mitte der 1970er Jahre. Danach trieb der Ausbau des Sozialstaates die Schuldenquote in die Höhe. Sie verdoppelte sich bis Ende der 1980er Jahre auf mehr als 40 Prozent des BIP. Es folgte die deutsche Einheit und die damit verbundenen hohen Kosten, wodurch die Staatsverschuldung nach einem kurzzeitigen Rückgang zu Beginn der 1990er Jahre bis Ende des Jahrzehnts auf 60 Prozent der jährlichen Wirtschaftsleistung stieg. Einen erneuten Sprung machte sie schließlich infolge der Finanzkrise und des reichlich bankenfreundlichen Krisenmanagements der Bundesregierung. Seit der Pleite der US-Großbank Lehman Brothers legte die Staatsschuldenquote bis Ende 2014 um 10 Prozentpunkte auf 74,7 Prozent zu. Es sind also nicht nur die Sozialausgaben, die die Schulden in die Höhe getrieben haben.

Dennoch: Die Schuldenquote ist deutlich gestiegen und erreichte 2012 den Rekordwert von 79,1 Prozent des Bruttoinlandsprodukts. Nun wird gewarnt, dass uns diese Schuldenlast irgendwann auf die Füße fallen wird. Doch stimmt das so überhaupt?

Mit dieser Frage hat sich die Wissenschaft in den vergangenen Jahren intensiv beschäftigt, berühmte Ökonomen redeten sich darüber die Köpfe heiß. Anlass dafür war eine Studie, die 2010 von dem Harvard-Ökonomen und ehemaligen Chefvolkswirt des Internationalen Währungsfonds, Kenneth Rogoff, und seiner Forschungskollegin Carmen Reinhart veröffentlicht wurde.[340] In dem politisch höchst einflussreichen Papier legten die beiden Wissenschaftler dar, dass ab einer Staatsverschuldung von 90 Prozent des Bruttoinlandsprodukts das jährliche Wirtschaftswachstum zu schrumpfen beginne. Weil das verheerende Auswirkungen habe – schließlich basiert unser ganzes Wirtschaftssystem auf →Wachstum –, lieferte die Studie das wissenschaftliche Fundament für knallharte Sparprogramme, die dann unter anderem den Krisenländern in Südeuropa aufgebürdet wurden. Allerdings saßen die Regierungen einem gewaltigen Irrtum auf. Denn Rogoff und Reinhart hatten manche Daten auf fragwürdige Art gewichtet und sich darüber hinaus schlichtweg verrechnet. Eine falsch in das Kalkulationsprogramm Excel eingegebene Formel hatte zu völlig unbrauchbaren Ergebnissen geführt. Thomas Herndon, damals Doktorand der Universität Massachusetts, deckte den Fehler Jahre später auf und zeigte im Gegenzug, dass das Wirtschaftswachstum keineswegs zurückgeht, wenn die Staatsverschuldung über 90 Prozent des BIP steigt.[341] An dieser Stelle gibt es also Entwarnung.

Für Griechenland, Spanien oder Portugal kam diese Erkenntnis zwar zu spät. Uns aber zeigt sie: Ein zwangsläufiger Zusammenhang zwischen Staatsverschuldung und Wirtschaftsleistung ist vorerst nicht zu erkennen. Japan kommt sogar mit einer Staatsverschuldung von über 200 Prozent des BIP einigermaßen zurecht. Letztlich ist die entscheidende Frage, ob Kapitaleigner dem Staat weiterhin Kredit geben, ob sie also daran glauben, dass er die Zinsen bedienen kann. Um eine Tilgung der Schuld geht es ihnen (anders als bei einem Privathaushalt, wo die Kreditnehmer im Gegensatz zum Staat irgendwann versterben) nicht. Im Gegenteil. Aus Sicht der Investoren – Lebensversicherungen, Pensionsfonds, reiche Bürger – ist eine Tilgung der Schuld sogar unerwünscht. Denn wo es keinen Schuldner gibt, gibt es auch niemanden, dem man einen Kredit geben könnte – und damit gäbe es auch keine Zinsen auf das viele Geld (siehe →»*Geld arbeitet*«). Würden die Schulden abgeschafft, wären Pensionsfonds und Lebensversicherer am Ende.

Natürlich ließe sich auch ein anderes System denken, das ohne Verschuldung und Zinszahlungen auskommt. Das aber müsste von langer Hand vorbereitet werden, denn es wäre eine Revolution. Es würde bedeuten, dass der Staat alle Ausgaben aus laufenden Steuereinnahmen bezahlen und die soziale Absicherung wieder komplett umlagefinanziert würde. Das hätte den großen Vorteil, dass der Staat keinen Schuldendienst mehr leisten müsste – immerhin der fünftgrößte Posten im Bundeshaushalt. Statt Kreditgeber dafür zu bezahlen, dass sie ihm Geld leihen, würde er sich das Geld mittels Steuern einfach gratis besorgen. Mit den rund 22 Milliarden Euro[342], die so alleine 2015 im Bundeshaushalt hätten eingespart werden können, ließe sich bestimmt allerhand Sinnvolles machen.

Darüber hinaus würde die →*Umverteilung* von unten nach oben gebremst. Denn die Steuerlast ist in den vergangenen Jahrzehnten immer stärker auf die Lohnempfänger verlagert worden. Sie tragen inzwischen zwei Drittel des Steueraufkommens bei. Die Unternehmensgewinne und Kapitaleinkünfte wurden hingegen entlastet, um Investoren ins Land zu locken (siehe →*scheues Reh*). So wird die arbeitende Bevölkerung über den Hebel Staat dazu eingespannt, die Zinsinteressen der Kapitaleigner zu bedienen.

Es gibt also viele gute Gründe, die Staatsverschuldung zu reduzieren. Nur, dass *wir alle* über *unsere* Verhältnisse leben würden, stimmt nicht.

Ver|mö|gen|de, der/die: verharmlosender Begriff, um Reiche in Watte zu packen. Schließlich mögen es viele von ihnen nicht, reich genannt zu werden.[343] Was seine Gründe hat. »Kaum ein Begriff löst so heftige Assoziationen aus wie der des Reichtums«, so der Gießener Politikwissenschaftler Ernst-Ulrich Huster.[344] Und der Darmstädter Elitenforscher Michael Hartmann weiß: »Reichtum liebt es, anonym zu bleiben.«[345]

Dieses In-der-Deckung-Bleiben scheint Methode zu haben. Man mag es nicht, wenn über Reichtum diskutiert wird – und über die Rolle der Reichen in diesem Land. Dabei gibt es immer mehr davon, die zudem immer reicher werden.[346] Sie genießen nicht nur »eine gehobene Lebenslage, mit der zahlreiche privilegierte Lebensbedingungen verbunden sind«, schreiben die Forscher Dorothee Spannagel und Sven Broschinski. »Geld ermöglicht in Deutschland einen privilegierten Zugang zu vielen wichtigen Gütern. Zu denken ist hier etwa an die private Altersvorsorge, die vor Altersarmut schützt. Aber auch nicht materielle Aspekte wie Freiheit und Sicherheit sind eng mit Reichtum verbunden. Nicht zuletzt darf nicht übersehen werden, dass insbesondere mit großem Reichtum auch wirtschaftliche, soziale und unter Umständen sogar politische Macht verbunden ist.«[347]

Doch anders als über die Armut in Deutschland wissen wir über den Reichtum wenig. Erst in den vergangenen Jahren hat sich der Blick der Wissenschaftler auf dieses Thema intensiviert. Eine lebhafte Debatte löste schließlich 2014 ein Buch des französischen Ökonomen Thomas Piketty aus, der sich die langfristige Entwicklung der Vermögensverteilung in verschiedenen Ländern der Welt angeschaut hatte[348]. Dennoch steckt das Forschungsfeld noch immer in den Kinderschuhen. Nur allmählich setzt sich die Erkenntnis durch, »dass umfassende Aussagen über die Ursachen und die Entwicklung sozialer Ungleichheit nur möglich sind, wenn man die Verteilung in ihrer ganzen Breite in den Blick nimmt, also Armut und Reichtum gleichermaßen berücksichtigt«[349].

Doch es ist schwierig, sich der Welt der Reichen zu nähern. Das liegt zum einen daran, dass die Datenlage schlecht ist. Seit dem Ende der Vermögensteuer 1996 erfährt der Staat kaum noch etwas über die finanziellen Verhältnisse der Reichen. In Umfragen sind sie, da es sich um eine kleine Gruppe im Vergleich zur Gesamtbevölkerung handelt, zudem nur verzerrt erfasst. Und schließlich ist dieser Menschenschlag den Wissenschaftlern gegenüber nicht besonders auskunftsfreudig. Denn natürlich fürchten sich die sehr Wohlhabenden, dass eine gesellschaftliche Debatte darüber beginnen könnte, ob und inwieweit ihr Reichtum gerechtfertigt ist. Wie unerwünscht eine solche Diskussion ist, zeigt auch der Begriff der Neiddebatte (→*Neid*), der reflexartig ins Feld geführt wird, sobald eine Auseinandersetzung über die gesellschaftlichen Verhältnisse anhebt.

Wo aber beginnt Reichtum? Es lässt tief blicken, dass es dazu keine offizielle Definition gibt. Auch dadurch unterscheidet sich der Umgang mit dem Reichtum von dem mit der Armut. Es gibt nur individuelle Definitionen. Für den Elitenforscher Hartmann beginnt der Reichtum zum Beispiel dann,»wenn man von den Erträgen seines Vermögens einen relativ hohen Lebensstandard finanzieren kann. Wir sprechen von jährlichen Kapitaleinkünften in Höhe von 100 000 bis 120 000 Euro. Dafür brauchen Sie dreieinhalb bis vier Millionen Euro flüssiges Kapital. Sehr reich ist man ab Minimum 100 Millionen Euro.«[350]

Vollkaskomentalität →*Anspruchsdenken*

Wachs|tum, das: Wenn etwas größer wird, dann wächst es. Das trifft auf Kinder, Pflanzen oder die Wirtschaft zu. Im Unterschied zu Kindern und Pflanzen, bei denen wir uns Sorgen machen würden, wenn sie immer größer würden, soll die Wirtschaft allerdings nie aufhören zu wachsen.

Die »Wirtschaftspolitik auf langfristiges Wachstum ausrichten« lautet deshalb das Motto von Bundeswirtschaftsminister Sigmar Gabriel.[351] Schließlich wird das Wachstum an verschiedensten Stellen gebraucht: Es soll Menschen Arbeit geben, Schulden bezahlbar halten, aus Hungernden Satte machen und die Sozialsysteme angesichts des demografischen Wandels (siehe →*Demografie*) vor dem finanziellen Kollaps schützen. Auch das politische Gemeinschaftsprojekt EU soll mit Hilfe von Wachstum zu neuer Stärke finden.[352] Ja, die Wirtschaft soll es richten. Und damit sie es richten kann, muss sie wachsen. Daran führt im gegenwärtigen System kein Weg vorbei. Auch wenn Zweifel an diesem Modell angebracht sind. Doch dazu später mehr.

Schauen wir uns vorher einmal an, was es mit diesem Wachstum auf sich hat. Das Bruttoinlandsprodukt ist die

Kennziffer, mit der die Größe unserer Wirtschaft gemessen wird. Es erfasst alle Waren und Dienstleistungen der deutschen Unternehmen und Selbständigen in einem Jahr. Die Veränderung des Bruttoinlandsprodukt (BIP) ergibt das Wachstum.[353] Obwohl es auch absolute Zahlen gibt, bildet die prozentuale Veränderung der Wirtschaftsleistung, auch Wachstumsrate genannt, die Grundlage des öffentlichen Diskurses. Bei Wachstumsraten von 3 oder gar 4 Prozent strahlt jeder Wirtschaftsminister einer Industrienation übers ganze Gesicht. Auch 2 Prozent sind noch schwer in Ordnung. Ein Wachstum von null Prozent gibt hingegen Anlass zur Beunruhigung, und schrumpft die Wirtschaft gar – gerne als Negativwachstum bezeichnet –, bricht im Politikbetrieb hektische Betriebsamkeit aus.

Wenn sich alles an der Wachstumsrate orientiert, sollten wir uns diese einmal genauer anschauen. Denn was so einfach und klar erscheint, ist in Realität ausgesprochen tückisch. Um das zu veranschaulichen, nehmen wir einmal eine Musterstadt, in der jedes Jahr 3 000 Wohnungen gebaut werden.[354] Es handelt sich dabei eindeutig um Wachstum, schließlich wird die Stadt Jahr für Jahr größer. Doch was werden die Statistiker notieren? Genau: Nullwachstum. Denn wir messen ja nicht die Veränderung des Bestands, sondern die jährliche Produktion. Und da jedes Jahr 3 000 Wohneinheiten gebaut werden, ändert sich daran nichts. Also haben wir Nullwachstum, obwohl die Stadt größer wird.

Anders würde es sich mit der Wachstumsrate verhalten, wenn die Stadt entscheiden würde, im ersten Jahr 3 000 Wohnungen zu bauen, im zweiten 3 100, im dritten 3 200, im vierten 3 300, im fünften 3 400, … und im elften schließlich 4 000. Dann würden die Statistiker jährlich ein Wachstum messen. Allerdings – und damit sind wir beim nächsten Missverständnis im Umgang mit Wachstum – würde die Wachstumsrate immer geringer werden, obwohl die Zahl der jährlich fertiggestellten Wohnungen steigt.

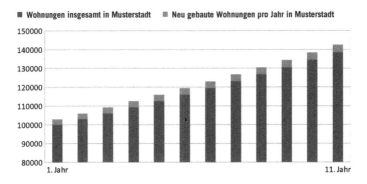

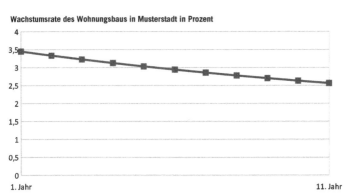

Die Erklärung dafür liegt in den Gesetzen der Prozentrechnung. Denn je größer die Basis wird, auf der das Wachstum aufsetzt, desto stärker muss das Wachstum sein, damit die Wachstumsrate gehalten werden kann. Ein Anstieg von 3 000 auf 3 100 fertiggestellte Wohnungen entspricht einem Plus von 3,33 Prozent. Ein Anstieg von 3 900 auf 4 000 neue Wohnungen bedeutet hingegen lediglich einen Zuwachs um 2,56 Prozent. Obwohl in unserer Musterstadt im elften Jahr also deutlich mehr Wohnungen gebaut werden als noch im ersten Jahr, ist die Wachstumsrate geringer.

Die Fixierung auf den prozentualen Zuwachs führt also dazu, dass wir den Anstieg unseres jährlich produzierten Wohlstandes tendenziell unterschätzen. Oder um es anders zu formulieren: Wer 30 Wohnungen in einem Jahr baut, steigert seine Produktion bei einem Wachstum von 3 Prozent um 0,9 Wohnungen. Wer hingegen in der Lage ist, 3 000 Wohnungen zu bauen, erhöht seine Wirtschaftsleistung bei einem Wachstum von 3 Prozent um 90 Wohnungen. In absoluten Zahlen steigt der Wohlstand also deutlich stärker. Für eine große Volkswirtschaft wie die deutsche sind demzufolge auch geringe Wachstumsraten kein Grund zur Panik. Der Wohlstand nimmt auch bei 1,5 oder 2 Prozent Wachstum noch ganz erheblich zu. Wer bei Meldungen von leicht geringeren Wachstumsraten laut aufschreit, beweist folglich nur, dass er nichts begriffen hat.

Wenn wir auf Deutschland schauen, so stellen wir fest, dass unser Blick auf das Wirtschaftswachstum vermutlich getrübt ist. Wie anders wäre es zu erklären, dass die Bundesregierung die Wachstumsrate konsequent überschätzt? Vergleicht man die Projektionen in den Finanzplänen des Bundes, so waren diese in 23 von 26 Fällen zu hoch angesetzt.[355] Das rührt wohl daher, dass bis in die 1980er Jahre hinein das deutsche Wirtschaftswachstum kaum einmal unter 4 Prozent lag. Viel eher war man Wachstumsraten von 7, 8, 9, ja bis zu 13 Prozent gewohnt, aber eben bei einer deutlich kleineren Ausgangsbasis als heute (1970 lag das nominale, also das nicht um die Teuerung bereinigte Bruttoinlandsprodukt bei 360 Milliarden Euro, 2015 bei 3 027 Milliarden Euro)[356].

Tatsächlich wächst die deutsche Wirtschaft eher so, wie man es normalerweise annehmen würde: Sie folgt nicht einer ansteigenden Kurve, sondern wächst linear. Die preisbereinigte Wirtschaftsleistung nimmt in jedem Jahrzehnt um etwa 300 Milliarden Euro zu, wie das Institut für Wachstumsstudien (IWS) gezeigt hat. Diese Art von Wachstum gilt auch für andere Volkswirtschaften. Von zwanzig analysierten Industrienationen haben nur Großbritannien und Irland über lange Phasen ihre Wachstumsraten halten können, bei allen anderen gingen sie zurück.[357] Damit entwickeln sich die meisten industrialisierten Volkswirtschaften also fast so wie unsere Musterstadt – und nicht so, wie sich das viele Wirtschaftsprofessoren in ihren kühnen Träumen ausmalen.

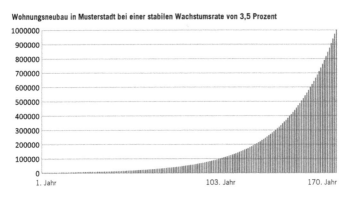

Wohnungsneubau in Musterstadt bei einer stabilen Wachstumsrate von 3,5 Prozent

Das ist auch gut so, denn was eine konstante Wachstumsrate für Folgen hätte, lässt sich wiederum an unserer Musterstadt ablesen. Dafür haben wir diesmal ein Wachstum des Wohnungsbaus von 3,5 Prozent pro Jahr angesetzt, ausgehend von 2900 gebauten Wohnungen im ersten Jahr. In den ersten Jahren würde sich noch nicht dramatisch viel verändern. Doch im 37. Jahr würden bereits mehr als 10 000 Wohnungen gebaut. Im 78. Jahr wären es mehr als 40 000. Danach explodiert der Wohnungsbau förmlich. Im 104. Jahr entstünden über 100 000 neue Wohnungen. Und das Wachstum kennt kein Ende: Nach 170 Jahren würden in unserer Stadt fast 30 Millionen Wohnungen stehen. Dieses exponentielle Wachstum kann nicht funktionieren.

Doch das wollen viele Ökonomen und Politiker noch immer nicht wahrhaben. Stattdessen wird darüber nachgedacht, wie man die Wirtschaftspolitik »auf langfristiges Wachstum ausrichten« kann. »Damit wird der eigentliche Kern des Problems deutlich: Die realitätsferne Annahme eines exponentiellen Wirtschaftswachstums fordert ein Gegensteuern der Politik heraus, die damit einen Normalzustand wiederherstellen will, den es niemals gegeben hat«, so das IWS.[358]

Tatsächlich stellt sich ja die Frage, wie sinnvoll rasantes Wachstum überhaupt ist. In Entwicklungs- und Schwellenländern hat Wachstum ohne Zweifel seine Berechtigung. Dort können die Menschen oft nicht einmal ihre grundlegenden Bedürfnisse stillen. Sie haben zu wenig zu essen, kein Dach über dem Kopf und es fehlt an minimaler Gesundheitsversorgung. Mehr Nahrung, mehr Wohnungen, mehr Gesundheitsdienstleistungen (also Wachstum) werden folglich dringend benötigt. Doch all das gilt für die meisten Menschen in den industrialisierten Ländern nicht mehr: Zwar gibt es auch bei uns noch →*Armut*, allerdings handelt es sich hierbei mehr um ein Verteilungsproblem, als dass es uns wirklich an Wohlstand fehlen würde.

Unübersehbar sind dafür inzwischen die Schäden, die unsere Art zu wirtschaften auslöst. Der Ressourcenverbrauch und die Umweltverschmutzung sind enorm. 2015 wurde der »World Overshoot Day« schon am 13. August erreicht. Das heißt, kurz nach der Jahresmitte waren die Ressourcen, die wir Mutter Erde in diesem Jahr hätten abverlangen dürfen, ausgeschöpft. Zum Vergleich: 1970 fiel der »World Overshoot Day« noch auf den 23. Dezember.[359] Das Wachstum führt auch nicht zwangsläufig dazu, dass die Menschen zufriedener sind, wie eine Studie im Auftrag der Vereinten Nationen zeigt. Demnach nahm das Glück in den Vereinigten Staaten und in Deutschland auch in Zeiten starken Wirtschaftswachstums nicht zu.[360] Möglicherweise deshalb, weil der zusätzliche Wohlstand nicht allen zugutekam.[361]

Die kritischen Stimmen mehren sich deshalb. »Wir müssen über eine Wirtschaft ohne Wachstum nachdenken«, mahnt der britische Ökonom Tim Jackson. Die Jagd nach Wirtschaftswachstum zerstöre nicht nur die Umwelt, sondern auch »den gesellschaftlichen Zusammenhalt und die Lebensqualität vieler Menschen«[362]. Und auch Politiker, von denen man es nicht erwarten würde, fallen manchmal mit nachdenklichen Tönen auf. So schrieb zum Beispiel Bundesfinanzminister Wolfgang Schäuble in einem Beitrag: »So sehr wir uns für die Beseitigung des Hungers überall in der Welt einsetzen müssen, so sehr sollten wir uns andererseits in unseren eigenen westlichen Ländern für eine Begrenzung des Wirtschaftswachstums einsetzen.«[363] Unsere Volkswirtschaften hätten »ein gewisses Maß an Saturiertheit erreicht«, führte der Minister aus. In dieser Situation gehe es vor allem darum, »Unterschiede und daraus resultierende Spannungen nicht übermächtig werden zu lassen«. Er kritisierte, das gegenwärtige Weltwirtschaftssystem nähre »ein unbegrenztes und ungebremstes Begehren, das auch angesichts von Reichtum und Überfluss noch anhält«.

Ein Teil des Problems ist dabei allerdings auch das Konzept des Bruttoinlandsprodukts. Denn damit wird nur gemessen, was ein Preisschild trägt. Unbezahlte Hausarbeit oder gemeinnützige Arbeit fließen nicht ins BIP ein. Mehr gegenseitige Fürsorge wäre jedoch eine Form von Wachstum, die die deutsche Gesellschaft durchaus brauchen könnte. Neben einer Steigerung der Produktivität könnte das ein Weg sein, den demografischen Wandel so zu gestalten, dass für alle ein gutes Leben möglich ist.

Eine Wirtschaft ganz ohne Wachstum, auch das sei hier kurz angetippt, würde gewaltige strukturelle Umwälzungen voraussetzen. Mindestens zwei gewichtige Faktoren stehen aus heutiger Sicht einer Abkehr vom Wachstumsdogma entgegen: die Schulden und die Arbeitslosigkeit. Es liegt nahe, dass es einfacher ist, seine Schulden zu tilgen und Kreditzinsen zu bezahlen, wenn mehr in die Kasse kommt. Das gilt für Privathaushalte, Unternehmen und Staat gleichermaßen. Bei der Arbeitslosigkeit ist die Sache etwas komplizierter: Da die Produktivität stetig steigt, werden für die gleiche Wirtschaftsleistung im Zeitverlauf immer weniger Arbeitskräfte benötigt. Damit es nicht zu mehr Arbeitslosigkeit kommt, setzen viele Politiker auf Wirtschaftswachstum. In Deutschland ist es auf lange Sicht gerade so gelungen, das Arbeitsvolumen zu halten. Dank eines deutlichen Anstiegs des Bruttoinlandsprodukts wurde 2014 in Stunden gerechnet etwa so viel gearbeitet wie 1995.[364]

Festzuhalten ist: Selbst wenn in der öffentlichen Debatte panisch von sinkenden Wachstumsraten oder gar einem Nullwachstum gesprochen wird, geht es uns noch gut. Wir haben dann mindestens genauso viel zur Verfügung wie im Vorjahr. Und: Über Sinn und Art unseres heutigen Wirtschaftswachstums muss dringend kritisch nachgedacht werden.

Wett|be|werbs|fä|hig|keit, die: Die Wirtschaft ist ein Wettrennen, in dem das Unternehmen gewinnt, das den Kunden das beste Angebot macht. Dazu gehören nicht nur ein guter Preis, sondern auch Qualität, Lieferfähigkeit oder Service. Kann ein Unternehmen hier mit der Konkurrenz mithalten oder sie gar übertreffen, ist es wettbewerbsfähig. Wenn es nicht wettbewerbsfähig ist, muss es in der Regel aus dem Markt ausscheiden, versucht sich also an einem neuen Geschäftsfeld oder geht pleite.

Was für Unternehmen gilt, gilt auch für Volkswirtschaften, also Länder. Auch sie stehen miteinander im wirtschaftlichen Wettbewerb – wobei es sich hierbei weniger um ein Miteinander als vielmehr um ein Gegeneinander handelt. Die Erhöhung der Wettbewerbsfähigkeit ist deshalb permanentes politisches Credo, das in der Formulierung »Wir müssen die Wettbewerbsfähigkeit …« ihren Ausdruck findet. Kostproben dafür gibt es viele: »Wir müssen die Wettbewerbsfähigkeit Deutschlands wieder auf die Füße stellen«, forderten die Jungen Unternehmer 2014.[365] »Wir müssen die Wettbewerbsfähigkeit der deutschen Industrie im Blick behalten«, sagte 2013 der damalige Bundesumweltminister Peter Altmaier.[366] »Wir müssen die Wettbewerbsfähigkeit des Standorts erhalten!«, betonte 2012 der damalige Chef des Spezialchemiekonzerns Lanxess, Axel Heitmann, vor dem Wirtschaftsrat der CDU.[367]

Politisch wird der Wettbewerbsfähigkeit besonders viel Beachtung geschenkt, weil unsere Volkswirtschaft seit Jahrzehnten auf Export getrimmt ist. Wurden 1950 noch Waren im Wert von 4,3 Milliarden Euro ausgeführt, stieg dieser Wert bis 2014 auf die beeindruckende Summe von 1,12 Billionen Euro an. Seit über 60 Jahren verkauft Deutschland dabei Jahr für Jahr mehr Waren ans Ausland, als es von anderen Ländern kauft.[368] Deutschland macht also Gewinn im Außenhandel. Alleine 2014 waren es 213,6 Milliarden Euro. So kommt Geld ins Land. Doch was auf den ersten Blick positiv scheint, hat auch Schattenseiten. Schließlich fehlt dieses Geld nun dem Ausland, das sich bei Deutschland verschuldet. Und das ist eine der Ursachen der Euro-Krise.

Unterschiedlich hohe Wettbewerbsfähigkeit führt immer zu Gewinnern und Verlierern. Das ist der Kern von Marktwirtschaften. Länder müssen deshalb wie Unternehmen stets darauf achten, konkurrenzfähig zu bleiben. Das gilt übrigens nicht nur für die exportierenden Unternehmen eines Landes, sondern auch für die Firmen, die nur im Inland aktiv sind. Wenn sie auf Märkten Geschäfte machen, auf die ausländische Konkurrenz drängt, stehen auch sie im internationalen Wettbewerb und müssen den Wettbewerbern Paroli bieten. Das nicht zu tun, wäre ein bitteres Versäumnis. Ein Beispiel dafür sind die deutschen Fernsehhersteller, denen zum Verhängnis wurde, dass sie nicht mit der Konkurrenz aus Fernost mithalten konnten. Heute stehen in deutschen Wohnzimmern überwiegend Geräte von Samsung, LG oder Panasonic.

Bei der Wettbewerbsfähigkeit mit der Konkurrenz Schritt zu halten, ist im Kapitalismus also nicht nur ein politisches Wunschkonzert, sondern unausweichlich. Nicht nur aus einer wettbewerblichen Sicht, sondern auch deshalb, weil Unternehmen so innovativ bleiben. Sie kreieren neue Produkte und Dienstleistungen und versuchen Waren billiger anzubieten. Das bringt Volkswirtschaften voran und kreiert Wohlstand. Allerdings – das sei hier angemerkt – gilt dies für Länder nicht zwingend. Beispiel Finnland: In internationalen Standortvergleichen erzielt das Land jedes Jahr Spitzenplätze.[369] Dennoch befindet es sich seit Jahren in der Rezession. Das zeigt: Eine hohe Wettbewerbsfähigkeit garantiert nicht automatisch Wohlstand und Wirtschaftswachstum.

Doch es gibt ein weiteres Problem. Nämlich dann, wenn Volkswirtschaften ihre Wettbewerbsfähigkeit nicht mehr über die Innovation zu steigern versuchen, sondern indem sie die Lohnkosten senken. Dann geht das Streben nach Wettbewerbsfähigkeit zulasten derjenigen, die Waren herstellen und Dienstleistungen erbringen und folglich auch davon leben können müssen. Genau das ist in den vergangenen Jahren passiert. Großbritannien war in den 1980er Jahren der Vorreiter, das Land entmachtete erfolgreich seine Gewerkschaften. Deutschland folgte in den 1990er Jahren mit dem Ruf nach →*Lohnzurückhaltung* und Senkung der →*Lohnnebenkosten* und setzte diese Politik mit der Agenda 2010 fort.

Inzwischen ist es ein verbreitetes Mittel geworden, die Wettbewerbsfähigkeit zulasten der Arbeitnehmer zu steigern. Unter dem Stichwort →*Flexibilisierung* werden dann in der Regel die Arbeitnehmerrechte mit dem Ziel beschnitten, die Macht der Beschäftigten in Lohnverhandlungen einzuschränken und den Zwang zur Annahme qualitativ schlechter Jobs zu erhöhen. In Südeuropa wurde in der Euro-Krise der Kündigungsschutz abgeschwächt, Feiertage fielen weg, Lohnstopps wurden verhängt und die Flächentarifverträge unterminiert. In Griechenland hatte das gewerkschaftsnahe Institut für Makroökonomie und Konjunkturforschung im Jahr 2010 noch 65 Flächentarifverträge gezählt, vier Jahre später waren es lediglich noch 14. In Spanien galt der Tarifvertrag 2008 immerhin noch für 12 Millionen Beschäftigte, drei Jahre später waren es noch 4,6 Millionen. Dasselbe Bild in Portugal, wo die Zahl von 1,9 auf 0,3 Millionen zurückging.[370]

Der Europäische Gewerkschaftsbund zog schon 2012 die Schlussfolgerung, den von der Europäischen Union unterstützten →*»Reformen«* liege die Auffassung zugrunde, »dass Beschäftigung von hoher Qualität mit der Wettbewerbsfähigkeit unvereinbar« sei.[371] Es gibt bereits Pläne, dass nationale Wettbewerbsräte künftig Lohnempfehlungen abgeben können. Schon der Name dieser Einrichtungen lässt vermuten, dass die Räte nicht im Interesse der Arbeitnehmer entscheiden werden.

Unter dem Mantel der Wettbewerbsfähigkeit wird so der Ausbeutung der Arbeitnehmer der Weg bereitet. Und tatsächlich ist es ja so, dass die Volkswirtschaft, die mit Sozialdumping beginnt, alle anderen unter Druck setzt, diesen

Weg ebenfalls zu beschreiten. Das führt erstens zu einem Kostensenkungswettlauf, ähnlich wie beim Steuerunterbietungswettbewerb, und zweitens dazu, dass eine Wirtschaft auf Kosten derjenigen funktioniert, die sie eigentlich ernähren sollte.

Die Lösung für dieses Problem liegt in gemeinsamen Sozialstandards für alle Arbeitnehmer in Europa. Könnten sich die Staaten darauf verständigen, wären sie als Wirtschaftsraum groß genug, um ihre Prinzipien auch gegenüber anderen Volkswirtschaften durchzusetzen. Sie könnten etwa Einfuhren aus China oder den Vereinigten Staaten, die nur aufgrund von Sozialdumping konkurrenzfähig sind, durch Zölle sanktionieren und damit aus dem Markt ausschließen. Vor dem Hintergrund der derzeitigen politischen Debatten über Liberalisierung und Freihandel haben solche Ideen freilich eine weltfremde Anmutung. Gleichwohl zeigt auch ein Blick ins Inland, dass es möglich ist, den zulasten der Arbeitnehmer geführten Wettbewerb einzudämmen. Der gesetzliche Mindestlohn und Tarifverträge, die von der Bundesregierung zum Standard für ganze Branchen erklärt werden, sind die besten Beispiele dafür.

Wirt|schaft, die: Weil es so schön ist, zitieren wir das *Gabler Wirtschaftslexikon* an dieser Stelle mal etwas länger. Denn es erklärt folgendermaßen, was Wirtschaft ist: »Die Wirtschaft, auch Ökonomie (...) genannt, besteht aus Einrichtungen, Maschinen und Personen, die Angebot und Nachfrage generieren und regulieren. Einrichtungen sind Unternehmen bzw. Betriebe und öffentliche bzw. private Haushalte. (...) Ziel der Wirtschaft ist die Sicherstellung des Lebensunterhalts und, in ihrer kapitalistischen Form, die Maximierung von Gewinn und Lust mithilfe →*unternehmerischer Freiheit*, zugleich die Erzeugung von Abhängigkeit, ob von Anbietern oder Produkten, und →*Wachstum*, bis zum (nicht unbedingt gewünschten, aber erwartbaren) Kollaps des Systems.«[372]

Den Autoren des Lexikons ist mit diesen Zeilen eine geradezu subversive Definition von Wirtschaft gelungen. Allein das Satzglied, dass die Wirtschaft zur Sicherstellung des Lebensunterhalts der Menschen da sei, ist eine Offenbarung angesichts der Abermillionen →»*geringfügig*« und prekär Beschäftigten. Ebenfalls allzu oft vergessen: Auch die öffentlichen Haushalte, also der Staat, sind Teil der Wirtschaft – und eben nicht nur eine Belastung derselben, wie es ihnen häufig zum Vorwurf gemacht wird.

Die Autoren definieren Wirtschaft also in einem umfassenden Sinne, wie er im politischen Diskurs selten gemeint ist. Dort gelten als Wirtschaft in der Regel die Unternehmen und Arbeitgeber. Zu den großen Wirtschaftsverbänden werden die Bundesvereinigung der Deutschen Arbeitgeberverbände, der Bundesverband der Deutschen Industrie oder der Deutsche Industrie- und Handelskammertag gezählt, nicht aber zum Beispiel die Gewerkschaften oder der Bundesverband der Verbraucherzentralen.

Die Arbeitgeber dürfen dann im Namen der Wirtschaft alles Mögliche fordern. Hier nur eine kleine Auswahl einiger Treffer bei Google: »Wirtschaft fordert mehr Zuwanderer«[373], »Wirtschaft fordert Stopp von Ausbildungsplatzabgabe«[374] oder »Wirtschaft fordert rauchfreie Arbeitszeit«[375].

Dass die Unternehmen diese Forderungen aufstellen, überrascht nicht. Doch sind das auch die Forderungen der ganzen Wirtschaft, wie sie das *Gabler Wirtschaftslexikon* versteht? Sind die Millionen Arbeitnehmer einverstanden mit mehr Zuwanderung, mit rauchfreien Arbeitszeiten und dem Stopp der Ausbildungsplatzabgabe?

Sie merken: Würde der Begriff Wirtschaft in seinem umfassenderen Sinne verstanden, müsste das Nachdenken über unsere Wirtschaftspolitik zwangsläufig eine ganz andere Richtung bekommen. Die Interessen der 82 Millionen Konsumenten und 43 Millionen Erwerbstätigen hätten viel mehr Gewicht. Denn was aus Sicht der Unternehmen gut für »die Wirtschaft« ist, ist bei aller Unterstützung für die Unternehmer in diesem Land eben längst nicht für alle gut, die ebenfalls Teil der Wirtschaft sind.

Wohltaten →*Anspruchsdenken*

Zins|ent|eig|nung, die: politischer Kampfbegriff, mit dem gegen die Niedrigzinspolitik der Europäischen Zentralbank (EZB) infolge der Finanz-, Wirtschafts- und Staatsschuldenkrise gewettert wird. Da die EZB die Zinsen stark gesenkt habe, würden Sparer um die ihnen eigentlich zustehenden Zinseinnahmen geprellt, so das Argument. Als besonders erbitterte Gegner der Niedrigzinsen haben sich besonders Vertreter von Banken und Sparkassen hervorgetan. »Es findet eine Art kalte Enteignung statt«, stellte Sparkassen-Präsident Georg Fahrenschon nicht nur einmal fest.[376] Und der Hauptgeschäftsführer des Bundesverbandes deutscher Banken, Michael Kemmer, sprach von einer »schleichenden Enteignung der deutschen Sparer«[377]. Dass die Banken wettern, ist kein Wunder – schließlich sind die Zinsen ihre Verdienstquelle und die extrem niedrigen Sätze gefährden folglich ihr Geschäftsmodell. Aber nicht nur die Kreditinstitute beschweren sich über die EZB. Auch der bekannte Publizist Wolfram Weimer kritisierte die Niedrigzinsen in einem Beitrag mit dem Titel »Die kalte Zinsenteignung«[378].

Wir räumen ein: Es ist nicht schön, wenn es kaum Zinsen auf das Ersparte gibt. Aber deshalb gleich von Enteignung reden? Nein. Ökonomisch ist das Unfug. Halten wir uns vor Augen, was Sparer in Realität sind: Sie sind Investoren, Kreditgeber. Ihr Geld liegt nicht einfach in Banktresoren herum, es wird an Unternehmen, private Haushalte oder Staaten verliehen. Dort arbeitet jemand dafür, dass der Kreditgeber die Zinsen erhält (→*Geld arbeitet*). Wenn sehr viele Vermögensbesitzer sehr viel Geld in eine bestimmte Anlageklasse investieren wollen, zum Beispiel in Staatsanleihen, dann nimmt der Kreditnehmer das Geld von demjenigen, der am wenigsten Zinsen dafür verlangt. Jeder würde so handeln. Denken Sie nur einmal daran, welches Kreditangebot Sie zum Beispiel für den Kauf einer Immobilie wählen würden.

Nun kann man der Europäischen Zentralbank vorwerfen, dass sie bei ihrem Versuch, die europäische Wirtschaft mit einer Flut an frischem Geld am Laufen zu halten, ganze Anlageklassen für Sparer unattraktiv gemacht hat. Aber eine Enteignung ist das nicht. Die wirtschaftlichen Umstände haben sich geändert, und wer erwartet, dass er Zinsen für sein Geld bekommt, muss sich nun andere Anlagemöglichkeiten suchen. So handelt jeder kluge Investor. Nur weil sich die Vermögensbesitzer hierzulande darauf eingestellt haben, dass ihnen Zinsen vermeintlich garantiert werden, funktioniert das Märchen von der Enteignung überhaupt. Tatsächlich gibt es aber keinen Anspruch auf einen Zins – und ein Anspruch, der nicht existiert, kann nicht weggenommen werden.

Der Ökonom Gustav Horn vom gewerkschaftsnahen Institut für Makroökonomie und Konjunkturforschung warf deshalb völlig zu Recht ein: »Prinzipiell kann man hier nicht von einer Enteignung sprechen, denn es gibt keinen Rechtsanspruch auf hohe Zinsen – genauso wenig wie auf Gewinne oder hohe Löhne.«[379]

Völlig absurd wird es, wenn Sparkassen-Präsident Fahrenschon angesichts der niedrigen Zinsen erklärt: »Wir können den Sparern nicht sagen: Jetzt musst du für dein Vermögen auch noch Strafe zahlen.«[380] Schließlich wird überhaupt niemand bestraft, solange die Zinsen nicht negativ werden. Es ist lediglich so, dass man nicht weiterhin andere für die Vermehrung seines eigenen Geldes arbeiten lassen kann. Und wenn es tatsächlich einmal Negativzinsen geben sollte, dann sind die Bankkunden hoffentlich klug genug, ihr Geld wenigstens vom Sparkonto ins Bankschließfach zu verlagern, wo es vor Schwund sicher ist. Oder sie machen gleich klügere Dinge damit: sanieren ihr Haus energetisch, investieren in langlebige Konsumgüter, die Bildung der Kinder oder in Aktien. Die Renditen auf solche Investitionen können ganz beträchtlich sein.

Noch eine Anmerkung sei uns hier erlaubt: Fahrenschon hatte erklärt, den deutschen Sparern entgingen durch Niedrigzinsen jedes Jahr schätzungsweise 15 Milliarden Euro an Zinseinnahmen, was rund 200 Euro pro Kopf entspreche.[381] Das ist ein vergiftetes Argument. Denn es unterschlägt, dass ein Großteil der deutschen Bürger überhaupt nicht sparen kann – mangels Vermögen. 40 Prozent der Bevölkerung besitzen kaum oder gar keine Ersparnisse.[382] Das heißt, ihnen können die Niedrigzinsen egal sein. Richtig ärgerlich sind sie dagegen für das reichste Zehntel der Gesellschaft, das zwei Drittel des deutschen Vermögens kontrolliert. Seine Zinseinnahmen schrumpfen enorm.

Das bedeutet auf der anderen Seite aber auch eine Entlastung all derjenigen, die Zinsen bezahlen. Und die fallen an vielen Orten an: In jedem Produkt, das wir kaufen, sind Zinskosten enthalten, weil der Hersteller in der Regel Kredite bedienen muss. Die Kapitalkosten schlägt er auf den Preis seiner Ware auf. Zudem verwendet auch der Staat einen Teil unserer Einkommen- und Mehrwertsteuer für den Schuldendienst (→*Umverteilung*). In der Miete sind ebenfalls Kreditkosten enthalten. In der Summe führt das dazu, dass Millionen Menschen in Deutschland mehr Zinsen bezahlen, als sie selber einnehmen. Niedrigzinsen sind für sie eine Entlastung.

Ginge es auch anders? Natürlich. Die Europäische Zentralbank könnte zur Freude der Geldanleger von ihrer Niedrigzinspolitik abweichen. Man sollte aber nicht glauben, dass das ohne Folgen bliebe. Fehlt das günstige Geld, investieren Unternehmen weniger und Arbeitsplätze gehen verloren. Das könnten die Staaten zwar versuchen zu verhindern, indem die öffentlichen Haushalte mehr investieren. Doch das Geld dafür muss irgendwoher kommen: von den Steuerzahlern oder von den Kreditgebern. Entscheidet sich der Staat für mehr Schulden, bezahlen künftige Generationen dafür. Das zeigt uns eines: Am Ende muss immer jemand in den sauren Apfel beißen. Im Moment sind es die Geldanleger, die auf Zinsen verzichten müssen.

Anmerkungen

1. Zitiert nach Wolf Schneider: »Lingua Blablativa. Wie Journalisten mit der Sprache umgehen«, in: *Spiegel Special* 1/1995, Seite 115
2. Pierre Bourdieu: *Die verborgenen Mechanismen der Macht*, Hamburg 1992, Seite 86
3. Martin Greiffenhagen (Hg.): *Kampf um Wörter? Politische Begriffe im Meinungsstreit*, München 1980, Seite 12, zitiert nach: Ekkehard Felder: »Diskursanalyse von politischer Sprache«, in: Bundeszentrale für politische Bildung: Dossier *Sprache und Politik*, 15.10.2010, http://www.bpb.de/politik/grundfragen/sprache-und-politik/42740/diskursanalyse, abgerufen am 27.6.2015
4. Erhard Eppler: *Kavalleriepferde beim Hornsignal: Die Krise der Politik im Spiegel der Sprache*, Frankfurt Main, 1992, Seite 7
5. Josef Klein: »Sprache und Macht«, in: *Aus Politik und Zeitgeschehen*, Beilage zur Wochenzeitung *Das Parlament*, 22.2.2010, Seite 7
6. Zitiert nach Vazrik Bazil: »Politische Sprache: Zeichen und Zunge der Macht«, in: *Aus Politik und Zeitgeschehen*, a.a.O., Seite 3f.
7. Duden: alternativlos, http://www.duden.de/rechtschreibung/alternativlos, abgerufen am 10.12.2015
8. Presseerklärung der unabhängigen Jury zum »Unwort des Jahres 2010«, http://www.unwortdesjahres.net/fileadmin/unwort/download/2010.pdf, abgerufen am 10.12.2015
9. Siehe Wikipedia: TINA-Prinzip, https://de.wikipedia.org/wiki/TINA-Prinzip#cite_note-2, abgerufen am 10.12.2015
10. Regierungserklärung im Deutschen Bundestag am 5.5.2010, http://www.bundesregierung.de/ContentArchiv/DE/Archiv17/Regierungserklaerung/2010/2010-05-05-merkel-erklaerung-griechenland.html, abgerufen am 10.12.2015

11 Ebd.
12 Siehe dazu Albrecht Meier: »110 Milliarden Euro gegen Athens Pleite«, *Tagesspiegel online*, 3.5.2010, http://www.tagesspiegel.de/zeitung/110-milliarden-euro-gegen-athens-pleite/1813082.html, abgerufen am 10.12.2015
13 Axel Troost: »Merkels Europa-Politik ist nicht alternativlos«, Fraktion Die Linke im Bundestag, 5.12.2012, http://www.die-linke.de/nc/dielinke/nachrichten/detail/zurueck/aktuell/artikel/merkels-europa-politik-ist-nicht-alternativlos/, abgerufen am 10.12.2015
14 Diese Parole wird der französischen Politologin Susan George zugeschrieben, siehe Wikipedia: TINA-Prinzip, a.a.O.
15 So der Mitarbeiter der politischen Abteilung bei der Hilfsorganisation »Brot für die Welt«, Stefan Tuschen, in: »Commons als wachstumsunabhängige Alternative«, Brot für die Welt, 23.2.2014, https://info.brot-fuer-die-welt.de/blog/commons-wachstumsunabhaengige-alternative, abgerufen am 10.12.2015
16 Jürgen König: »Das Totschlagargument – ›Alternativlos‹ ist Unwort des Jahres 2010«, Deutschlandradio Kultur, 18.1.2011, http://www.deutschlandradiokultur.de/das-totschlagargument.1013.de.html?dram:article_id=171392, abgerufen am 10.12.2015
17 Claus Loos: »Recht: verstanden!«, München 2015, E-Book
18 Initiative Neue Soziale Marktwirtschaft: »Das Deutschland-Prinzip – was uns stark macht«, Berlin 2015, Seite 14
19 »Konflikte in der großen Koalition stärken die AfD«, *Stuttgarter Zeitung online*, 3.1.2016, http://www.stuttgarter-zeitung.de/inhalt.fdp-parteichef-christian-lindner-merkel-regiert-den-krisen-nur-hinterher-page1.fd2b6235-5934-4864-8889-0554073fd2af.html, abgerufen am 24.1.2016
20 »Hannes Androsch über SPÖ: ›Hilflos, konzeptlos und kulturlos‹«, *Der Standard online*, 18.8.2015, http://derstandard.at/2000020911843/Androsch-ueber-SPOe-Hilflos-konzeptlos-und-kulturlos, abgerufen am 6.1.2016
21 Loos, a.a.O.
22 *Augsburger Allgemeine online*, 29.4.2015, http://www.augsburger-allgemeine.de/wirtschaft/Bei-jedem-verpassten-Termin-Geld-gekuerzt-Frau-klagt-gegen-Jobcenter-id33891352.html, abgerufen am 5.1.2016

23 BDA: »Hohe Arbeitskosten nach wie vor gravierender Standortnachteil für Deutschland«, 9.2.2007, http://arbeitgeber.de/www%5Carbeitgeber.nsf/id/DE_PI01707, abgerufen am 05.12.2015

24 Statistisches Bundesamt: »Arbeitskosten in Deutschland 2012 um 32 % höher als im EU-Durchschnitt«, 26.3.2013, https://www.destatis.de/DE/PresseService/Presse/Pressemitteilungen/2013/03/PD13_116_624.html, abgerufen am 05.12.2015

25 Statistisches Bundesamt: »EU-Vergleich der Arbeitskosten 2014: Deutschland auf Rang acht«, 4.5.2015 https://www.destatis.de/DE/PresseService/Presse/Pressemitteilungen/2015/05/PD15_160_624.html, abgerufen am 05.12.2015

26 OECD: »Productivity and ULC by main economic activity« (ISIC Rev.4), eigene Berechnungen, http://stats.oecd.org/Index.aspx?DataSetCode=PDBI_I4#, abgerufen am 10.12.2015; vgl. auch Bundesfinanzministerium, »Nominale Lohnstückkosten (Index)«, 20.12.2013, https://www.bundesfinanzministerium.de/Content/DE/Monatsberichte/2013/12/Bilder/b02-1-nominale-lohnstueckkosten.html, abgerufen am 10.12.2015

27 Johan Schloemann: »Der große Graben – Arbeitslose gegen Arbeitsplatzbesitzer«, *Süddeutsche Zeitung online*, 11.5.2010, http://www.sueddeutsche.de/kultur/sz-serie-der-grosse-graben-arbeitslose-gegen-arbeitsplatzbesitzer-1.413943, abgerufen am 28.11.2015

28 Ebd.

29 Ursula Weidenfeld: »Kartell der Arbeitsplatzbesitzer«, *Tagesspiegel online*, 6.9.2002, http://www.tagesspiegel.de/meinung/kommentare/kartell-der-arbeitsplatzbesitzer/343646.html, abgerufen am 28.11.2015

30 Ebd.

31 Die offizielle Niedriglohngrenze lag bereits im Jahr 2010, auf das sich die die jüngsten offiziellen Zahlen des Statistischen Bundesamts beziehen, bei 10,36 Euro. Siehe dazu Statistisches Bundesamt: »Anteil der Beschäftigten mit Niedriglohn ist gestiegen«, Pressemitteilung vom 10.9.2012, https://www.destatis.de/DE/PresseService/Presse/Pressemitteilungen/2012/09/PD12_308_62.html, abgerufen am 28.11.2015

32 http://wirtschaftslexikon.gabler.de/Definition/armut.html, abgerufen am 2.1.2016

33 Ebd.
34 Christoph Butterwegge: »Armut – sozialpolitischer Kampfbegriff oder ideologisches Minenfeld?«, in: Ulrich Schneider (Hg.): *Kampf um die Armut. Von echten Nöten und neoliberalen Mythen*, Frankfurt am Main 2015, Seite 51
35 Ulrich Schneider: »Armut kann man nicht skandalisieren, Armut ist der Skandal!«, in: Schneider (Hg.), a.a.O, Seite 13
36 Paritätischer Wohlfahrtsverband: »Die zerklüftete Republik«, Berlin 2015, http://www.der-paritaetische.de/armutsbericht/die-zerklueftete-republik/, abgerufen am 2.1.2016
37 Kolja Rudzio: »Armutsschwindel«, *Zeit online*, 5.3.2015, http://www.zeit.de/2015/09/armut-bericht-paritaetische-wohlfahrtsverband, abgerufen am 2.1.2016
38 Christoph Butterwegge, a.a.O., Seite 53
39 Angela Merkel: »Regierungserklärung von Bundeskanzlerin Merkel im Wortlaut«, 10.11.2009, http://www.bundesregierung.de/ContentArchiv/DE/Archiv17/Regierungserklaerung/2009/2009-11-10-merkel-neue-Regierung.html, abgerufen am 5.12.2015
40 Deutsches Institut für Wirtschaftsforschung: »Familiärer Hintergrund hat großen Einfluss auf Zukunftschancen«, 23.1.2013, http://www.diw.de/sixcms/detail.php?id=diw_01.c.414647.de, abgerufen am 5.12.2015
41 Ebd.
42 Bundesinstitut für Berufsbildung: »Was ist Ausbildungsreife?«, https://www.bibb.de/ausbildungsreife, abgerufen am 28.11.2015
43 DIHK: »Ausbildungsumfrage 2014«, www.dihk.de/ressourcen/downloads/dihk-ausbildungsumfrage-2104.pdf, abgerufen am 28.11.2015
44 Interview mit Heike Solga: »Viele Jugendliche drehen Schleifen«, *taz online*, 6.11.2011, http://www.taz.de/!5107432/, abgerufen am 28.11.2015
45 Daniel Baumann: »Nachwuchsmangel in den Betrieben«, *FR online*, 27.7.2015: http://www.fr-online.de/arbeit---soziales/lehrstellen-nachwuchsmangel-in-den-betrieben,1473632,31318236.html, abgerufen am 28.11.2015
46 Bundesinstitut für Berufsbildung: »Datenreport zum Berufsbildungsbericht 2015«, Seite 48ff., https://www.bibb.de/dokumente/pdf/bibb_datenreport_2015.pdf, abgerufen am 28.11.2015

47 DAK: »Zahlen und Fakten«, 2010, https://www.dak.de/dak/download/Zahlen_und_Fakten_2010-1075842.pdf, abgerufen am 12.12.2015
48 *Neue Zürcher Zeitung*: »Erstmals Ausgabenüberschuss in Bergdietikon«, 9.10.2002, http://www.nzz.ch/article8FGJM-1.430201, abgerufen am 12.12.2015
49 »Öffentliche Debatten bringen nichts«, Wolfgang Schäuble im Gespräch mit Silvia Engels, 28.11.2014, http://www.deutschlandfunk.de/eu-defizitsuender-oeffentliche-debatten-bringen-nichts.694.de.html?dram:article_id=304581, abgerufen am 24.6.2015
50 Institut Arbeit und Qualifikation (IAQ) der Universität Duisburg-Essen: »Grenz- und Durchschnittssteuersätze 2015 in % des zu versteuernden Einkommens«, http://www.sozialpolitik-aktuell.de/tl_files/sozialpolitik-aktuell/_Politikfelder/Finanzierung/Datensammlung/PDF-Dateien/abbIII21a.pdf, abgerufen am 9.12.2015
51 Bundesministerium der Finanzen: »Grenzbelastung nach Tarifen 1958 bis 2014«, https://www.bmf-steuerrechner.de/uebersicht_ekst/tarifhist_grenzb_gt.pdf, abgerufen am 24.6.2015
52 Ebd.
53 Näheres dazu in Stephan Hebel: *Deutschland im Tiefschlaf*, Westend Verlag, Frankfurt a. M. 2014, Seite 136 f.
54 Bundesministerium der Finanzen: »Die Unternehmensteuerreform 2008 in Deutschland«, Monatsbericht des BMF, März 2007, http://www.bundesfinanzministerium.de/Content/DE/Monatsberichte/2007/03/070321agmb010.pdf?__blob=publicationFile&v=3, abgerufen am 17.12.2015, Seiten 88 f.
55 Deutscher Bundestag: Protokoll der Sitzung vom 10. November 1998, http://dip21.bundestag.de/dip21/btp/14/14003.pdf, abgerufen am 25.6.2015, Seite 51
56 »Spitzensteuersatz: Politiker sticheln gegen Absenkung«, *Rheinische Post online*, 15.8.2004, http://www.rp-online.de/politik/deutschland/spitzensteuersatz-politiker-sticheln-gegen-absenkung-aid-1.1620853, abgerufen am 25.6.2015
57 http://www.bundesregierung.de/Content/DE/Magazine/emags/economy/051/sp-2-die-automobilindustrie-eine-schluesselindustrie-unseres-landes.html
58 https://www.vda.de/de/services/zahlen-und-daten/zahlen-und-daten-uebersicht.html

59 https://www.destatis.de/DE/PresseService/Presse/Pressemitteilungen/2015/01/PD15_001_13321.html
60 http://www.fairkehr-magazin.de/1034.html
61 Ebd.
62 Bundesvereinigung der deutschen Arbeitgeberverbände: »Arbeitgeberpräsident Dr. Dieter Hundt: Krankenkassenbeiträge stabil halten«, Pressemitteilung, 26.8.2018, http://www.arbeitgeber.de/www%5Carbeitgeber.nsf/id/DE_PI07208, abgerufen am 2.11.2015
63 Sachverständigenrat zur Begutachtung der Entwicklung im Gesundheitswesen; Jahresgutachten 2003, Kurzfassung, Seite 22, http://www.svr-gesundheit.de/fileadmin/user_upload/Gutachten/2003/kurzf-de03.pdf, abgerufen am 2.11.2015
64 Jens Holst: »Senkung der Krankenkassenbeiträge: Ein untauglicher Weg zur Verringerung der Lohn«neben«kosten«. In: *Jahrbuch für kritische Medizin und Gesundheitswissenschaften 47*, Argument-Verlag, 2011, Seite 68. Oder: http://www.med.uni-magdeburg.de/jkmg/wp-content/uploads/2013/03/JKMG_Band47_Kapitel05_Holst.pdf
65 Wikipedia-Artikel »Staatliche Bevormundung«, https://de.wikipedia.org/wiki/Staatliche_Bevormundung, abgerufen am 3.12.2015
66 http://www.liberale.de/content/ein-blick-auf-die-ganze-katja-suding, abgerufen am 3.12.2015
67 Christoph Butterwegge: *Hartz IV und die Folgen*, Weinheim 2015, Seite 134
68 Wolfgang Ludwig-Mayerhofer, Olaf Behrend, Ariadne Sondermann: *Auf der Suche nach der verlorenen Arbeit. Arbeitslose und Arbeitsvermittler im neuen Arbeitsmarktregime*, Konstanz 2009, Seiten 11 f., zitiert nach Butterwegge, a. a. O., Seite 135
69 Deutscher Bundestag: Protokoll der Sitzung vom 14.3.2003, http://dipbt.bundestag.de/doc/btp/15/15032.pdf#site=6, Seite 2479, abgerufen am 4.12.2015
70 Es fällt auf, dass auch im Zusammenhang mit dem eher fortschrittlichen Konzept der Grundsicherung ein problematischer Begriff wie »aktivierende Maßnahmen« auftaucht: »Aktivieren« unterstellt ja den betreffenden Menschen implizit vollständige Passivität, während es doch darum gehen soll, prinzipiell jeder und jedem zunächst einmal

die Bereitschaft zum Handeln zu unterstellen und dabei Unterstützung anzubieten.
71 Bundestagsfraktion Bündnis 90/Die Grünen, 14.3.2013, http://www.gruene-bundestag.de/themen/arbeit/zehn-jahre-agenda-2010-die-arbeitsmarktreformen/arbeitslosenhilfe-und-sozialhilfe-zusammenlegen-hartz-4_ID_4387738.html, abgerufen am 5.12.2015
72 Ebd.
73 Ebd.
74 Harry Nutt: »Vom Menschenprofilsammler lernen«, *Frankfurter Rundschau* online, 2.12.2015, http://www.fr-online.de/leitartikel/mark-zuckerberg-vom-menschenprofilsammler-lernen,29607566,32685774.html, abgerufen am 7.12.2015
75 Siehe dazu das Stichwort →*Steuerstaat*
76 Birger P. Priddat: »Öffentliche Güter als politische Güter«, *ZögU (Zeitschrift für öffentliche und gemeinwirtschaftliche Unternehmen)*, 31. Jg. 2/2008, http://www.zoegu.nomos.de/fileadmin/zoegu/doc/Aufsatz_08_02.pdf, abgerufen am 8.12.2015, S. 161
77 A. a. O., S. 166
78 Andrea Nahles: »Arbeitsmarkt in sehr guter Verfassung«, 29.10.2015, http://www.bmas.de/DE/Presse/Pressemitteilungen/2015/arbeitsmarktzahlen-oktober-2015.html;jsessionid=2CBFDC25CB5AED76ED38D5F629A7B03B, abgerufen am 12.12.2015
79 Zum Beispiel auf *Spiegel Online*: »Boomender Arbeitsmarkt: Dax-Riesen wollen 40000 Mitarbeiter einstellen«, 31.5.2011, http://www.spiegel.de/wirtschaft/unternehmen/boomender-arbeitsmarkt-dax-riesen-wollen-40-000-mitarbeiter-einstellen-a-765887.html, abgerufen am 26.12.2015
80 Hans-Böckler-Stiftung: »Acht Millionen mit Niedriglohn«, in: *Böckler Impuls,* Ausgabe 06/2012, http://www.boeckler.de/39304_39313.htm, abgerufen am 12.12.2015
81 Daniel Baumann: »Nur ein halber Arbeitsmarkt-Boom«, 30.7.2015, http://www.fr-online.de/frax/frax-nur-ein-halber-arbeitsmarkt-boom,30514708,31347716.html?dmcid=sm_em, abgerufen am 12.12.2015
82 Einen neuen Blick auf den Arbeitsmarkt bietet der FR-Arbeitsmarktindex (FRAX). Das Barometer wurde 2015 von der *Frankfurter Rundschau* und dem Darmstädter Wirtschaftsforschungsinstitut Wifor zum ersten Mal publiziert.

Es wird vierteljährlich aktualisiert. Der FRAX bewertet den Arbeitsmarktindex anhand von achtzehn Indikatoren in den Kategorien Beschäftigung, Zugangschancen, Lohnentwicklung, Ausbildung und Arbeitsbedingungen. Mehr Infos unter: http://www.fr-online.de/frax, abgerufen am 12.12.2015

83 Deutsches Institut für Wirtschaftsforschung: »Familiärer Hintergrund hat großen Einfluss auf Zukunftschancen«, 23.1.2013, http://www.diw.de/sixcms/detail.php?id=diw_01.c.414647.de, abgerufen am 5.12.2015

84 Kanzlerin Angela Merkel vor Journalisten in der Bundespressekonferenz am 20.8.2006

85 Statistisches Bundesamt: »Volkswirtschaftliche Gesamtrechnung – Bruttoinlandsprodukt ab 1970«, 13.11.2015, https://www.destatis.de/DE/ZahlenFakten/GesamtwirtschaftUmwelt/VGR/Inlandsprodukt/Tabellen/BruttoinlandVierteljahresdaten_pdf.pdf?__blob=publicationFile, abgerufen am 3.1.2016

86 Institut für Arbeitsmarkt- und Berufsforschung: »Durchschnittliche Arbeitszeit und ihre Komponenten in Deutschland«, November 2015, http://doku.iab.de/arbeitsmarktdaten/AZ_Komponenten.xlsx, abgerufen am 3.1.2016

87 Frauenhofer Institut: »Kräftige Wachstumschancen durch Industrie 4.0«, 7.4.2014, https://www.iao.fraunhofer.de/lang-de/ueber-uns/presse-und-medien/1331-kraeftige-wachstumschancen-durch-industrie-4-0.html, abgerufen am 3.1.2016

88 Günther E. Braun, Jan Güssow: »Perspektiven der stationären Versorgung aufgrund demografischer Veränderungen«, in: Xiao Feng, Alina Popescu: *Infrastrukturprobleme bei Bevölkerungsrückgang*, Berlin 2008. S.eite 11, https://www.unibw.de/wow8/institut/Prof.Braun/PerspektivenStation, abgerufen am 3.1.2016

89 Statistisches Bundesamt: »Ungenutztes Arbeitskräftepotenzial im Jahr 2014: 6 Millionen Menschen wollen (mehr) Arbeit«, Pressemitteilung vom 21.5.2015, https://www.destatis.de/DE/PresseService/Presse/Pressemitteilungen/2015/05/PD15_186_132.html, abgerufen am 3.1.2016

90 Bundesinstitut für Berufsbildung: »Datenreport zum Berufsbildungsbericht 2015«, https://www.bibb.de/

dokumente/pdf/bibb_datenreport_2015.pdf, Seite 21, abgerufen am 3.1.2016
91 Malte Reichelt, Basha Vicari: »Formale Überqualifizierung von Ausländern«, in: Institut für Arbeitsmarkt- und Berufsforschung: *Aktuelle Berichte 13/2005*, http://doku.iab.de/aktuell/2015/aktueller_bericht_1513.pdf, abgerufen am 3.1.2016, Seite 1
92 Anna Fischhaber: »Möglicherweise gibt es eine Trendwende in Deutschland«, in: *Süddeutsche Zeitung Online*, 21.8.2015, http://www.sueddeutsche.de/leben/zahl-der-geburten-steigt-moeglicherweise-gibt-es-eine-trendwende-in-deutschland-1.2615888, abgerufen am 3.1.2016
93 Uwe Repschläger: »Der Einfluss der demografischen Entwicklung auf die Gesundheitsausgaben in Deutschland«, in: Uwe Repschläger (Hrsg.): *Barmer GEK – Gesundheitswesen aktuell 2012: Beiträge und Analysen*, 1.8.2012, Seite 42, https://www.barmer-gek.de/barmer/web/Portale/barmer-gek/Ueber-uns/Die-BARMER-GEK/Wissenschaft-Forschung/Publikationen/Gesundheitswesen-aktuell-2012/2-Repschlaeger-2012,property=Data.pdf, abgerufen am 3.1.2016
94 Thomas Straubhaar: »Chancen der Demografie: Deutschland altert – na und?«, 25.10.2006, http://www.spiegel.de/wirtschaft/chancen-der-demografie-deutschland-altert-na-und-a-443804.html, abgerufen am 3.1.2016
95 Ludwig Erhard: *Wohlstand für alle*, Düsseldorf, 8. Auflage 1964, online bei der Ludwig-Erhard-Stiftung unter http://www.ludwig-erhard-stiftung.de/wp-content/uploads/wohlstand_fuer_alle1.pdf, Seite 246, abgerufen am 13.12.2015
96 Thomas Gutschker: »Geschäfte hinter Mauern«, *FAZ online*, 8.12.2015, http://www.faz.net/aktuell/politik/ausland/naher-osten/fluechtlingslager-zaatari-in-jordanien-mit-geschaeften-von-syrern-13950585.html, abgerufen am 13.12.2015
97 Angela Merkel hat Chaos angerichtet«, Interview mit der *Welt*, http://www.welt.de/politik/deutschland/article148544516/Angela-Merkel-hat-Chaos-angerichtet.html, 7.11.2015, abgerufen am 13.12.2015
98 Roman Herzog: »Aufbruch ins 21. Jahrhundert«, »Berliner Rede« im Hotel Adlon am 26.4.1997, http://www.bundespraesident.de/SharedDocs/Reden/DE/Roman-Herzog/Reden/1997/04/19970426_Rede.html, abgerufen am 13.12.2015

99 Wikipedia-Artikel »Eigenverantwortung«, https://de.wikipedia. org/wiki/Eigenverantwortung, abgerufen am 11.12.2015
100 »Nach der Devise: ›Habe Mut, dich deines eigenen Verstandes zu bedienen‹, zählt letztlich nicht die Vermehrung des Wissens, vielmehr die Überwindung von Bequemlichkeit und Feigheit zugunsten von Selberdenken und Eigenverantwortung«, schreibt der Tübinger Philosoph Otfried Höffe zu Kants Freiheitsbegriff. Otfried Höffe: »Immanuel Kant – Die Trennung von Mein und Dein«, *Frankfurter Allgemeine Zeitung online*, 7.3.2015, http://www.faz.net/aktuell/wirtschaft/immanuel-kant-die-trennung-von-mein-und-dein-13456237.html?printPagedArticle=true#pageIndex_2, abgerufen am 11.12.2015
101 »Gestatten, mein Name ist Geldadel«, Sighard Neckel im Interview, *taz online*, 20.3.2012, http://www.taz.de/Soziologe-ueber-Finanzkapitalismus/!5097985/, abgerufen am 13.12.2015
102 Initiative Neue Soziale Marktwirtschaft: »Eigenverantwortung«, http://www.wirtschaftundschule.de/lehrerservice/lexikon/e/eigenverantwortung/, abgerufen am 11.12.2015
103 Thomas Gebauer: »Jenseits der Hilfe. Von der Wohltätigkeit zur Solidarität«, in: *Blätter für deutsche und internationale Politik*, Heft 4/2014, S. 74
104 Siehe auch die Anmerkungen zu der Rede unter dem Stichwort →*Reform*
105 Franz Segbers: »Thesen zur Eigenverantwortung«, Vortrag in der Evangelischen Akademie Hofgeismar, 28.9.2007, http://www.akademie-hofgeismar.de/Vortraege/07364_Segbers.pdf?PHPSESSID=9ede4f1088deb1dcda95f77428403972, abgerufen am 11.12.2015
106 Ebd.
107 Christoph Butterwegge: *Hartz IV und die Folgen*, Weinheim/Basel 2015, S. 20ff.
108 Gustav Hartz: *Irrwege der deutschen Sozialpolitik und der Weg zur sozialen Freiheit*, Berlin 1918, zitiert nach Butterwegge, a. a. O.
109 dpa: »Fachkräftemangel eine der größten Wachstumsbremsen«, in: *Handelsblatt Online*, 4.6.2012, http://www.handelsblatt.com/politik/deutschland/arbeitgeber-praesident-fachkraeftemangel-eine-der-groessten-wachstumsbremsen/6706382.html, abgerufen am 20.1.2016

110 Michael Sommer: »Jammern über Fachkräftemangel ist unglaubwürdig«, 13.7.2012, http://www.dgb.de/themen/++co++c84de38e-ccd6-11e1-67df-00188b4dc422, abgerufen am 20.1.2016

111 Bundeszentrale für politische Bildung: »Fachkräftemangel«, 31.1.2014, http://www.bpb.de/politik/innenpolitik/arbeitsmarktpolitik/178757/fachkraeftemangel?p=all, abgerufen am 20.1.2016

112 Bundesagentur für Arbeit: »Der Arbeitsmarkt in Deutschland – Fachkräfteengpassanalyse«, Dezember 2015, https://statistik.arbeitsagentur.de/Statischer-Content/Arbeitsmarktberichte/Fachkraeftebedarf-Stellen/Fachkraefte/BA-FK-Engpassanalyse-2015-12.pdf, abgerufen am 20.1.2016

113 Stifterverband der deutschen Wissenschaft: »Ländercheck kompakt – Fachkräftenachwuchs«, März 2015, http://www.stifterverband.org/download/file/fid/62, abgerufen am 20.1.2016

114 Marcel Schütz: »Gegen die Mär vom Fachkräftemangel«, in: *Frankfurter Rundschau*, 19.5.2015, Seite 10

115 Daniel Baumann, Sebastian Wolff: »Zimmermanns Eiertanz«, in: *Frankfurter Rundschau*, 17.11.2010, Seite 14

116 Institut für Arbeitsmarkt- und Berufsforschung: »Aktuelle Berichte – Zentrale Befunde zu aktuellen Arbeitsmarktthemen«, 7/2015, Seite 11, http://doku.iab.de/aktuell/2015/aktueller_bericht_1507.pdf, abgerufen am 23.1.2016

117 Institut für Arbeitsmarkt- und Berufsforschung: »Digitalisierung wird nur sehr wenige Berufe verschwinden lassen«, Pressemitteilung vom 14.12.2015, http://www.iab.de/de/informationsservice/presse/presseinformationen/kb2415.aspx, abgerufen am 23.1.2016

118 Malte Reichelt, Basha Vicari: »Formale Überqualifizierung von Ausländern«, in: Institut für Arbeitsmarkt- und Berufsforschung: *Aktuelle Berichte 13/2005*, http://doku.iab.de/aktuell/2015/aktueller_bericht_1513.pdf, abgerufen am 3.1.2016, Seite 1

119 Statistisches Bundesamt: »Ungenutztes Arbeitskräftepotenzial im Jahr 2014: 6 Millionen Menschen wollen (mehr) Arbeit«, Pressemitteilung vom 21.5.2015, https://www.destatis.de/DE/PresseService/Presse/Pressemitteilungen/2015/05/PD15_186_132.html, abgerufen am 3.1.2016

120 *Finanz-Lexikon*, Finanzprodukt, https://www.finanz-lexikon.de/finanzprodukt_2655.html, abgerufen am 12.12.2015

121 Volker Handon: *Die Psycho-Trader*, Frankfurt/Main 2015, Seite 12
122 Angela Merkel: »Rede beim Bundesparteitag der CDU in Hannover am 3.12.2012«, http://www.kas.de/upload/ACDP/CDU/Reden/2012-12_parteitag_rede_merkel.pdf, abgerufen am 30.6.2015
123 »Angela Merkels Neujahrsansprache für 2011«, *Welt online*, 31.12.2010, http://www.welt.de/politik/deutschland/article11906500/Angela-Merkels-Neujahrsansprache-fuer-2011.html, abgerufen am 30.6.1015
124 Ebd.
125 Zitiert nach Stephan Hebel: *Mutter Blamage*, Frankfurt/Main 2013, Seite 141
126 Ralf Streck: »Merkel brüskiert Spanien, Portugal und Griechenland«, *Telepolis*, 19.5.2011, http://www.heise.de/tp/artikel/34/34777/1.html, abgerufen am 1.7.2015
127 Philip Faigle: »Merkels Märchen vom faulen Portugiesen«, *Zeit online*, 17.6.2011, http://www.zeit.de/wirtschaft/2011-05/merkel-krisenstaaten-rente, abgerufen am 1.7.2015
128 Ebd. Auch in den Folgejahren hat sich an diesen Befunden nichts geändert. Siehe zum Beispiel OECD (2013), *Pensions at a Glance 2013: OECD and G20 Indicators*, OECD Publishing, http://dx.doi.org/10.1787/pension_glance-2013-en, abgerufen am 1.7.2015, Seite 129
129 Zitiert nach Julian Dörr: »Verflixte 56«, *Süddeutsche Zeitung online*, 15.6.2015, http://www.sueddeutsche.de/medien/renteneintrittsalter-in-griechenland-verflixte-1.2521359, abgerufen am 2.7.2015
130 Stefan Niggemeier: »Das griechische Renteneintrittsalter liegt nicht bei 56 Jahren«, 14.6.2015, http://www.stefan-niggemeier.de/blog/21319/das-griechische-renteneintrittsalter-liegt-nicht-bei-56-jahren/, abgerufen am 2.7.2015
131 A.a.O.
132 OECD: «OECD360. Deutschland 2015«, http://www.oecd360.org/germany?utm_source=ilibrary&utm_medium=popup&utm_campaign=oecd360launch, abgerufen am 1.7.2015, Seite 26. Die Zahlen (auch im Folgenden) beziehen sich auf das Jahr 2012 und geben damit die bis dahin jüngste abgeschlossene Ergebung wieder.
133 OECD (2014): «Hours Worked: Average annual hours actually worked, OECD Employment and Labour Market

Statistics (database)", http://dx.doi.org/10.1787/data-00303-en, abgerufen am 1.7.2015
134 Philip Faigle, a.a.O.
135 Wirtschaftslexikon24.com, Ausgabe 2015, http://www.wirtschaftslexikon24.com/d/flexibilitaet/flexibilitaet.htm, abgerufen am 28.12.2015
136 http://www.latein-deutsch-woerterbuch.de/verb/flectere.html, abgerufen am 28.12.2015
137 Werner Eichhorst: »Der europäische Arbeitsmarkt – Erfolg durch Flexibilität und Mobilität«, Teil 1: »Erfolg durch Reform: Das deutsche Jobwunder«, Konrad-Adenauer-Stiftung und Center for European Studies, Berlin 2013, http://www.kas.de/wf/doc/kas_34465-544-1-30.pdf?140218161037, abgerufen am 28.12.2015, Seite 6
138 Ebd.
139 Matthias Knuth: »Zehn Jahre Grundsicherung für Arbeitsuchende – Ein Kritischer Rückblick auf ›Hartz IV‹«, IAQ-Standpunkt 01/2015, http://www.iaq.uni-due.de/iaq-standpunkte/2015/sp2015-01.pdf, abgerufen am 19.1.2016
140 Hubertus Pellengahr: »Deutschlands kluge Arbeitsteilung nicht zerstören«, Initiative Neue Soziale Marktwirtschaft, 23.11.2015, http://www.insm.de/insm/kampagne/werkvertraege-und-zeitarbeit/standpunkt-zu-werkvertraege-und-zeitarbeit-.html, abgerufen am 28.12.2015
141 http://www.duden.de/rechtschreibung/Flexibilisierung, abgerufen am 28.12.2015
142 dapd: »Seehofer hält ›Markt pur‹ für ›Wirtschaft pervers‹, *Handelsblatt online*, 8.10.2011, http://www.handelsblatt.com/politik/deutschland/csu-parteitag-gauweiler-tritt-gegen-ramsauer-an/4733256-2.html, abgerufen am 30.1.2016
143 Stefan Fuchs: »Mythos freier Markt«, Deutschlandfunk, 27.11.2011, http://www.deutschlandfunk.de/mythos-freier-markt.1184.de.html?dram:article_id=185470, abgerufen am 17.1.2016
144 Walter Eucken Institut: »Zehn Grundaussagen der Freiburger Ordnungsökonomik«, http://www.eucken.de/de/freiburger-tradition/zehn-grundaussagen.html, abgerufen am 30.1.2016
145 Tomáš Sedláček, David Graeber: *Revolution oder Evolution. Das Ende des Kapitalismus?*, München 2015, Seite 42
146 John Lanchester: *Die Sprache des Geldes und warum wir sie nicht verstehen (sollen)*, Stuttgart 2015, S. 145

147 Joachim Gauck: »Rede zur Eröffnung der 50. Münchner Sicherheitskonferenz am 31.1.2014«, http://www.bundespraesident.de/SharedDocs/Reden/DE/Joachim-Gauck/Reden/2014/01/140131-Muenchner-Sicherheitskonferenz.html, abgerufen am 14.12.2015
148 Thilo Bode: »TTIP – Selbstentmachtung der Politik«, *Gegenblende – das gewerkschaftliche Debattenmagazin*, 1.10.2015, http://www.gegenblende.de/++co++e4a284ae-5d33-11e5-b5f9-52540066f352, abgerufen am 18.12.2015
149 Ebd.
150 Zacharias Zacharakis: »Ein Freifahrtschein für Lobbyisten«, *Zeit online*, 5.6.2014, http://www.zeit.de/wirtschaft/2014-06/ttip-freihandelsabkommen-regulatorische-kooperation-rcc-eu-usa, abgerufen am 14.12.2015. Ein guter erster Überblick hierzu findet sich auch bei Hendrik Kafsack und Maximilian Weingartner: »Amerika soll bei unseren Gesetzen mitreden«, *FAZ online*, 27.1.2015, http://www.faz.net/aktuell/wirtschaft/ttip-und-freihandel/ttip-amerika-soll-bei-unseren-gesetzen-mitreden-13391816.html, abgerufen am 14.12.2015. Eine kritische Bestandsaufnahme zu TTIP insgesamt bietet zum Beispiel Naturfreunde Deutschlands: »TTIP wegkicken«, http://www.naturfreunde.de/sites/default/files/attachments/nfd-ttip-reader.pdf, abgerufen am 14.12.2015
151 Europäische Kommission, Generaldirektion Handel: »TTIP – Schutz der Daseinsvorsorge«, http://www.bmwi.de/BMWi/Redaktion/PDF/S-T/ttip-schutz-der-daseinsvorsorge,property=pdf,bereich=bmwi2012,sprache=de,rwb=true.pdf, abgerufen am 18.12.2015
152 Werner Rügemer: »Das Transpazifische Freihandelsabkommen (TPP) – Augenwischerei bei den Arbeitsrechten«, *Gegenblende*, 10.12.2015, http://www.gegenblende.de/++co++48531aaa-9f55-11e5-b148-52540066f352, abgerufen am 18.12.2015
153 Jeronim Capaldo: »The Trans-Atlantic Trade and Investment Partnership – European Disintegration, Unemployment and Instability", Tufts University, Working Paper 14-03, Oktober 2014, http://deutsche-wirtschafts-nachrichten.de/wp-content/uploads/2014/11/TTIP-Studie-Tufts.pdf, abgerufen am 28.12.2015. Eine sehr gute Zusammenfassung auf Deutsch bietet der Artikel »Unabhängige Studie: TTIP vernichtet in Europa 583.000 Arbeitsplätze", *Deutsche Wirtschafts Nachrichten*, 14.11.2014, http://deutsche-wirtschafts-

nachrichten.de/2014/11/14/unabhaengige-studie-ttip-vernichtet-in-europa-583-000-arbeitsplaetze/, abgerufen am 28.12.2015

154 »Ceta – Freihandel auf der Negativliste«, *Wiener Zeitung online*, 20.11.2014, http://www.wienerzeitung.at/nachrichten/europa/europaeische_union/?em_cnt=710182&em_cnt_page=2, abgerufen am 18.12.2015

155 Auswärtiges Amt: »Länderinfo Ghana – Wirtschaft«, Stand November 2015, http://www.auswaertiges-amt.de/DE/Aussenpolitik/Laender/Laenderinfos/Ghana/Wirtschaft_node.html, abgerufen am 18.12.2015. Das Abkommen mit ECOWAS war dem Auswärtigen Amt zufolge Ende 2015 noch nicht ratifiziert, wurde aber vorläufig angewendet.

156 Einen ersten Überblick dazu lieferte zum Beispiel der Cambridge-Professor Ha-Joon Chang in »Was der Freihandel mit einer umgestoßenen Leiter zu tun hat«, *taz online*, 13.6.2003, http://www.taz.de/1/archiv/?dig=2003/06/13/a0050, abgerufen am 18.12.2015

157 Alexander Göbel: »Das Märchen vom fairen Handel«, tagesschau.de, 13.12.2015, http://www.tagesschau.de/wirtschaft/ghana-gefluegel-101.html, abgerufen am 18.12.2015

158 Jochen Zierhut: »Umstrittenes Freihandelsabkommen EPA – Erpressung durch die EU?«, tagesschau.de, 8.6.2015, https://www.tagesschau.de/ausland/epa-afrika-101.html, abgerufen am 18.12.2015

159 http://www.franklintempleton.de/de_DE/privatanleger/fondswissen/lassen-sie-ihr-geld-wieder-fuer-sich-arbeiten, abgerufen am 9.10.2015

160 https://www.dws.de/ihrgeldschmilzt_Metaseite, abgerufen am 9.10.2015

161 J. Boeckh, E. Huster, B. Benz: *Sozialpolitik in Deutschland: Eine systematische Einführung*, Wiesbaden 2004, Seite 108

162 Nicholas Barr: »Rentenreformen: Mythen, Wahrheiten und politische Entscheidungen«, in: *Internationale Revue für Soziale Sicherheit*, 55 (2), Seite 3-46

163 Verdi: »Gerechte Löhne und partnerschaftliche Vereinbarkeit von Familie und Beruf gefordert«, Pressemitteilung, 8.5.2015, https://www.verdi.de/themen/nachrichten/++co++ec3f37e0-f58a-11e4-869b-52540059119e, abgerufen am 6.12.2015

164 Bettina Vestring: »Was ist ein gerechter Lohn?«, *Frankfurter Rundschau Online*, 30.4.2012, http://www.fr-online.de/wirtschaft/tag-der-arbeit-was-ist-ein-gerechter-lohn-,1472780,15048602.html abgerufen am 6.12.2015
165 Patrick Schulte: »Es gibt keinen gerechten Lohn«, in: Bascha Mika, Arnd Festerling: *Was ist gerecht?*, Frankfurt/Main 2015, Seite 130
166 Bundesarbeitsministerium: »450-Euro-Mini-Jobs / Geringfügige Beschäftigung«, http://www.bmas.de/DE/Themen/Soziale-Sicherung/450-Euro-Mini-Jobs/450-euro-mini-jobs-geringfuegige-beschaeftigung.html, abgerufen am 27.12.2015
167 DGB: »Interview mit Bundesarbeitsministerin Andrea Nahles«, 20.10.2015, http://www.dgb.de/themen/++co++9f0f5156-771e-11e5-8401-52540023ef1a, abgerufen am 27.12.2015
168 Hans-Böckler-Stiftung: »Atypisch schlecht bezahlt«, in: *Böckler-Impulse 12/2014*, http://www.boeckler.de/hbs_showpicture.htm?id=50371&chunk=3, abgerufen am 27.12.2015
169 So die von der Gesellschaft für deutsche Sprache herausgegebene Zeitschrift *Der Sprachdienst*, Heft 2/1998, Seite 53 f., zitiert nach Gesellschaft für deutsche Sprache: »Fragen und Antworten – Herkunft von *Gutmensch*«, http://gfds.de/gutmensch/, abgerufen am 27.12.2015
170 Ebd.
171 Zitiert nach Astrid Hanisch und Margarete Jäger: »Das Stigma ›Gutmensch‹«, in: Duisburger Institut für Sprach- und Sozialforschung: *DISS-Journal* 22 (2011), http://www.diss-duisburg.de/2011/11/das-stigma-gutmensch/, abgerufen am 27.12.2015
172 Hanisch/Jäger, a. a. O.
173 Ebd.
174 »Denken muss sein wie ein Foxterrier«, Interview, *taz online*, 19.9.2011, http://www.taz.de/!5111606/, abgerufen am 27.12.2015
175 Klaus Bittermann, Gerhard Henschel (Hg.): *Das Wörterbuch des Gutmenschen*, Berlin 1994
176 Ulrike Köppchen: »Eben mal die Welt retten! Warum ›Gutmenschen‹ so verhasst sind«, Deutschlandradio Kultur, 11.8.2014, http://www.deutschlandradiokultur.de/gutmenschen-eben-mal-die-welt-retten.976.de.html?dram:article_id=294305, abgerufen am 27.12.2015

177 Volker Weiß: *Angriff der Eliten: Von Spengler bis Sarrazin*, Paderborn 2011, Seite 99, zitiert nach Hanisch/Jäger, a. a. O.
178 Hanisch/Jäger, a. a. O.
179 Michael Klonovsky: »Das Gott-Wort der Guten«, *Focus*, 2.8.2010, http://www.focus.de/wissen/mensch/religion/debatte-das-gott-wort-der-guten_aid_536776.html, abgerufen am 27.12.2015
180 Siehe die Presseerklärung der »Sprachkritischen Aktion Unwort des Jahres« vom 12.1.2016, http://www.unwortdesjahres.net/fileadmin/unwort/download/pressemitteilung_unwort2015_neu.pdf, abgerufen am 27.1.2016
181 »Mit dickem Pullover Energiekosten sparen«, *Rheinische Post online*, 28.7.2008, http://www.rp-online.de/politik/deutschland/mit-dickem-pullover-energiekosten-sparen-aid-1.476324, abgerufen am 27.12.2015
182 Thilo Sarrazin: *Deutschland schafft sich ab*, München 2010, Seite 10, zitiert nach Hanisch/Jäger, a. a. O.
183 Statement für den Fernsehsender Tele 5, https://www.facebook.com/tele5.de/videos/907290159320993/, abgerufen am 27.12.2015
184 Gunther Eigler und Volker Krumm: *Zur Problematik der Hausaufgaben*, Weinheim 1972, Seite 46, zitiert nach Hermann Rademacker: »Hausaufgaben im Spannungsfeld von Schule – Eltern – Betreuung«, Bund-Länder-Kommission für Bildungsplanung und Forschungsförderung, August 2005, http://www.ganztag-blk.de/cms/upload/pdf/nrw/Rademacker_Hausaufgaben.pdf, abgerufen am 29.12.2015, Seite 7
185 Video-Podcast vom 5.10.2011, Textversion, http://www.bundesregierung.de/Content/DE/Podcast/2011/2011-11-05-Video-Podcast/links/2011-11-05-text.pdf;jsessionid=04A67F4EFBADB5BD9DC688D9714E0735.s4t2?__blob=publicationFile&v=4, abgerufen am 29.12.2015
186 »›Athen muss seine Hausaufgaben machen‹ – Merkel und Schäuble gegen neuen Schuldenschnitt«, *Rheinische Post online*, 12.7.2013, http://www.rp-online.de/politik/deutschland/merkel-und-schaeuble-gegen-neuen-schuldenschnitt-aid-1.3532523, abgerufen am 29.12.2015
187 Zitiert nach Armin Himmelrath: »Hausaufgaben sind Hausfriedensbruch«, *Spiegel online*, 12.11.2015, http://www.

spiegel.de/schulspiegel/hausaufgaben-das-ist-hausfriedensbruch-a-1062094.html, abgerufen am 29.12.2015
188 Jacob und Wilhelm Grimm: *Deutsches Wörterbuch*, 16 Bände in 32 Teilbänden, Leipzig 1854–1961, Band 10, Spalte 662, http://www.woerterbuchnetz.de/DWB?bookref=10,662,16, abgerufen am 22.6.2015
189 Konrad-Adenauer-Stiftung: »Protokoll, 22. Parteitag der CDU Deutschlands«, Stuttgart, 1.–2.Dezember 2008, http://www.kas.de/upload/ACDP/CDU/Protokolle_Parteitage/2008-11-30-12-02_Protokoll_22.Parteitag_Stuttgart.pdf, Seite 24, abgerufen am 22.6.2015
190 Zitiert nach Jens Berger: »Angela Merkel ungeschminkt«, Nachdenkseiten, 18.12.2012, http://www.nachdenkseiten.de/wp-print.php?p=15497, abgerufen am 22.6.2015
191 Jacob und Wilhelm Grimm, a.a.O., Band 2 Spalte 1552, http://www.woerterbuchnetz.de/DWB?bookref=2,1552,1, abgerufen am 22.6.2015
192 Johann Wolfgang von Goethe: *Wilhelm Meisters Lehrjahre*, http://www.digbib.org/Johann_Wolfgang_von_Goethe_1749/Wilhelm_Meisters_Lehrjahre_.pdf, abgerufen am 23.12.2015
193 Ralf Bendix: »Schaffe, schaffe, Häusle baue«, http://www.historisches-wuerttemberg.de/kultur/kompon/sonstige/haeusle.htm, abgerufen am 22.6.2015
194 Erste Allgemeine Verunsicherung: »Geld oder Leben«. Zitiert nach http://www.songtexte.com/songtext/erste-allgemeine-verunsicherung/geld-oder-leben-2bdcf4d6.html, abgerufen am 22.6.2015
195 Patrick Bernau: »Die schwäbische Hausfrau«, *Frankfurter Allgemeine Zeitung online*, 16.5.2010, http://www.faz.net/aktuell/wirtschaft/schulden-die-schwaebische-hausfrau-1979097.html, abgerufen am 22.6.2015
196 Antonia Lange: »Die schwäbische Hausfrau will moderner werden«, *Die Welt online*, 20.3.2014, http://www.welt.de/regionales/stuttgart/article126015722/Die-schwaebische-Hausfrau-will-moderner-werden.html, abgerufen am 22.6.2015
197 Regierungserklärung vom 9.4.2014, Protokoll des Deutschen Bundestages, http://dip21.bundestag.de/dip21/btp/18/18029.pdf, abgerufen am 23.6.2015, Seite 2322
198 Ebd.
199 »Hilfe«, in: *Deutsches Wörterbuch von Jacob und Wilhelm Grimm*, 16 Bände in 32 Teilbänden, Leipzig 1854–1961, http://

woerterbuchnetz.de/DWB/?sigle=DWB&mode=Gliederung&le
mid=GH08346#XGH08346, abgerufen am 29.12.2015
200 *Süddeutsche Zeitung online*, 19.8.2015, http://www.
sueddeutsche.de/news/politik/eu-ja-zu-griechenland-hilfe-
trotz-63-unions-abweichlern-dpa.urn-newsml-dpa-
com-20090101-150818-99-09205, abgerufen am 29.12.2015
201 N-tv online, 18.8.2015, abgerufen am 29.12.2015
202 Zitiert nach *Deutsches Wörterbuch*, a. a. O.
203 Siehe »Armut in Griechenland verschärft sich«, *Zeit online*,
19.3.2015, http://www.zeit.de/gesellschaft/
zeitgeschehen/2015-03/griechenland-armut-studie-boeckler-
stiftung, abgerufen am 1.1.2016
204 Siehe Zacharias Zacharakis: »Wohin fließen die Griechenland-
Milliarden?«, *Zeit online*, 18.8.2015, http://www.zeit.de/
wirtschaft/2015-08/griechenland-paket-86-milliarden-
verteilung-schulden, abgerufen am 1.1.2016
205 Deutschland spart durch Mini-Zinsen über hundert Milliarden«,
Wirtschaftswoche online, 10.8.2015, http://www.wiwo.de/
politik/europa/gewinner-der-griechenland-krise-deutschland-
spart-durch-mini-zinsen-ueber-100-milliarden/12168994.html,
abgerufen am 1.1.2016
206 Ulrich Busch: »Finanzindustrie – Begriff, volkswirtschaftliche
Bedeutung und Kritik«, in: Rosa-Luxemburg-Stiftung:
Standpunkte 03/12, Seite 1
207 Andreas Burth: »Ausgaben, konsumtive«, Haushaltssteuerung.
de, http://www.haushaltssteuerung.de/lexikon-ausgaben-
konsumtive.html, abgerufen am 18.1.2016
208 A.a.O., http://www.haushaltssteuerung.de/lexikon-ausgaben-
investive.html, abgerufen am 18.1.2016
209 Axel Schrinner: »Der Professor für Weltweisheit«, *Handelsblatt
online*, 15.12.2015, http://www.handelsblatt.com/politik/
konjunktur/nachrichten/sinn-und-seine-abschiedsvorlesung-
der-professor-fuer-weltweisheit/12723532.html, abgerufen am
18.1.2016
210 »Beratung schützt vor Obdachlosigkeit«, *Donaukurier online*,
27.11.2015, http://www.donaukurier.de/nachrichten/bayern/
Nuernberg-Beratung-schuetzt-vor-Obdachlosigkeit;
art155371,3151868, abgerufen am 18.1.2016
211 Achim Truger: »Die Makroökonomische Bedeutung öffentlicher
Investitionen und ihre Finanzierbarkeit«, *WSI-Mitteilungen*

5/2009, http://www.boeckler.de/wsimit_2009_05_truger.pdf, abgerufen am 18.1.2016, Seite 243
212 A.a.O, Seite 245 f.
213 Sven Böll: »Kostenexplosion im Gesundheitswesen: Krankes System mit Knalleffekt«, *Spiegel Online*, 8.10.2009, www.spiegel.de/wirtschaft/soziales/kostenexplosion-im-gesundheitswesen-krankes-system-mit-knalleffekt-a-653784.html, abgerufen am 11.9.2015
214 Statistisches Bundesamt: www.gbe-bund.de
215 Eigene Berechnung mit Hilfe von http://www.zinsen-berechnen.de/inflationsrechner.php am 11.9.2015
216 OECD: http://www.oecd.org/berlin/OECD-Gesundheitsdaten-2014-Deutschland.pdf, abgerufen am 11.9.2015
217 Gerd Bosbach, Jens Jürgen Korff, http://www.nachdenkseiten.de/wp-print.php?p=26624, abgerufen 11.9.2015
218 Deutscher Bundestag: Drucksache 17/13250, 23.4.2013, Seite 3, http://dip21.bundestag.de/dip21/btd/17/132/1713250.pdf, abgerufen am 10.1.2016
219 Bundeszentrale für politische Bildung: »Soziale Gerechtigkeit«, 31.5.2012, http://www.bpb.de/politik/grundfragen/deutsche-verhaeltnisse-eine-sozialkunde/138445/soziale-gerechtigkeit?p=all, abgerufen am 10.1.2016
220 Gert G. Wagner, Eva Roth, Stephan Kaufmann: »Am Arbeitsmarkt gibt es keine Gerechtigkeit«, Interview in der *Frankfurter Rundschau*, 18.4.2014, http://www.fr-online.de/wirtschaft/-am-arbeitsmarkt-gibt-es-keine-gerechtigkeit-,1472780,26884252.html, abgerufen am 1.1.2016
221 Andre Kieserling: »Der Terror der Leistungsgerechtigkeit«, in: *FAZ.net*, 12.8.2015, http://www.faz.net/aktuell/wissen/forschung-politik/soziale-systeme-der-terror-der-leistungsgerechtigkeit-13740822.html, abgerufen am 10.1.2016
222 Deutscher Bundestag: Plenarprotokoll 18/138, Seite 13510, 24.11.2015, http://dip21.bundestag.de/dip21/btp/18/18138.pdf, abgerufen am 7.12.2015
223 Deutscher Bundestag: Plenarprotokoll 18/109, 11.6.2015, https://www.bundestag.de/blob/378146/f017259688669e0d31e274a132cc0562/18109-data.txt, abgerufen am 10.10.2015
224 Christoph Schröder: »Die Struktur der Arbeitskosten in der deutschen Wirtschaft«, *IW-Trends Nr. 2*, 25.6.2013, Seite 2
225 Friedrich Breyer et al.: »Wirtschaftliche Aspekte der Märkte für Gesundheitsdienstleistungen«, DIW-Gutachten im Auftrag des

Bundeswirtschaftsministeriums, 2001, Seite 41, http://www.diw.de/sixcms/detail.php?id=diw_01.c.38789.de, abgerufen am 10.10.2015

226 Verdi: »Mythos ›Lohnnebenkosten‹«, *Wirtschaftspolitische Informationen 1/2005*, Seite 8

227 Bundeskanzleramt: »Auf dem Weg zu mehr Wachstum, Beschäftigung und Gerechtigkeit«, 2002, Seite 15

228 Statistisches Bundesamt: »EU-Vergleich der Arbeitskosten 2014: Deutschland auf Rang acht«, Pressemitteilung vom 4.5.2015, https://www.destatis.de/DE/PresseService/Presse/Pressemitteilungen/2015/05/PD15_160_624.html, abgerufen am 10.10.2015

229 Horst Köhler, »Die Ordnung der Freiheit«, Rede vom 15.3.2005, Seite 3, http://www.arbeitgeber.de/www/arbeitgeber.nsf/res/RedeBundespraesidentKoehler.pdf/$file/RedeBundespraesidentKoehler.pdf › abgerufen am 10.12.2015

230 OECD: »Productivity and ULC by main economic activity« (ISIC Rev. 4), eigene Berechnungen, http://stats.oecd.org/Index.aspx?DataSetCode=PDBI_I4#, abgerufen am 10.12.2015; vgl. auch Bundesfinanzministerium, »Nominale Lohnstückkosten« (Index), 20.12.2013, https://www.bundesfinanzministerium.de/Content/DE/Monatsberichte/2013/12/Bilder/b02-1-nominale-lohnstueckkosten.html, abgerufen am 10.12.2015

231 Bundesfinanzministerium: »Monatsbericht November 2015, Außenwirtschaft«, 20.11.2015, http://www.bundesfinanzministerium.de/Content/DE/Monatsberichte/2015/11/Inhalte/Kapitel-5-Statistiken/5-4-03-aussenwirtschaft.html, abgerufen am 10.12.2015

232 Bundesfinanzministerium, »Monatsbericht November 2015, Einkommensverteilung«, 20.11.2015, http://www.bundesfinanzministerium.de/Content/DE/Monatsberichte/2015/11/Inhalte/Kapitel-5-Statistiken/5-4-04-einkommensverteilung.html, abgerufen am 20.11.2015

233 Thomas von der Vring: »Bilanz der Lohnzurückhaltung 2000–2007 im volkswirtschaftlichen Kreislauf Deutschlands«, in: *WSI Mitteilungen 6/2009*, Seiten 319, 322, http://www.boeckler.de/wsimit_2009_06_von_der_vring.pdf, abgerufen am 10.12.2015

234 Gert G. Wagner: »Lohnzurückhaltung ist volkswirtschaftlicher Unsinn«, Interview in *Die Welt*, 28.12.2011, http://www.welt.de/wirtschaft/article13787267/Lohnzurueckhaltung-ist-volkswirtschaftlicher-Unsinn.html, abgerufen am 17.10.2015

235 Wolfgang Schäuble: »Unsere Probleme werden kleiner«, Interview mit dem *Focus*, 17.9.2012, http://www.wolfgang-schaeuble.de/unsere-probleme-werden-kleiner/, abgerufen am 19.12.2015
236 http://kath-zdw.ch/maria/naegel.html, abgerufen am 28.11.2015
237 https://de.wikipedia.org/wiki/Neid_%28Begriffskl%C3%A4rung%29, abgerufen am 28.11.2015
238 https://de.wikipedia.org/wiki/Neid, abgerufen am 28.11.2015
239 Peter Müller: »Union wirft SPD populistische Neiddebatte vor«, *Handelsblatt online*, 10.3.2009, http://www.handelsblatt.com/politik/deutschland/kritik-an-steuerplaenen-union-wirft-spd-populistische-neiddebatte-vor/3131636.html, abgerufen am 28.11.2015
240 Müntefering: »Wir müssen Solidarität einfordern«, *Handelsblatt online*, 8.3.2009, http://www.handelsblatt.com/politik/deutschland/spd-muentefering-wir-muessen-solidaritaet-einfordern/3130154.html, abgerufen am 28.11.2015
241 Siehe zum Beispiel Stefan von Borstel, Dorothea Siems, Flora Wisdorff: »Die große Neiddebatte um das Geld der Reichen«, *Welt online*, 18.9.2012, http://www.welt.de/politik/deutschland/article109313940/Die-grosse-Neiddebatte-um-das-Geld-der-Reichen.html, abgerufen am 28.11.2015
242 Marcus Theurer: »In Europa wachsen die politischen Risiken«, in: *FAZ online*, 22.12.2014, http://www.faz.net/aktuell/finanzen/boersen-maerkte/in-europa-wachsen-politische-risiken-durch-populisten-13331659.html, abgerufen am 30.12.2015
243 http://de.reuters.com/article/domesticNews/idDEKBN0LR0UC20150223
244 Karl-Heinz Hillmann: *Wörterbuch der Soziologie*, Stuttgart 1994, zitiert nach Stephan Hebel: »Reform-Sprech«, in: Ulrich Müller, Sven Giegold, Malte Arhelger (Hg.): *Gesteuerte Demokratie?*, Hamburg 2004, Seite 97
245 Hans-Martin Gauger: »Reform«, Forum Sprachkritik der Deutschen Akademie für Sprache und Dichtung, Mai 2013, http://www.deutscheakademie.de/de/aktivitaeten/projekte/sprachkritik/2013-05-19/reform, abgerufen am 27.6.2015
246 Ebd.
247 Deutscher Bundestag: Protokoll der Sitzung vom 14.3.2003, a. a. O., Seite 2481, abgerufen am 4.12.2015

248 Siehe dazu ebenfalls Gauger, a. a. O.
249 »Aufbruch ins 21. Jahrhundert«, Berliner Rede von Bundespräsident Roman Herzog am 26.4.1997 im Hotel Adlon, http://www.bundespraesident.de/SharedDocs/Reden/DE/Roman-Herzog/Reden/1997/04/19970426_Rede.html, abgerufen am 25.11.2015
250 Protokoll der Sitzung vom 18.6.2015, http://dipbt.bundestag.de/doc/btp/18/18112.pdf, abgerufen am 27.11.2015, Seite 10691
251 A.a.O., Seite 9
252 Ebd.
253 Ebd.
254 »Staat kassierte 2014 so viel wie nie zuvor«, *FAZ online*, 30.1.2015, http://www.faz.net/aktuell/wirtschaft/wirtschaftspolitik/staat-kassierte-2014-so-viel-wie-nie-zuvor-13398906.html, abgerufen am 2.12.2015
255 Beschluss der FDP-Landtagsfraktion vom 16.6.2015, http://www.fdp-fraktion-nrw.de/sites/default/files/bilder/150611-LTF_Beschluss-Steuerentlastung.pdf, abgerufen am 26.6.2015
256 *Berliner Kurier online*, 1.2.1014, http://www.berliner-kurier.de/news/mehr-schulden-trotz-rekordeinnahmen-was-macht-der-staat-mit-der-ganzen-kohle--3823074, abgerufen am 2.12.2015
257 Gustav Horn: »Warum sich Steuerzahler zu Unrecht ausgebeutet fühlen«, *Focus online*, 13.5.2014, http://www.focus.de/finanzen/experten/horn/geringe-inflation-gegen-hohe-abgabenlast-die-kalte-progression-spielt-gerade-keine-grosse-rolle_id_3832617.html, abgerufen am 25.6.2015
258 Bundesministerium der Finanzen: »Entwicklung der Steuer- und Abgabenquoten«, Stand 22.6.2015, http://www.bundesfinanzministerium.de/Content/DE/Monatsberichte/2015/06/Inhalte/Kapitel-5-Statistiken/5-1-11-entwicklung-der-steuer-und-abgabequoten.html, abgerufen am 25.6.2015. Die Tabelle zeigt übrigens, dass die Steuerquote seit 1990 nur einmal um mehr als einen Prozentpunkt zurückging, und zwar von 23,2 Prozent im Jahr 2000 auf 21,5 Prozent 2001. Das war das Jahr, in dem die von der Regierung Schröder beschlossene Senkung des Spitzensteuersatzes in Kraft trat. Erst 2007 stieg die Quote wieder auf mehr als 22 Prozent: In diesem Jahr war die von der großen Koalition beschlossene Erhöhung der Mehrwertsteuer wirksam geworden.

259 Bundesministerium der Finanzen: »Steuer- und Abgabenquoten 2013 in Prozent des Bruttoinlandsprodukts«, in: *Monatsbericht Juni 2015*, http://www.bundesfinanzministerium.de/Content/DE/Monatsberichte/2015/06/Downloads/monatsbericht_2015_06_deutsch.pdf?__blob=publicationFile&v=5, abgerufen am 25.6.2015, Seite 14

260 Statistisches Bundesamt: Pressemitteilung vom 19.6.2015, https://www.destatis.de/DE/PresseService/Presse/Pressemitteilungen/2015/06/PD15_226_713.html;jsessionid=FF2CCF0498255277994F23130022DE33.cae2, abgerufen am 26.6.2015

261 »Deutschlands Schulden wachsen weiter«, *n-tv.de*, 19.6.2015, http://www.n-tv.de/wirtschaft/Deutschlands-Schulden-wachsen-weiter-article15335386.html, abgerufen am 26.6.2015

262 Siehe zum Beispiel Thomas Öchsner: »Riesiger Investitionsstau in Deutschland«, *Süddeutsche Zeitung online*, 13.4.2015, http://www.sueddeutsche.de/wirtschaft/-milliarden-luecke-riesiger-investitionsstau-in-deutschland-1.2432782, abgerufen am 26.6.2015

263 Vergleiche dazu Jens J. Korff: *Die dümmsten Sprüche aus Politik, Kultur und Wirtschaft*, Frankfurt/Main 2015, Seite 92 ff. Marx verweist in den Fußnoten seines Werks auf einen Artikel von J. Dunning im britischen *Quarterly Reviewer*, in dem es hieß: »Kapital flieht Tumult und Streit und ist ängstlicher Natur.« Und weiter: »Das ist sehr wahr, aber doch nicht die ganze Wahrheit. Das Kapital hat einen Horror vor Abwesenheit von Profit oder sehr kleinem Profit, wie die Natur vor der Leere. Mit entsprechendem Profit wird Kapital kühn. Zehn Prozent sicher, und man kann es überall anwenden; 20 Prozent, es wird lebhaft; 50 Prozent, positiv waghalsig; für 100 Prozent stampft es alle menschlichen Gesetze unter seinen Fuß; 300 Prozent, und es existiert kein Verbrechen, das es nicht riskiert, selbst auf Gefahr des Galgens.« Zitiert nach: Karl Marx, Friedrich Engels: *Werke*, Band 23, *Das Kapital*, Bd. I, Siebenter Abschnitt, S. 741–791, Berlin/DDR 1968

264 Marc Beise: »Euckens Erben«, *Süddeutsche Zeitung online*, 12.1.2016, http://www.sueddeutsche.de/wirtschaft/ordnungspolitik-euckens-erben-1.2814461, abgerufen am 18.1.2016

265 Thomas Öchsner, a. a. O.

266 »Gigantische Investitionslücke in Deutschland«, N24, 13.4.2015, http://www.n24.de/n24/Nachrichten/Wirtschaft/d/6466346/gigantische-investitionsluecke-in-deutschland.html, abgerufen am 18.1.2016

267 Ronald Larmann: »Henriette Reker plant Sicherheitsgipfel in Köln«, *Kölnische Rundschau online*, 18.1.2016, http://www.rundschau-online.de/koeln/dreikoenigstreffen-der-fdp-henriette-reker-plant-sicherheitsgipfel-in-koeln,15185496,33544098.html, abgerufen am 18.1.2016

268 Bund der Steuerzahler: »Bestandsschutz für die Schwarze Null!«, Pressemitteilung vom 24.11.2015, http://www.steuerzahler.de/Bestandsschutz-fuer-die-Schwarze-Null/68601c79528i1p1520/index.html, abgerufen am 3.1.2016

269 Thomas Öchsner, a. a. O.

270 Bundesrechnungshof: »Bericht an den Haushaltsausschuss des Deutschen Bundestages nach § 88 Abs. 2 BHO über Öffentlich Private Partnerschaften (ÖPP) als Beschaffungsvariante im Bundesfernstraßenbau«, 4.6.2014, Seite 38, abrufbar unter https://www.gemeingut.org/wp-content/uploads/2014/06/2014-06-04_Bericht_BRH_zu_PPP_an_Haushaltsausschuss.pdf

271 RID: »Mieterbund: Zu wenige Wohnungen für sozial Schwache«, *Oberpfalznetz*, 20.11.2015, http://www.oberpfalznetz.de/zeitung/4804088-128-mieterbund-zu-wenige-wohnungen-fuer-sozial-schwache,1,0.html, abgerufen am 30.12.2015

272 Rahel Plüss: »Sparpaket trifft sozial Schwache – klare Kritik an Aargauer Regierung«, *Aargauer Zeitung*, 30.10.2015, http://www.aargauerzeitung.ch/aargau/wyna-suhre/sparpaket-trifft-sozial-schwache-klare-kritik-an-aargauer-regierung-129688756, abgerufen am 30.12.2015

273 WOB: »Ihr Herz schlägt für die sozial Schwachen«, *Badische Zeitung*, 31.10.2015, http://www.badische-zeitung.de/lahr/ihr-herz-schlaegt-fuer-die-sozial-schwachen—113172200.html, abgerufen am 30.12.2015

274 Statistisches Bundesamt: »Armutsgefährdungsquote«, https://www.destatis.de/DE/ZahlenFakten/GesellschaftStaat/Soziales/Sozialberichterstattung/Tabellen/ArmutsgefaehrungsquoteBundeslaender.html, abgerufen am 30.12.2015

275 Nationale Armutskonferenz: »Nationale Armutskonferenz (Nak) veröffentlicht Liste der sozialen Unwörter«, Pressemitteilung vom 25.2.2013
276 Dem NGO-Leitfaden zufolge ist der Anteil der Spenden am verfügbaren Einkommen mit jeweils etwa zwei Prozent in der höchsten und niedrigsten Einkommensklasse am größten, während der Mittelstand mit 0,7 Prozent vergleichsweise wenig beiträgt. http://www.ngoleitfaden.org/online-spenden-sammeln/aktuelle-zahlen-zum-deutschen-spendenmarkt, abgerufen am 30.12.2015
277 Vgl. http://www.duden.de/rechtschreibung/sozial, abgerufen am 30.12.2015
278 http://www.duden.de/rechtschreibung/sozial_vertraeglich, abgerufen am 18.1.2016
279 Winfried Berner: »Personalabbau: Das letzte Mittel professionell handhaben«, http://www.umsetzungsberatung.de/turnaround/personalabbau.php, abgerufen am 19.1.2016
280 »Erneuerbaren Strom speicherfähig machen«, Michael Vassiliadis im Gespräch mit Tobias Armbrüster, Deutschlandfunk, 14.1.2016, http://www.deutschlandfunk.de/braunkohle-ausstieg-erneuerbaren-strom-speicherfaehig-machen.694.de.html?dram:article_id=342397, abgerufen am 18.1.2016
281 Winfried Berner, a. a. O.
282 Jacob Grimm, Wilhelm Grimm: *Deutsches Wörterbuch,* »Sparen«, abrufbar unter http://woerterbuchnetz.de/DWB/?sigle=DWB&mode=Vernetzung&lemid=GS32765#XGS32765
283 N.N.: »Schäuble pocht aufs Sparen«, Tagesschau online, 10.10.2014, https://www.tagesschau.de/wirtschaft/schaeuble-haushaltsdisziplin-abschwaechung-konjunktur-101.html, abgerufen am 27.1.2015
284 dpa/stf: »Schäuble ruft noch mal zum Sparen auf«, *Die Welt,* 28.5.2015, http://www.welt.de/wirtschaft/article141573816/Schaeuble-ruft-noch-mal-zum-Sparen-auf.html, abgerufen am 27.1.2015
285 Francis Fukuyama: *Staaten bauen. Die neue Herausforderung internationaler Politik,* Berlin 2004, Seite 20f.
286 Alexander Rüstow: »Freie Wirtschaft – Starker Staat (Die staatspolitischen Voraussetzungen des wirtschaftspolitischen Liberalismus)«, in: Franz Boese (Hrsg.): *Deutschland und die*

Weltkrise, Schriften des Vereins für Socialpolitik, Band 187, Dresden, S. 62–69
287 Francis Fukuyama: *Staaten bauen*, Seite 37
288 Regierungserklärung im Deutschen Bundestag, 29.1.2014, https://www.bundesregierung.de/Content/DE/Regierungserklaerung/2014/2014-01-29-bt-merkel.html, abgerufen am 30.11.2015
289 Rede beim Deutschen Handelskongress am 19.11.2015 in Berlin, https://www.bundesregierung.de/Content/DE/Rede/2015/11/2015-11-19-merkel-handelskongress.html;jsessionid=9B87F3FA13AE91D26B903D531CA26492.s4t2, abgerufen am 30.11.2015
290 »Wir sind nicht die Steuererhöhungspartei«, Thomas Oppermann im Gespräch mit Frank Capellan, Deutschlandfunk, 30.11.2014, http://www.deutschlandfunk.de/spd-fraktionschef-oppermann-wir-sind-nicht-die.868.de.html?dram:article_id=304756, abgerufen am 30.11.2015
291 Institut der Deutschen Wirtschaft: »Arm und Reich. Einkommen und Vermögen in Deutschland und wie der Staat sie umverteilt«, http://www.arm-und-reich.de/umverteilung/steuern.html, abgerufen am 1.12.2015
292 Bundeszentrale für politische Bildung: »Einkommensverteilung«, http://www.bpb.de/nachschlagen/zahlen-und-fakten/soziale-situation-in-deutschland/61769/einkommensverteilung, abgerufen am 1.12.2015
293 »Mehrwertsteuer: Merkel schließt Erhöhung aus«, Spiegel Online, 8.6.2014, http://www.spiegel.de/wirtschaft/mehrwertsteuer-merkel-schliesst-erhoehung-aus-a-303202.html, abgerufen am 30.11.2015
294 »Mehrwertsteuer-Erhöhung: Merkel bleibt dabei«, n-tv online, 23.4.2006, http://www.n-tv.de/politik/Merkel-bleibt-dabei-article179428.html, abgerufen am 30.11.2015
295 »Deutschlands Chancen nutzen«, Regierungsprogramm 2005-2009 der CDU/CSU, http://www.kas.de/upload/ACDP/CDU/Programme_Bundestag/2005-2009_Regierungsprogramm_Deutschlands-Chancen-nutzen_Wachstum-Arbeit-Sicherheit.pdf, abgerufen am 30.11.2015, Seite 13
296 Bundesverfassungsgericht: »Beschluss vom 8.6.1988 zur Fehlbelegungsabgabe im Wohnungswesen«, BVerfGE 78,249, http://www.servat.unibe.ch/dfr/bv078249.html#266, abgerufen am 7.12.2015

297 Dabei handelt es sich um das Recht des Staates, Einnahmen aus bestimmten Produkten (früher etwa Branntwein und Zündhölzer) für sich zu reservieren. Diese Einnahmeart spielt heute praktisch keine Rolle mehr. Siehe Wikipedia: »Finanzmonopol«, https://de.wikipedia.org/wiki/Finanzmonopol, abgerufen am 7.12.2015
298 Grundgesetz der Bundesrepublik Deutschland, Artikel 105, Abs. 1 und 2, https://www.bundestag.de/bundestag/aufgaben/rechtsgrundlagen/grundgesetz/gg_10/245148, abgerufen am 7.12.2015
299 Rudi Wais: »Dreikönigstreffen der FDP: Neues Logo, neuer Schwung?«, *Augsburger Allgemeine online*, 4.1.2015, http://www.augsburger-allgemeine.de/politik/Dreikoenigstreffen-der-FDP-Neues-Logo-neuer-Schwung-id32518787.html, abgerufen am 7.12.2015
300 »Eine Ampel ist für uns kein Thema«, Interview mit der *Bild*-Zeitung, 29.7.2013, http://www.christian-lindner.de/Eine-Ampel-ist-fuer-uns-kein-Thema/5040c19097i1p681/index.html, abgerufen am 5.1.2016
301 »Das Aufstiegsversprechen wird gebrochen«, Interview mit dem *Wall Street Journal*, 22.7.2014, http://www.theeuropean.de/christian-lindner/8587-fdp-christian-lindner-ueber-die-rolle-des-staates, abgerufen am 5.1.2016
302 Peter Sloterdijk: »Die Revolution der gebenden Hand«, *Frankfurter Allgemeine Zeitung*, 10.6.2009, Seite 29. Diesem Text sind auch die folgenden Sloterdijk-Zitate entnommen.
303 Siehe zum Beispiel: »Internet-Gigant zahlt fast keine Steuern – Diese Bilanz ist ein Witz«, *Focus online*, 16.10.2015, http://www.focus.de/finanzen/videos/internet-gigant-zahlt-fast-keine-steuern-diese-bilanz-ist-ein-witz-facebook-gilt-in-deutschland-als-kleine-kapitalgesellschaft_id_5016330.html, abgerufen am 8.12.2015
304 Siehe Anna Steiner: »Mark Zuckerberg – Facebook zahlt mehr Steuern als gedacht«, *FAZ online*, 4.12.2015, http://www.faz.net/aktuell/wirtschaft/maechtige-internetriesen/facebook-zahlt-laut-mark-zuckerberg-mehr-steuern-als-gedacht-13948233.html, abgerufen am 8.12.2015
305 James Love: «Microsoft, Gates Foundation Timeline", Knowledge Ecology International, 29.11.2010, aktualisiert am 4.1.2011, http://keionline.org/microsoft-timeline, abgerufen am 8.12.2015

306 Ebd.
307 *Wirtschaftswoche*: »Die größten Steuersünder«, 6.11.2014, http://www.wiwo.de/finanzen/steuern-recht/enthuellungen-die-groessten-steuersuender/8101970.html#image, abgerufen am 20.12.2015
308 Siehe Bundesarbeitsgericht, a.a.O., Urteil vom 7.7.2010, 4 AZR 549/08, http://juris.bundesarbeitsgericht.de/cgi-bin/rechtsprechung/document.py?Gericht=bag&Art=en&nr=14564, abgerufen am 15.1.2016, Ziffer 17
309 Siehe zum Beispiel Bundesarbeitsgericht, a.a.O., Leitsätze
310 http://dip21.bundestag.de/dip21/btd/18/040/1804062.pdf, abgerufen am 5.1.2016
311 »Gesetz zur Tarifeinheit (Tarifeinheitsgesetz)«, *Bundesgesetzblatt,* Jahrgang 2015, Teil I, Nr. 28, http://www.bgbl.de/xaver/bgbl/start.xav?startbk=Bundesanzeiger_BGBl#__bgbl__%2F%2F*[%40attr_id%3D%27bgbl115s1130.pdf%27]__1453111177803, abgerufen am 18.1.2016, Seite 1130
312 Initiative Neue Soziale Marktwirtschaft: »Drei Fragen an Ingo Kramer«, http://www.insm.de/insm/deutschland-prinzip/die-forderungen/ingo_kramer.html, abgerufen am 5.1.2016
313 IG Metall: »Pressemitteilung vom 22.5.2015«, https://www.igmetall.de/pressemitteilungen-2015-16299.htm, abgerufen am 5.1.2016
314 Presseerklärung vom 5.11.2015, http://www.verdi.de/themen/nachrichten/++co++4c953d86-64d3-11e4-b23a-5254008a33df, abgerufen am 18.1.2016
315 Sachverständigenrat zur Begutachtung der gesamtwirtschaftlichen Entwicklung: »Zukunftsfähigkeit in den Mittelpunkt – Jahresgutachten 15/16«, Wiesbaden, November 2015, http://www.sachverstaendigenrat-wirtschaft.de/fileadmin/dateiablage/gutachten/jg201516/wirtschaftsgutachten/jg15_ges.pdf, abgerufen am 24.1.2016, Seite 262
316 Bundesarbeitsgericht, a.a.O., Ziffer 21, 22
317 Ebd., Ziffer 65
318 Ebd., Ziffer 72
319 Siehe Ursula Knapp: »Etappensieg für Tarifeinheitsgesetz«, *Frankfurter Rundschau online*, 9.10.2015, http://www.fr-online.de/arbeit---soziales/klage-gegen-gesetz-zur-tarifeinheit-abgelehnt-etappensieg-fuer-tarifeinheitsgesetz-,1473632,32126818.html, abgerufen am 18.1.2016

320 Manfred Hinrich zitiert nach http://www.aphorismen.de/zitat/133129, abgerufen am 13.12.2015
321 Bundesfinanzministerium: »Monatsbericht November 2015, Einkommensverteilung«, 20.11.2015, http://www.bundesfinanzministerium.de/Content/DE/Monatsberichte/2015/11/Inhalte/Kapitel-5-Statistiken/5-4-04-einkommensverteilung.html, abgerufen am 20.11.2015
322 Deutsches Institut für Wirtschaftsforschung: »»Neue Schätzungen des DIW Berlin: Das reichste Prozent der Deutschen besitzt mehr als 30 Prozent des Privatvermögens«, Pressemitteilung vom 11.2.2015, http://www.diw.de/de/diw_01.c.496861.de/themen_nachrichten/neue_schaetzungen_des_diw_berlin_das_reichste_prozent_der_deutschen_besitzt_mehr_als_30_prozent_des_privatvermoegens.html, abgerufen am 18.1.2016
323 Statistisches Bundesamt: »Armutsgefährdungsquote«, https://www.destatis.de/DE/ZahlenFakten/GesellschaftStaat/Soziales/Sozialberichterstattung/Tabellen/ArmutsgefaehrungsquoteBundeslaender.html, abgerufen am 18.1.2016
324 Podiumsdiskussion am 30.6.2015 in Frankfurt, http://www.fr-online.de/gerechtigkeit/fr-diskussion-gerechtigkeit-wie-wird-deutschland-gerechter-,28235374,31099968.html, abgerufen am 13.12.2015
325 Aus Thorsten Hadeler: *Zitate für Manager*, 3. Auflage, Wiesbaden 2000, Seite 34
326 Christian Lindner, Christian Rickens: »Die einen fahren Porsche, die anderen Polo, aber alle stehen im selben Stau«, *Spiegel Online* vom 22.5.2015, http://www.spiegel.de/wirtschaft/unternehmen/fdp-chef-lindner-ueber-piketty-franziskus-und-ungleichheit-a-970199.html, abgerufen am 13.12.2015
327 Peer Steinbrück: »Rede des Kanzlerkandidaten der Sozialdemokratischen Partei Deutschlands«, 14.4.2013, https://www3.spd.de/presse/Pressemitteilungen/96640/20130414_rede_steinbrueck_14.04.13.html, abgerufen am 2.2.2016
328 Marie-Luise Hauch-Fleck: »Wer profitiert von den Schulden?«, *Die Zeit*, 13.5.2004, http://www.zeit.de/2004/21/Verteil_Effekte/seite-2, abgerufen am 13.12.2015
329 Vgl. Walter Eucken: *Grundsätze der Wirtschaftspolitik*, 7. Auflage, Tübingen 2004, S. 279
330 Ebd., S. 285

331 http://www.duden.de/rechtschreibung/unterprivilegiert, abgerufen am 4.1.2016
332 Birgit Rommelspacher: »Wie wirkt Diskriminierung?«, Vortrag bei der Tagung »Ethik und Behinderung« des Instituts Mensch, Ethik und Wissenschaft am 12.5.2006 in Berlin, http://www.imew.de/index.php?id=319, abgerufen am 4.1.2016
333 Statistisches Bundesamt: »20,6 Prozent der Bevölkerung Deutschlands von Armut oder sozialer Ausgrenzung bedroht«, Pressemitteilung vom 5.11.2015, https://www.destatis.de/DE/PresseService/Presse/Pressemitteilungen/2015/11/PD15_407_634.html, abgerufen am 5.1.2016. Die Zahl von 20,6 Prozent ergibt sich aus Berechnungen der EU. Sie weichen wegen einer breiteren Definition von »Armut« und »Ausgrenzung« von den allein für Deutschland berechneten Zahlen ab, bei denen sich eine »Armutsgefährdungsquote« von 15,4 Prozent ergibt, allerdings ebenfalls bei steigender Tendenz (siehe Seite 185).
334 http://www.welt.de/politik/article3433869/Wir-haben-alle-ueber-unsere-Verhaeltnisse-gelebt.html
335 https://www.allianz.com/v_1443698727000/media/economic_research/research_data/german_documents/vermoegen_privater_haushalte/VermphD.pdf
336 http://www.steuerzahler.de/Home/1692b637/index.html
337 https://www.bertelsmann-stiftung.de/fileadmin/files/BSt/Publikationen/GrauePublikationen/GP_Prekaere_Wahlen.pdf
338 Gert G. Wagner: »Wir leben nicht über unsere Verhältnisse!«, 5.12.2011, http://www.diw.de/sixcms/detail.php?id=diw_01.c.389787.de, abgerufen am 30.12.2015
339 Ebd. sowie für 1950 eigene Berechnungen auf Basis von Daten des Statistischen Bundesamtes (https://www.destatis.de/DE/ZahlenFakten/GesamtwirtschaftUmwelt/VGR/Inlandsprodukt/Tabellen/Volkseinkommen1925_xls.xlsx?__blob=publicationFile, abgerufen am 30.12.2015) und des Sachverständigenrates zur Begutachtung der gesamtwirtschaftlichen Entwicklung (http://www.sachverstaendigenrat-wirtschaft.de/fileadmin/dateiablage/download/zeitreihen/ZR046.xlsx, abgerufen am 30.12.2015). Die weiteren Daten stammen vom Sachverständigenrat.
340 Carmen M. Reinhart, Kenneth S. Rogoff: »Growth in a time of debt«, http://www.nber.org/papers/w15639.pdf, abgerufen am 13.12.2015

341 Thomas Herndon, Michael Ash, Robert Pollin: *Does High Public Debt Consistently Stifle Economic Growth? A Critique of Reinhart and Rogoff*, Political Economy Research Institute, 15.4.2013, http://www.peri.umass.edu/fileadmin/pdf/working_papers/working_papers_301-350/WP322.pdf, abgerufen am 13.12.2015

342 Bundesministerium der Finanzen: »Bundeshaushalt 2015«, http://www.bundeshaushalt-info.de/#/2015/soll/ausgaben/einzelplan.html, abgerufen am 13.12.2015

343 Michael Hartmann: »Die meisten Reichen leben in einer Parallelwelt«, in: Bascha Mika, Arnd Festerling: *Was ist gerecht?*, Frankfurt/Main 2015

344 Ernst-Ulrich Huster: »Reiche und Superreiche in Deutschland – Begriffe und soziale Bewertung«, in: T. Druyen, W. Lauterbach, M. Grundmann (Hrsg.): *Reichtum und Vermögen,* Wiesbaden 2009, Seite 45

345 Hartmann: »Die meisten Reichen leben in einer Parallelwelt«, a. a. O., Seite 50

346 Dorothee Spannagel, Sven Broschinski: »Reichtum in Deutschland wächst weiter«, in: *WSI Report*, 17.9.2014, Seite 1, http://www.boeckler.de/pdf/p_wsi_report_17_2014.pdf, abgerufen am 30.12.2015

347 Ebd.

348 Thomas Piketty: *Das Kapital im 21. Jahrhundert*, München 2014

349 Spannagel, Broschinski: »Reichtum in Deutschland wächst weiter«, a. a. O., Seite 2

350 Hartmann: »Die meisten Reichen leben in einer Parallelwelt«, a. a. O., Seite 50

351 Bundeswirtschaftsministerium: »Gabriel zum Jahresgutachten des Sachverständigenrats: Wirtschaftspolitik auf langfristiges Wachstum ausrichten«, Pressemitteilung vom 12.11.2014, http://www.bmwi.de/DE/Presse/pressemitteilungen,did=668874.html, abgerufen am 2.1.2016

352 Bundeswirtschaftsministerium: »Investitionen, Wachstum und Beschäftigung – unser Weg zu einem starken Europa«, Veranstaltung am 24.2.2015

353 Statistisches Bundesamt: »Was ist Wirtschaftswachstum?«, https://www.destatis.de/DE/Publikationen/STATmagazin/Arbeitsmarkt/2008_01/WW_Wirtschaftswachstum.html, abgerufen am 2.1.2016

354 Vgl. Günther Moewes: »Mathematisch obskur«, in: *Frankfurter Rundschau Online*, 4.6.2015, http://www.fr-online.de/gastwirtschaft/wachstum-mathematisch-obskur,29552916,30870296.html abgerufen am 2.1.2016

355 Kay Bourcarde, Torben Anschau, Christian Tripp: »Der exponentielle Irrtum«, in: *Frankfurter Rundschau Online*, 1.9.2014, http://www.fr-online.de/gerechtigkeit/kay-bourcarde-wachstum---der-exponentielle-irrtum,28235374,28285316.html, abgerufen am 2.1.2016

356 Statistisches Bundesamt: »Volkswirtschaftliche Gesamtrechnung – Bruttoinlandsprodukt ab 1970«, 13.11.2015, https://www.destatis.de/DE/ZahlenFakten/GesamtwirtschaftUmwelt/VGR/Inlandsprodukt/Tabellen/BruttoinlandVierteljahresdaten_pdf.pdf?__blob=publicationFile, abgerufen am 3.1.2016

357 Bourcarde, Anschau, Tripp: »Der exponentielle Irrtum«, a. a. O.

358 Ebd.

359 Global Footprint Network: »Past Earth Overshoot Days«, http://www.overshootday.org/newsroom/past-earth-overshoot-days, abgerufen am 2.1.2016

360 John Helliwell, Richard Layard, Jeffrey Sachs: »World Happiness Report«, 2012, Seite 61f., http://www.earth.columbia.edu/sitefiles/file/Sachs%20Writing/2012/World%20Happiness%20Report.pdf, abgerufen am 2.1.2016

361 Vgl. Shigehiro Oishi, Selin Kesebir: »Income Inequality Explains Why Economic Growth Does Not Always Translate to an Increase in Happiness«, 3.9.2015, http://pss.sagepub.com/content/early/2015/09/03/0956797615596713.abstract, abgerufen am 2.1.2015

362 Tim Jackson: »Wohlstand ohne Wachstum«, München 2011

363 Wolfgang Schäuble: »Sind wir zu satt für Gott?«, in: *Christ&Welt* 51/2011, *www.christundwelt.de/detail/artikel/sind-wir-zu-satt-fuer-gott*, abgerufen am 2.1.2016

364 Daniel Baumann: »Nur ein halber Arbeitsmarktboom«, in: *Frankfurter Rundschau Online*, 30.7.2015, http://www.fr-online.de/frax/frax-nur-ein-halber-arbeitsmarkt-boom,30514708,31347716.html, abgerufen am 2.1.2016

365 »David Zülow ist stellvertretender Bundesvorsitzender«, in: *Business-On*, 21.11.2014: http://www.business-on.de/duesseldorf/die-jungen-unternehmer-david-zuelow-ist-

stellvertretender-bundesvorsitzender-_id31552.html, abgerufen am 13.1.2016
366 Peter Altmaier, Cordula Tutt, Henning Krumrey: »Die Kosten belasten die Menschen immer stärker«, in: *Wirtschaftswoche Online*, 20.6.2013, http://www.wiwo.de/politik/deutschland/peter-altmaier-die-kosten-belasten-die-menschen-immer-staerker/8349172.html, abgerufen am 13.1.2016
367 Axel Heitmann: Impulsvortrag, Wirtschaftstag 2012 des Wirtschaftsrats der CDU e.V., 12.6.2012, Seite 3
368 Statistisches Bundesamt: »Außenhandel«, https://www.destatis.de/DE/ZahlenFakten/Indikatoren/LangeReihen/Aussenhandel/lrahl01.html, abgerufen am 13.1.2016
369 World Bank Group: »Doing Business – Economy Rankings«, http://www.doingbusiness.org/rankings, abgerufen am 18.1.2016
370 »Troika attackiert Tarifsysteme«, in: *Böckler Impuls*, Ausgabe 02/2014, http://www.boeckler.de/45592_45609.htm, abgerufen am 13.1.2016
371 Zitiert nach: Sebastian Borger, Stephan Kaufmann, Eva Roth: »Angriff auf die Gewerkschaften«, in: *Frankfurter Rundschau Online*, 10.1.2016, http://www.fr-online.de/wirtschaft/gewerkschaften—angriff-auf-die-gewerkschaften-,1472780,33489736.html, abgerufen am 13.1.2016
372 *Gabler Wirtschaftslexikon*: »Wirtschaft«, http://wirtschaftslexikon.gabler.de/Definition/wirtschaft.html, abgerufen am 5.1.2016
373 *Rheinische Post*: »Die Wirtschaft fordert mehr Zuwanderer«, 27.12.2014, http://www.rp-online.de/wirtschaft/unternehmen/die-wirtschaft-fordert-mehr-zuwanderer-aid-1.4762712, abgerufen am 5.1.2016
374 *Handelsblatt*: »Wirtschaft fordert Stopp von Ausbildungsplatzabgabe«, 6.5.2004, http://www.handelsblatt.com/politik/deutschland/bulmahn-sagt-der-wirtschaft-unterstuetzung-zu-wirtschaft-fordert-stopp-von-ausbildungsplatzabgabe/2326830.html, abgerufen am 5.1.2016
375 *taz*: »Jetzt wird geschafft, nicht gepafft!«, 13.1.2012, http://www.taz.de/!5103171/, abgerufen am 5.1.2016
376 »Kalte Enteignung«, *Spiegel Online*, http://www.spiegel.de/spiegel/print/d-89470541.html, abgerufen am 30.12.2015
377 Stephan Kaufmann: »Schleichende Enteignung der deutschen Sparer«, in: *Berliner Zeitung*, 3.10.2013, http://www.berliner-

zeitung.de/wirtschaft/geldpolitik--schleichende-enteignung-der-deutschen-sparer-,10808230,24520256.html, abgerufen am 30.12.2015

378 Wolfram Weimer: »Die kalte Zinsenteignung«, in: *Handelsblatt Online*, 10.8.2012, http://www.handelsblatt.com/meinung/kolumnen/weimers-woche/weimers-woche-die-kalte-zinsenteignung/6985500.html, abgerufen am 30.12.2015

379 Stephan Kaufmann: »Schleichende Enteignung der deutschen Sparer«, *Berliner Zeitung*, 3.10.2013, http://www.berliner-zeitung.de/wirtschaft/geldpolitik--schleichende-enteignung-der-deutschen-sparer-,10808230,24520256.html, abgerufen am 30.12.2015

380 SCB: »Enteignung geht weiter: So wälzen Banken den EZB-Strafzins auf Ihr Konto ab«, *Focus Online*, 5.9.2014, http://www.focus.de/finanzen/banken/zinsen/ezb-draghi-leitzins-enteignung-geht-weiter-so-waelzen-banken-den-ezb-strafzins-auf-kunden-ab_id_3923527.html abgerufen am 30.12.2015

381 Reuters: »Sparkassen-Chef geißelt Niedrigzinspolitik der EZB als Enteignung«, 4.6.2014, http://de.reuters.com/article/companiesNews/idDEKBN0EF0JU20140604, abgerufen am 30.12.2015

382 Markus Grabka, Christian Westermeier: »Reale Nettovermögen der Privathaushalte in Deutschland sind von 2003 bis 2013 geschrumpft«, in: *DIW Wochenbericht* Nr. 34, Seite 732, http://www.diw.de/documents/publikationen/73/diw_01.c.512634.de/15-34.pdf, abgerufen am 30.12.2015

GIORGOS CHONDROS

DIE WAHRHEIT ÜBER GRIECHENLAND, DIE EUROKRISE UND DIE ZUKUNFT EUROPAS

DER PROPAGANDAKRIEG GEGEN SYRIZA

240 Seiten
ISBN 978-3-86489-115-1
€ 16,99
auch als E-Book erhältlich

»Griechenland braucht endlich eine Chance auf Wachstum und nicht neue Kredite, um alte Schulden bedienen zu können.« Das sagt Giorgos Chondros, Mitglied im Syriza-Zentralkomitee. Er berichtet aus erster Hand, was in den wochenlangen Verhandlungen mit der EU und der sogenannten Troika tatsächlich besprochen wurde, und er zeigt, wie nicht zuletzt von deutscher Seite ein Propagandakrieg gegen Syriza und eine andere Art Politik geführt wurde – eine Politik, die die Menschen und nicht das Kapital in den Vordergrund stellt.

256 Seiten
ISBN 978-3-86489-105-2
€ 14,99
Auch als eBook erhältlich

Wolfgang Lieb und Albrecht Müller fassen die politisch wichtigsten Themen des Jahres 2015 zusammen und liefern Nachrichten, Analysen und Hintergrundinformationen, die im Medienmainstream sonst nicht zu hören oder zu sehen sind. Und sie regen zum Nachdenken an mit dem Ziel, dass immer mehr Bürgerinnen und Bürger immer weniger bereit sind, sich von skrupelloser Manipulation und willfähriger Meinungsmache bevormunden zu lassen.

Mit einem Vorwort von Sahra Wagenknecht

256 Seiten
ISBN 978-3-86489-097-0
€ 14,99
auch als E-Book erhältlich

»Wer politikverdrossen werden will, sollte dieses Buch lesen.
Wer nicht, auch.«
HG. Butzko

Dieter Hildebrandt urteilte mal über Butzko:
»Sein Kabarett ist so nachhaltig, dass es einen noch Tage
drauf beschäftigt.«
Mehr muss man nicht sagen.